Handbook of copyright in advertising

UNI INTELLECTUAL
PROPERTY BOOKS
NO.23

こんな時、どうする？
「広告の著作権」
実用ハンドブック
第2版
志村 潔　監修：北村行夫
（虎ノ門総合法律事務所所長）

UP BOOKS

太田出版

こんな時、どうする？

「広告の著作権」

実用ハンドブック 第二版

はじめに

　著作権や肖像権、商標権、不正競争防止法等の知的財産権に関する書籍で、学術的にまとめられたものや一般論的にまとめられたものは多数あるが、なぜか広告実務のためのものは皆無に近い。その結果、法務部門の存在する中堅以上の広告会社を除き、広告業界における知的財産権の理解促進は主にJARO（日本広告審査機構）やJAAA（日本広告業協会）等の各種関連団体主催のセミナーなどに大きく依存しているのが実情である。

　そこで、広く広告関係者向けのハンドブックとして、広告に関連する知的財産権管理のポイントと、いざという際の実務上の対処方法が簡潔に理解できるようなものを発行しよう。これが本書の刊行趣旨であった。

　日本ユニ著作権センターの宮田昇代表から「本を出しませんか」というお話を最初に頂戴したのは2008年初頭の頃だったと思う。同センターの会報誌「JUCC通信」に、2006年秋より「広告の著作権実学」というコーナーを毎回寄稿させていただいており、それを集大成したものに何らかのプラスアルファをしてみたらいかがでしょうか、というお話であった。またこのお話は宮田代表と、同センターの会員会社でもある太田出版の岡聡社長との間でも合意が得られているとのこと。

　その時は気軽な気持ちで「わかりました。ぜひよろしくお願いいたします。」ということになった。しかし、思いのほか、ハードルは高く、確かに既存の原稿がベースにあるので完全なゼロからの執筆ではないが、さりとて既存原稿の延長線上だけでまとめられるものでもない。一冊の書籍にまとめあげるとなると全体の軸を明らかにしてその軸に沿った形で既存の要素を全面的に再構築させる必要もあった。

　いずれにしても、相当に甘く考えていた自分を戒めつつ、帰宅後、深夜までキーボードを叩く日々が続いた。

　しかしお蔭様で、この作業を機に自分自身の頭の中身を十分に整理整頓でき、また中途半端で曖昧な理解を、より確かな理解へ昇格させることもできた。今では本当に素晴らしい機会をいただいたと思い、心より感謝している次第である。

はじめに

　本書がどこまで趣旨どおりにまとめきれたかどうかは読者の方々からのレスポンス待ちとなるが、自分自身の経験や理解の中にあるほとんどすべてのことをさらけ出したつもりではある。

　なお本書では知的財産権の一般論よりも広告コミュニケーションとの接点の話がメインとなるよう配慮した結果、各権利の基本的説明は可能な限りショートカットされている。各権利や法規制の内容をさらに詳細にかつ正確に知りたいという方は、別の然るべき書籍をご覧いただければと思う。

　本書後半のQ&Aでは、日常業務に起こりがちなトラブル事例、相談事例を集めてみた。いざという時、どう考えたらよいか、またどう行動したらよいかが、簡潔に理解できるよう配慮したつもりである。また必ずしも他の頁に目を通さずとも、それぞれのAの中だけで一通り把握できるよう、重要なファクターは繰り返し説明している。その結果、頁数がかさんでしまった部分もあるので予めご了承いただきたい。

　かつてACC（全日本シーエム放送連盟）の著作権委員会委員長をされていた梁瀬和男氏の言葉に「これからは六法全書というハードスーツではなくリーガルマインドというソフトスーツを着たアドマンでなければならない」というものがあった。大切なことは関連法規をつぶさに勉強してインプットしておくことではなく、日常業務の中でたえずリスクやトラブルへの想像力を働かせ、「ちょっと待って、念のため確認してみよう」という行動意識を持つことだと思う。本書がその一つのキッカケとなってくれたら幸いである。

　最後に、本書の監修を務めていただいた北村行夫先生はもちろんのこと、刊行に際して、その機会を与えてくださり、また要所要所で的確な助言をくださった日本ユニ著作権センター宮田昇様、大石興三様、そして太田出版の岡聡様、両角織江様、さらに廣告社株式会社の関係各位には心より感謝申し上げたい。

2008年10月　　　志村　潔

改訂にあたって

　第一版が刊行されてから 9 年後の 2017 年、あるセミナー会場で、太田出版の岡聡社長と久々にお会いし、今回の改訂版のチャンスを頂戴した。

　この 9 年間は、広告の著作権を取り巻く環境も大きく変わった期間であった。1 つは著作権法の改正、2 つ目は広告に関する新たな判例の登場である。具体的にいうと 2012 年の「カーニバル判決」であり、これは長年に亘るテレビ CM の著作権問題に一つの決着をつけたことになる。

　そして 3 つ目はインターネット広告の躍進である。我が国のネット広告費は 2009 年に新聞広告を抜き、2016 年には 1 兆円を超え、名実ともにテレビ広告に次ぐ第 2 位の媒体となった。そしてこのことに伴い、ネット上のコミュニケーションに関する様々な法的リスクも浮上することとなった。

　そしてこの 9 年間は、何よりも私自身の環境変化も大きかった。長年、関わってきたクリエイティブ部門から外れ、メディア部門、管理部門を担当。その後は広告会社の経営に本格的に関わることになった。そして 2016 年、退任。以降はそれまでの知見を活かしながらも、大変自由な立場から「広告の著作権」を執筆させていただけるようになった。

　今回の改訂版執筆にあたっては、以上のような環境変化をできるだけビビッドに反映させ、また第一版で分かりづらかった箇所や言葉足らずだった箇所に対しても全面的に手を入れた。さらに後半の Q&A も大幅に見直すとともに新たに 15 項目を追加し、ジャスト 100 とした。第一版同様、法律書ではなく「広告の実務書」として読んでいただけたら幸いである。

　最後に、第一版に引き続き監修を担当していただいた北村行夫弁護士、改訂版刊行の機会を与えていただいた太田出版の岡聡社長、現場トラブルに関する様々な情報を提供してくださった日本ユニ著作権センターの宮辺尚代表、そして広告業界において有意義な経験を与えていただいた廣告社株式会社の関係各位には、心より御礼申し上げたい。

2018 年 4 月　　志村 潔

監修を終えて

「広告は知的財産権のスクランブル交差点」であるとは著者志村潔氏の名言である。広告表現における著作権の重要性は言うまでもないが、同時に肖像権や不正競争防止法、商標法等の無体財産全般に視野を広げた総合的な判断力が求められるのが広告の世界である。

それ故に、この問題意識から編まれた本書の意義は、今も光彩を放つ。

とはいえ、広告を知的財産の総合的な観点から解説した本書の第1版が発行されてから10年が経った。この10年の間に、論述の中心にある著作権法が何度も改正され、広告におけるネット広告の割合が劇的に拡大した。

これらの事実に鑑みれば、改訂によって本書の特色を増強することは数年前からの課題であった。それを最も痛感していたのは他ならぬ志村さんだろう。この10年の間に彼は、クリエイティブの第一線での活躍のみならず、経営トップの地位にも就いたので、彼にとっての10年は、会社全体の知的な武装の必要性を痛感しつつ適法な広告の実践に関わってきた10年でもあった。それだけに、その集大成が本書に表れている。

広告における法律論は、法律論で割り切れば済むというものでもない。法律を知って適法な広告表現を追求しつつ、なおかつ法律的なクレームを発生させない、いわば寸止めの巧みさが求められる場面は少なくない。

しかし逆に言えば、寸止めでクレームを回避できたという経験をそのまま将来の教訓としてしまうだけでは月並みな広告に堕す危険も増える。基本を踏まえたうえで敢えて寸止めした意味を理解してこそ、将来の強い吸引力を持つ広告作りに活かせる本物の知識となる。

第1版に続き今回も私が監修を仰せつかったが、私が主として注力したのは法的な基本知識に関する表現の部分である。その意味で、私の役割を限定的なものとした。志村さんの実務的な知識と経験を活かすことが本書の真価を発揮することであると考えたからである。

監修を終えて、本書が広告表現に携わる全ての人々の座右の書となるだろうと強く確信している。

2018年9月　　北村行夫

CONTENTS

はじめに　改訂にあたって　　　志村潔　　2
監修を終えて　　　　　　　　　北村行夫　　5

Ⅰ　広告は知的財産権のスクランブル交差点

1. どうしても知っておきたい4つの権利 —————————————— 12
2. 著作権とは何か —————————————————————— 14
(1) 著作権法の目的　　　　　　　　　　　　　　　　　14
(2) 著作物とは　　　　　　　　　　　　　　　　　　　14
(3) 著作物ではないものとは　　　　　　　　　　　　　17
(4) 著作者とは　　　　　　　　　　　　　　　　　　　18
(5) 著作権とは　　　　　　　　　　　　　　　　　　　19
(6) 著作権者とは　　　　　　　　　　　　　　　　　　20
(7) 著作権の保護期間　　　　　　　　　　　　　　　　20
(8) 著作物が自由に使える場合とは　　　　　　　　　　20
(9) 著作隣接権とは　　　　　　　　　　　　　　　　　22
(10) 著作権が侵害されたら　　　　　　　　　　　　　25

3. 肖像権とは何か —————————————————————— 26
(1) 肖像権法という法律はない　　　　　　　　　　　　26
(2) 肖像権には2つある　　　　　　　　　　　　　　　26
(3) 肖像権侵害は顔写真の使用だけではない　　　　　　27
(4) 特にパブリシティ権に注意　　　　　　　　　　　　27
(5) モノや動物にもパブリシティ権はある?　　　　　　27
(6) 故人の肖像利用は　　　　　　　　　　　　　　　　28
(7) 著作権との関連性は　　　　　　　　　　　　　　　28

4. 商標権とは何か —————————————————————— 28
(1) 商標法の目的　　　　　　　　　　　　　　　　　　28
(2) 商標とは　　　　　　　　　　　　　　　　　　　　28
(3) 商標権とは　　　　　　　　　　　　　　　　　　　29
(4) 商標権の侵害とは　　　　　　　　　　　　　　　　30
(5) 商標登録にはこんな条件がある　　　　　　　　　　31
(6) キャッチコピー類も登録されている　　　　　　　　32
(7) あえて商標登録しないブランド戦略もある　　　　　32
(8) 著作権との関連性は　　　　　　　　　　　　　　　32

5. 不正競争防止法とは何か ——————————————————— 33
(1) 不正競争防止法の目的　　　　　　　　　　　　　　33
(2) 登録の必要がない　　　　　　　　　　　　　　　　33
(3) この法律が禁止する主な行為　　　　　　　　　　　34
(4) 注意すべきは周知・著名な商品等表示　　　　　　　36
(5) 著作権との関連性は　　　　　　　　　　　　　　　36

6.その他の関連法規 —————————————————————— 37
(1) 景品表示法とは何か　　　　　　　　　　　　　　　37
(2) 下請法は何か　　　　　　　　　　　　　　　　　　39

Ⅱ 広告実務から見た著作権

1. 広告と著作権の関連性 —————————————————————— 46
  (1) 広告とは、広告の役割とは 46
  (2) 広告の著作権を理解する7つのポイント 47
2. 広告に関わる権利とその侵害 ————————————————————— 50
  (1) 広告の著作権は「2階建構造」で成立している 50
  (2) 著作権の侵害を構成する3つの判断基準 51

Ⅲ 広告素材ごとの権利

1.「グラフィック系広告」と「ラ・テ動画系広告」で大別 ——————————— 53
2. グラフィック系広告の素材 ————————————————————————— 54
  (1) 写真 55
  (2) イラストレーション 60
  (3) 漫画・キャラクター 74
  (4) ぬいぐるみ、人形、彫刻、オブジェ 77
  (5) ホワイトスペース 79
  (6) その他のビジュアル素材 79
  (7) キャッチコピー 79
  (8) ボディコピー 86
  (9) 商品名、ロゴタイプ、シンボルマーク 87
  (10) 商品のスペック 88
  (11) タイプフェイス 88
  (12) 地図、チャート類 89
  (13) 企業名 90
3. ラ・テ動画系広告の素材 ————————————————————————— 92
  (1) 楽曲，歌詞 92
  (2) サウンドロゴ 96
  (3) タレント、歌手、スポーツ選手など 97
  (4) ナレーター、歌手、アーティスト、声優など 99

Ⅳ 広告自体に働く権利

1. グラフィック系広告 ——————————————————————————— 100
  (1) グラフィック系広告自体は、どんな権利を持つか 100
  (2) Webサイトやブログは編集著作物である可能性が高い ... 108
2. ラ・テ動画CM系広告 ——————————————————————————— 109
  (1) テレビCMは映画の著作物である 109
  (2) ラジオCMはレコードに相当する 111

Ⅴ 広告の著作者と著作権者

1.グラフィック系広告は誰のものか ———————————————————— 113
  (1) 著作者・著作権者は制作作業に直接携わった者である ... 113
  (2) 社員が創作した著作物の著作権者は「会社」である 114
  (3) 広告制作では共同著作物も多い 115
  (4) 通常、広告主はどのような権利で広告を利用しているか ... 116

(5) 著作権の帰属先は"契約"によってコントロールできる　116

2. テレビCM（動画CM）は誰のものか　117
(1) CMの著作者と著作権者は同一ではない　117
(2) 著作権の帰属先に関するACCの長期的な取組み　118
(3) テレビCMの著作権者は広告主に　119

Ⅵ　特に注意すべき広告素材達

1. 許されるようになった「写り込み」　122
2. アウトドア編　123
(1) 通行人、群集などの一般人　123
(2) 街中にある美術や建築物　123
(3) 誰もが知っている著名な建造物　125
(4) 風景や街並　125
(5) 看板、大型ビジョン、デジタルサイネージ　125
(6) クルマ、列車、船、航空機　126
3. インドア編　127
(1) 絵画、写真、骨董品、生け花　127
(2) 壁のポスターやカレンダー　128
(3) 何気なく置かれた書籍や雑誌、英字新聞　128
(4) 家電、照明器具、家具等の実用品　129
(5) 料理やお菓子、観葉植物　129
(6) ブランド物のバッグ、時計、万年筆　130
(7) キャラクター物は「地雷」そのもの　130
4. その他の要注意素材　132
(1) 一歩間違うと権利侵害となってしまう素材　132
(2) 広告では無視できないグレーゾーン権利の素材　135
(3) 特定の法規制等で管理される素材　138

Ⅶ　シンボル開発とパロディ

1. シンボルマーク、パッケージデザインの類似に注意　142
2. トラブル事例を検証する　143
3. パロディ商品・パロディ広告　149
(1) 日本のパロディ訴訟はここから始まった　150
(2) フランク・ミュラーには別の戦い方はなかったのか　151
(3) 「白い恋人vs面白い恋人」と「白い恋人たちvs白い恋人」　153
(4) 日本におけるパロディ商品、パロディ商品の考え方　155

Ⅷ　使いたい素材への対応等

1. 広告素材利用の手順と注意ポイント　157
(1) 使いたい素材をピックアップする　157
(2) その素材に関わる権利を判断する　158
(3) 権利処理は具体的にどのように行うか　161
2. 他人の著作物を参考にする　164
(1) アイデアを参考にするだけなら問題はないが…　164
(2) 手がけた広告が偶然、他の広告に似てしまったら　164

　　　　（3）特にプレゼン時に注意すべきこと　　　　　　　　165
3. 完成した広告が模倣されたら　　　　　　　　　　　166
4. 大切なのは"しなやかな"実務対応力　　　　　　　168
　　　　（1）リスクへのイマジネーションと嗅覚が問われる　　　168
　　　　（2）他人のものを借りたら感謝の気持ちを　　　　　169
　　　　（3）時として不当なクレームに毅然と立ち向かうことも　169

Ⅸ　広告の契約と契約書

1. 契約書とは何か　　　　　　　　　　　　　　　171
　　　　（1）契約は「口頭」でも成立する　　　　　　　　171
　　　　（2）契約書作成の基本。必ずクリアすべきことは　　　172
　　　　（3）契約書が無効となるのはどのようなケースか　　　172
2.契約書作成上の具体的ポイント　　　　　　　　173
　　　　（1）基本取引契約書のポイント　　　　　　　　174
　　　　（2）著作権譲渡契約と著作物利用許諾契約の使い分け　185
　　　　（3）著作権譲渡契約のポイント　　　　　　　　186
　　　　（4）著作物利用許諾契約のポイント　　　　　　187
　　　　（5）著作物制作委託契約のポイント　　　　　　188
　　　　（6）完成した著作物に関する著作権共有化契約のポイント　190
　　　　（7）タレント出演契約のポイント　　　　　　　191
3. デザイナー自ら作成できる簡単契約書　　　　　192
　　　　（1）相手と約束したことを書面にする習慣を　　　192
　　　　（2）簡単契約書「A4・1枚契約術」　　　　　　　193
4. 契約書と印紙の関係　　　　　　　　　　　199
　　　　（1）契約書の効力と印紙の関係は　　　　　　　199
　　　　（2）印紙税のかからないメール契約術　　　　　200

Ⅹ　本格的ネット時代の広告と著作権

1. 広告取引は請負契約へ　　　　　　　　　　201
　　　　（1）請負契約とは何か　　　　　　　　　　　201
　　　　（2）広告会社の責任が問われた「広告主vs広告会社」事件　202
　　　　（3）広告会社の義務と責任　　　　　　　　　203
2.ネット社会と広告　　　　　　　　　　　　204
　　　　（1）ネット広告がテレビ広告を上回るのは時間の問題　204
　　　　（2）リアルとWeb、放送と通信の共存　　　　　205
　　　　（3）広告は「招かれざる客」から「招かれる客」へ　　205
　　　　（4）高まりつつあるネットメディアへの不信感　　　206
　　　　（5）キュレーションメディアに対する反省をどう生かすか　207
　　　　（6）広告に関わる人材への適切なコンプライアンス教育を　208
3. そろそろ整理したい広告の著作権者　　　　　209
　　　　（1）一貫しない広告の著作権者　　　　　　　209
　　　　（2）広告の著作権者を広告主に　　　　　　　210
　　　　（3）CMの著作権問題は実は経済問題である　　　211
　　　　（4）業界全体の新たなルールづくりを　　　　　213

XI こんな時、どう考えどう対応する? Q&A

シーン①
プレゼンテーションする
Q1　プレゼンしたアイデアを無断使用された場合は?　　216
Q2　企画書は著作物か?　　217
Q3　打ち合わせ資料として著作物を利用できる?　　218
Q4　既存の写真をプレゼンテーションする場合は?　　218
Q5　会社の上司は企画書に勝手に手を入れることができる?　　219
Q6　プレゼン後、イラストレーターをチェンジした場合の問題は?　　220
Q7　プレゼン準備のため雑誌記事を個人的にコピーできる?　　221

シーン②
**グラフィック広告を
デザインする**
Q8　広告デザインは著作権、意匠権どちらが保護しやすい?　　222
Q9　レイアウトの模倣は自由にできる?　　222
Q10　アートディレクターはどのような権利を持つか?　　223
Q11　広告デザインの著作物性は?　　224

シーン③
**イラストレーション・
写真の開発**
Q12　トリミングは著作権侵害となるか?　　226
Q13　著名絵画でも著作権切れなら安売りチラシに使用できる?　　227
Q14　著作権切れの絵画は出版物からスキャニングして使えるか?　　228
Q15　腕のよいカメラマンの複写なら写真の著作物か?　　229
Q16　クライアントの新聞記事なら自由に使える?　　229
Q17　写真をイラスト化した場合、著作権侵害となるか?　　230
Q18　コラージュは著作物か?著作権侵害か?　　230
Q19　イラストを動画にする場合の権利処理は?　　231
Q20　絵画の所有権と著作権。どう違う?　　232
Q21　グラフィック広告に歌詞だけを使用する。この権利処理は?　　233
Q22　仕事で使ったイラストを個人的に使えるか?　　234
Q23　イラストや写真の法的類似性は?　　234
Q24　フリー素材って?　　235

シーン④
**キャッチコピー・
ボディコピーの開発**
Q25　オリンピックというコトバは広告利用できるか?　　237
Q26　キャッチコピーに他社のキャラクター名は使えるか?　　238
Q27　PR誌にも「引用」は認められる?　　239

シーン⑤
**一般人・タレント・
スポーツ選手などを
起用する**
Q28　広告映像の中の一般人。その権利処理は?　　241
Q29　公人や著名な故人の肖像権処理は?　　242
Q30　タレントの氏名、声、署名、似顔絵は?　　243
Q31　キャラクターの権利と声優の権利の関係は?　　243
Q32　推薦広告の"ウソ"はどこまで認められる?　　244
Q33　その商品の愛用者としてのタレントの権利は?　　245
Q34　タレント写真の修整は自由にできるか?　　246
Q35　タレント出演契約で後から加わったネット利用の権利は?　　246

シーン⑥
スチール・CMの撮影
Q36　広告映像の背景にある他社製品は?　　247
Q37　小道具の一つに有名ブランド品は使えるか?　　247
Q38　風景写真の中の建物、街並みに働く権利は?　　248
Q39　東京スカイツリーはメインビジュアルにできるか?　　249
Q40　家具を広告写真のビジュアルに使えるか?　　250
Q41　Tシャツの中のキャラクターの権利は?　　250
Q42　ストックフォトの落とし穴とは?　　251

シーン⑦
**キャラクター・
アニメ・ゲームの開発**
Q43　キャラクターを保護できる万全な権利は?　　254
Q44　キャラクターの手足を動かす権利は?　　254
Q45　アニメやゲームには著作権はあるのか?　　255

シーン⑧
テレビCMの企画・制作
Q46　CMのアイデア利用はどこまでOK?　　256
Q47　生CMで、キャラ制作したイラストレーターの氏名表示権は?　　257
Q48　ニュースのようなCMは許される?　　257
Q49　サウンドロゴは著作物?　　258
Q50　CMの振り付けやポーズに何らかの権利はあるか?　　259

		Q51	CMで著名キャラの扮装をさせるだけならOK?	259
		Q52	CMの屋外ロケ中にたまたま収録されてしまった音楽は?	260
シーン⑨		Q53	国旗をベースにシンボルマークはつくれるか?	261
商品のネーミング・ロゴ、		Q54	同一商標が海外にあった場合は?	261
会社名の開発		Q55	社名登記の際、注意すべきことは?	263
		Q56	ネーミングの際、注意すべきことは?	263
		Q57	マークやロゴの類似回避の方法は?	265
		Q58	既存の書体を使ってロゴライブを作っていいか?	266
シーン⑩		Q59	動画共有サイトは無法地帯か?	267
インターネット関連		Q60	リンクと著作権の関係は?	268
		Q61	ネット上の文章作成、注意すべきポイントは?	269
		Q62	フリーウェアと著作権の関係は?	270
		Q63	送信可能化権って何?	271
		Q64	番組内で他人のWebサイトを紹介してもいい?	272
シーン⑪		Q65	「お買い得!」はどのような場合に使えるのか?	274
セールスプロモーション		Q66	「安い!」はどのような場合に使える?	274
		Q67	目玉商品を設定する際に注意すべきことは?	275
		Q68	うかつに使ってはならない言葉にはどんなものがある?	276
		Q69	比較広告の中で他社の商標は使えるか?	277
		Q70	有名ブランドはプレミアムキャンペーンに勝手に使用できるか?	278
シーン⑫		Q71	イベント映像は自由に使えるか?	279
イベントを企画・		Q72	ブースデザインに著作権はあるか?	279
運営する		Q73	セミナー時、ビジネス情報の公開はどこまで可能か?	280
		Q74	イベントブースで流すBGMの権利処理は?	280
シーン⑬		Q75	著作権切れ絵画のパロディは可能か?	282
パロディ広告・替え歌・		Q76	パロディ広告はどこまでならOK?	282
「そっくりさん」の企画		Q77	「そっくりさん」と元のタレントの権利関係は?	283
		Q78	ドラマのパロディ化に関連する権利とは?	284
		Q79	替え歌をつくる場合の権利処理は?	284
		Q80	「オマージュ」「パロディ」「パクリ」はどう違う?	285
シーン⑭		Q81	クライアントからの一方的な著作権譲渡は?	287
契約書を作成する		Q82	契約書のタイトルは自由に決めてよいか?	287
		Q83	契約書の署名、押印のルールは?	288
		Q84	契約書の当事者名は誰がよいのか?	289
		Q85	印紙とは何か?	289
		Q86	契約書における甲と乙の関係は?	291
		Q87	契約書には著作権がないのか?	292
		Q88	「契約自由の原則」と法律規制の関係は?	292
		Q89	著作者人格権の不行使条項とは?	293
		Q90	翻案権と同一性保持権はどう違う?	294
		Q91	契約書の締結日の意味は?	295
		Q92	相手方から提示されたドラフトのチェックは?	295
		Q93	社名変更した場合は契約書を作り変える?	296
シーン⑮		Q94	職務著作の条件とは?	297
広告取引全般		Q95	派遣スタッフは著作者となりえるか?	298
		Q96	製版フィルムの所有権は誰に?	299
		Q97	下請法の「3条書面(発注書)」をどう運用する?	300
		Q98	持ち込み原稿に著作権侵害があった場合の対応は?	300
		Q99	広告作品が無断で雑誌掲載された場合の対応は?	301
		Q100	広告作品を自社の会社案内で自由に紹介できる?	302

Ⅰ. 広告は知的財産権のスクランブル交差点

この章のポイント

広告には著作権を中心として様々な知的財産権が複合的にかかわっており独特な世界が形成されている。著作権のみならず他の権利も含めた総合的な理解とチェックが必要である。また、その他、広告実務者として把握しておくべき法規制がある。この章では、著作権、商標権、不正競争防止法、肖像権、景品表示法、下請法の概要を説明したい。

1. どうしても知っておきたい4つの権利

　知的財産権とは、「産業財産権」と呼ばれる、特許権、実用新案権、意匠権、商標権に、著作権、肖像権、さらに不正競争防止法上の権利などを加えた権利の総称である。

　小泉内閣当時、知財立国宣言が行われ、この知的財産権が様々な領域で脚光を浴びるようになってから久しいが、広告において特に関係の深い知的財産権は、著作権、商標権、不正競争防止法上の権利、さらに密接な権利としての肖像権、の4つである。

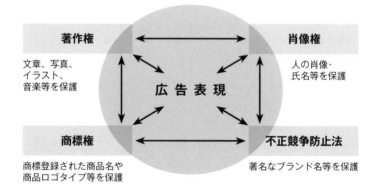

　広告はまさに知的財産権のスクランブル交差点であり、著作権を中心としながら他の権利が複合的に絡み合って独特な世界が形成されている。そして

ここで強調しておきたいことは広告の実務上、著作権（法）に対する理解だけでは決して万全ではないということである。

　広告の素材には、著作物ではないので著作権はないが商標権や肖像権を持っていたり、また著作権や商標権はないが不正競争防止法で保護される対象となっていたり、あるいは同じ素材が複数の権利で重層的に保護されていたり、というものが多い。

　例えばキャッチコピーやスローガン、商品名、映画・小説・番組のタイトル、タレント名などは、通常、著作物ではないので著作権は持たないことが多い。なぜならば比較的単純で短い表現故、「思想または感情を創作的に表現したものであって、文芸、学術、美術又は音楽の範囲に属するもの」という著作物の要件（詳細は後述）に該当しづらいからである。

　しかし、これらは商標登録されていれば商標権が発生するし、タレント名を安易に使うとパブリシティ権の侵害になる可能性があり、さらに周知・著名なものであれば不正競争防止法上の保護対象となるものもある。

　また、街中に恒常的に設置されている美術や建築の著作物は、著作権法上は自由に利用できることになってはいる。しかし、だからといって有名な建築物を広告のメインビジュアルのように扱うと、それが違法かどうかはさておき不正競争防止法上の「他人の名声へのフリーライド」や商標権の侵害、モノのパブリシティ権などでクレームをつけられる可能性はある（詳細は後述）。さらに他の法規制で使用制限されている素材などもある。

　以上のように、著作物でないからという理由だけで、あるいは著作権法の規定だけから判断して、これらを安易に広告使用することは大きなリスクを背負うことになりかねない。

　そこで広告実務では、**それぞれの権利のポイントを体系的に理解した、総合的かつ想像力に満ちたチェック体制が求められている**のである。

　そんな「広告の知的財産権」ならではの特性を踏まえた上で、まずはそれぞれの権利の中身をざっと眺めていきたいと思う。次頁からは「著作権」、「肖像権」、「商標権」、「不正競争防止法」、さらに知的財産権というカテゴリーには含まれないが、広告に関連する重要な法律である「景品表示法」、「下請法」、計6つの法規制について基本的な内容および広告との接点を中心に解説してみたい。

2. 著作権とは何か

(1) 著作権法の目的

著作権法第1条で著作権法の目的を次のように記述している。「この法律は、著作物並びに実演、レコード、放送及び有線放送に関し著作者の権利及びこれに隣接する権利を定め、これらの文化的所産の公正な利用に留意しつつ、著作者等の権利の保護を図り、もつて文化の発展に寄与することを目的とする。」

つまり著作権法は、文化の発展という目的を達成すべく、著作物の創作者の権利を確立したうえで著作物等を利用する者の利益との調和をめざした法律である。

したがって、著作権を俯瞰的に理解するためには、まず「著作物とは何か」、そして「著作者とは何か」「著作権とは何か」「著作権者とは何か」等を知る必要がある。

(2) 著作物とは

著作権法第2条第1項1号では「(著作物とは) 思想又は感情を創作的に表現したものであって、文芸、学術、美術又は音楽の範囲に属するものをいう。」と定義している。この定義をさらに紐解いていくと以下のような解釈が成り立つ。

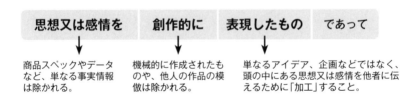

それでは著作権法が定義する著作物には具体的にどのようなものがあるのか。一般的に広告に関係するものとしては以下のようなものがある。

■言語の著作物

コピー原稿、テレビ・ラジオ CM のナレーション、プレゼンテーショントーク、小説、脚本、論文、詩歌、俳句、講演など

■音楽の著作物

テレビ・ラジオ CM、PV、ネット CM 等における楽曲及び楽曲を伴う歌詞、CM ソング、サウンドロゴなど

■舞踊、無言劇の著作物

日本舞踊、バレエ、ダンスなどの舞踊、パントマイムの振り付けなど

■美術の著作物

イラストレーション、シンボルマークやグラフィックデザインの中の特定のもの、絵画、版画、彫刻、漫画、書、美術工芸品、舞台装置など

■建築の著作物

寺院、橋、庭園等、芸術的な建造物（設計図は図形の著作物）など

■地図、図形の著作物

地図、創作的に表現されたチャート類、模型など

■映画の著作物

映画、CM、ネット動画、ドラマ、ホームビデオ、テレビゲームなど

■写真の著作物

モデルやタレント、風景、商品等のスチール写真など

■プログラムの著作物

コンピュータ・プログラムなど

ちなみに著作権法の条文のどこを見ても「広告」というフレーズは存在しない。さらに著作物を別の区分けで見てみると次のようになる。

■二次的著作物

元の著作物に創作を加えて別の表現形式にしたものであり、これには「翻訳」「編曲」「変形」「翻案」がある。変形とは、例えば二次元的に制作されたイラストレーションを三次元化することなどをいい、また「翻案」とは小説を映画化することなどをいう。

■共同著作物

二者以上の者（法人を含む）によって作成された著作物であって、各自の寄与を分かつことのできないものをいい、広告においては比較的多い形式となる。例えば広告会社と制作会社が一緒に作成した著作物などは典型。このような場合は両者に著作権が発生することになる（共有著作権）。

■編集著作物

新聞や雑誌、図鑑や百科事典などの編集物においては、一定の編集方針に基づき多種多様な素材を選び配列する。この時、その素材の選択や配列の方法に創作性があるものを「編集著作物」という（著作権法第 12 条 1 項）。広告においては会社案内や学校案内などのパンフレット、製品カタログの類、または PR 用の小冊子、あるいはインターネットの Web サイトなども編集著作物となる可能性が高い。なお編集著作物だからといって、その中に使用されている写真やイラスト、文章など個々の素材の著作物性や著作権が否定されるわけではない。

■データベースの著作物

コンピュータの検索機能等によりデータベースから特定のデータを抽出できるように、統一的・系統的に整理されたものをいい、「情報の選択」あるいは「体系的な構成」に創作性が備わっているものに限られる。

（3）著作物でないものとは

　以上が著作物の定義であるが、著作物を理解するためには逆に著作物でないものを理解することも効果的である。一般的に以下のようなものは著作物ではないとされている。

■人名（キャラクター名含む）、商品名、小説・映画・番組のタイトル、キャッチコピーやスローガンなど

　これらは通常は短すぎて思想又は感情を創作的に表現したものとはいえないことが多いが、その表現の内容を個別に検討することになる。短くとも俳句や短歌のように創作性が認められるものがあるので注意が必要である。

■免許証の写真など機械的に作成されたもの

　写真は通常、著作物とみなされることが多いが、免許証やパスポートに使用されているような、決められたアングル、決められたライティングの中で自動的にシャッターが押され機械的に撮影されたようなものは「創作的に」作成されたものとはいえず、著作物ではない。

■発想、企画、理論

　表現の前段階にある、発想、企画、理論など。しかしそれらの内容を表現した説明、メモ、企画書、論文などは通常は著作物である。

■レイアウトや割付

　そこに使われている素材の著作物性は別として、全体のレイアウトや割付そのものは著作物とはいえない。またこれはグラフィックデザインと多くの接点があり、単にレイアウトや割付なのか、あるいはその広告全体が「美術の著作物」や「編集著作物」とみなされるレベルなのか、境界線が難しいケースが多い。

■タイプフェイス

　鑑賞性よりも実用性が重視されるので、著作物とはいえない。

■料理
　ただし料理写真は写真の著作物、料理のレシピを文章にしたもので創作性のあるものは言語の著作物である。

■工業製品のデザイン
　機能・実用を重視する工業製品のデザインについては、むしろ意匠権で保護されることになっている（ただし登録が必要）。

(4) 著作者とは
■その著作物を創作した者をいう
　プロ・アマ、大人・子供、また巧拙は関係ない。元の著作物の作者だけでなく、翻訳者、脚色者、編集者など二次的著作物の作者も含まれる。

■広告では職務著作が多い
　法人等の発意に基づき、その従業員等が職務として作成した著作物を「職務著作」といい、その著作者は法人等となり著作権も法人等に帰属する（著作権法第15条）。法人著作ともいう。**広告会社や制作会社の社員が業務上作成した著作物は通常は「職務著作」であり、著作者・著作権者はその広告会社または制作会社となる。**

(5) 著作権とは
■著作権とは著作者が持つ権利である。
　著作者は著作権を持つ。その著作者の権利には「著作（財産）権」と「著作者人格権」の2つがある。**著作権という時、この2つの権利を総称していう場合と、著作財産権だけをいう場合があるので注意が必要である。**また著作財産権は譲渡可能な権利、著作者人格権は譲渡できない権利である。

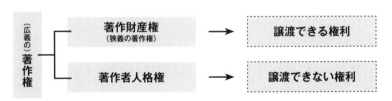

■著作権（著作財産権）

　著作財産権は法の定めた複数の権利で成り立っている。広告実務において重要なのが複製権と公衆送信権である。複製権は印刷、写真、コピー機による複写、録音、録画などあらゆる方法で「物に複製する」権利で、著作権の中で最も基本的な権利。公衆送信権は、テレビ・ラジオ・有線放送、インターネット等による情報の送信などに関する権利である。

　著作財産権には以下のようなものがある。

複製権	著作物を、印刷、写真、複写、録音、録画などの方法によって有形的に再製する権利（多少の改変を含む）
上演権・演奏権	著作物を公に上演したり、演奏したりする権利
上映権	映画等の著作物を公に上映する権利
公衆送信権・公の伝達権	著作物を、自動公衆送信、放送、有線放送し、また、それらの公衆送信された著作物について受信装置を使って公に伝達する権利 （インターネットのような自動公衆送信には、サーバーなどに蓄積された情報を公衆からのアクセスにより自動的に送信する送信可能化権を含む）
口述権	言語の著作物を朗読などの方法により口頭で公に伝える権利
展示権	美術の著作物または未発行の写真著作物の原作品を、公に展示する権利（複製物には適用はありえない）
頒布権	映画の著作物の複製を頒布（販売・貸与など）する権利
譲渡権	映画以外の著作物を公衆に譲渡する権利
貸与権	映画以外の著作物の複製物を公衆へ貸与する権利
翻訳権・翻案権など	著作物を翻訳、編曲、変形、翻案等する権利
二次的著作物の利用権	二次的著作物の利用について、その原作品の著作者は二次的著作物の著作権者が持つ権利と同等の権利を持つ

■著作者人格権

　著作者人格権には、公表権、氏名表示権、同一性保持権の3つがあり、いずれも譲渡不可能な権利となっている。

　広告実務において特に重要なのは同一性保持権、つまり「著作者の意に反する形で著作物を勝手に改変されない権利」である。ただし、著作物の性質やその利用の目的・態様に照らしてやむを得ないと認められる場合は除外される。例えば、印刷機の事情で望ましい色が出せないとか、楽曲を歌う歌手があまり上手でないなどの場合が相当するだろう。

公表権	未公表の自分の著作物を公表するかどうか等を決定できる権利
氏名表示権	自分の著作物を公表する時、著作物に著作者名を付すかどうか，付す場合に名義をどうするかを決定できる権利
同一性保持権	自分の著作物の内容や題号を自分の意に反して勝手に改変されない権利

■ 名誉声望保持権

　著作者の名誉声望を害する方法で、その著作物を利用する行為は「著作者人格権」の侵害とみなされる（著作権法第 113 条 6 項）。この規定は、公表権、氏名表示権、同一性保持権が及ばない場合も適用される。たとえば、女性の裸体を描いた著名な絵画を風俗店のチラシに利用する場合等が典型である。

(6) 著作権者とは

　著作権（著作財産権）を保有する者。通常は著作者が著作権を持つが、著作権（著作財産権）は譲渡可能な権利故、著作者と著作権者は必ずしも同一ではない。

(7) 著作権の保護期間

　著作権（著作財産権）の保護期間は原則的に創作の瞬間から著作者の死後 50 年間。著作者人格権の保護期間は著作者の生存する期間（ただし死後においても著作者人格権の侵害行為をしてはならないとされる）。

　また法人名義の著作物は公表後 50 年間、映画の著作物は公表後 70 年間保護される。TPP の発効により、近々これが 70 年に延長されることに留意しておきたい。

(8) 著作物が自由に使える場合とは

　著作権法では一定の条件をクリアすれば著作物を自由に利用できることになっている（第 30 条〜第 47 条の 8）。広告の実務者として知っておいたほうがよいと思われる規定を以下にピックアップする。

■ 私的使用のための複製（著作権法第 30 条）

　自分自身や家族など限られた範囲内で利用するために著作物を複製するこ

とができる。私的使用目的の複製であっても、違法著作物であることを知りながら音楽又は映像をネット上からダウンロードすることは許されない。

■付随対象著作物の利用（著作権法第30条の2）

写真、音声、動画の撮影、録音、録画を行う場合、撮影等の対象物から分離することが困難なため、いわゆる「写り込み」の対象となる他の著作物（付随対象著作物）は、その創作に伴って複製または翻案することができる。ただし著作権者の利益を不当に害することとなる場合を除く。

■検討の過程における利用（著作権法第30条の3）

著作権者の許諾を得て、その著作物を利用しようとする者は、その利用を検討する過程においては、必要と認められる限度でその著作物を利用することができる。この規定は広告会社や制作会社が広告主に対して行うプレゼンテーションにも適用される。

■引用（著作権法第32条）

「引用」とは、報道、批評、研究のために、自分の著作物中に他人の著作物を紹介、参照、論評することをいう。ただし適法な引用といえるためにはいくつかの要件を満たさなければならない。

■非営利目的の演奏など（著作権法第38条）

営利を目的とせず、観客から対価を徴収しない場合は、著作物の上演・演奏・上映・口述（朗読）などができる。ただし、出演者などは無報酬でなければならない。

■公開の美術の著作物などの利用（著作権法第46条）

街中に恒常的に設置された建築物や公園にある銅像などは写真撮影したり、広告に使ったり、テレビ放送したりすることができる。

■展覧会の小冊子などへの掲載（著作権法第47条）

展覧会の開催者は、解説、紹介目的の小冊子などに、展示する著作物を掲

載できる。

■インターネット・オークション等の商品紹介用画像の掲載のための複製（著作権法第47条の2）

　美術又は写真などの著作物を出品する時、商品紹介のための画像掲載については画像のサイズを小さくしたり、一定以下の画素数にしたりすることを条件に、著作物を複製・自動公衆送信することができる。

■インターネット情報検索サービスにおける複製（著作権法第47条の6）

　インターネット情報検索サービス事業者が行うネット上に公開された情報の収集と整理、表示用データの蓄積、そして情報提供等の行為については、そのサービスを提供するために必要と認められる限度において権利者の許諾を得ることなく自由に行うことができる。但し、著作権者が情報収集されることを拒否している場合、また違法著作物であることを知った場合にはその限りではない。

(9) 著作隣接権とは

■著作隣接権とは著作物を伝達した者の権利

　著作権は著作物を創作した者に与えられる権利であるが、著作隣接権は、著作物を伝達した者に与えられる権利である。著作物にとって伝達という役割の重要性にもとづく権利である。著作物を創作した場合に準じた創作的な行為が伴っている。

　著作権法では伝達の形態に応じて、実演家、レコード製作者、放送事業者、有線放送事業者に著作隣接権が認められており、特に実演家の権利とレコード製作者の権利が広告との接点が大きい。

　権利の内容としては録音権及び録画権、放送権及び有線放送権、送信可能化権、貸与権、複製権などがある。著作権（著作財産権）同様、譲渡可能な権利であるが、実演家には人格権（氏名表示権、同一性保持権）があり、著作者人格権同様、譲渡はできない。なお、著作隣接権の保護期間は、著作物の実演、音の固定（レコードの発行等）、放送を行った時から50年間である。

■実演家の権利

「実演」とは、著作物を、演劇的に演じ、舞い、演奏し、歌い、口演し、朗詠し、またはその他の方法により演ずること（これらに類する行為で、著作物を演じないが芸能的な性質を有するものを含む。）をいう（著作権法第2条1項3号）。実演の具体的な例としては、ドラマや映画の演技、芝居、アフレコ、演奏、歌唱、朗読などがあり、「著作物を演じないが芸能的な性質を有するもの」とは、たとえば、曲芸、手品、ものまね、などをいう。

「実演家」とは、俳優、舞踊家、演奏家、歌手、ダンサー、声優、落語家、サーカス団員、手品師、指揮者、演出家等、実演を行う者、そして実演を指揮し、または演出する者をいう（著作権法第2条1項4号）。プロかアマチュアかは関係ない。

漫才、落語などは、他人の創作による著作物を演じる場合は実演家の権利だけが働くが、自ら創作した著作物を演じる場合には、その作品は言語の著作物となるので著作権者としても保護されることになる。

実演家の権利には以下のようなものがある。

氏名表示権	自分の実演に実演家名を表示するかしないかを決めることができる権利
同一性保持権	自分の実演について、名誉や声望を害する改変をされない権利
録音権・録画権	自分の実演を録音・録画する権利
放送権・有線放送権	自分の実演を放送・有線放送する権利
送信可能化権	自分の実演を、インターネット等を用いて、公衆からの求めに応じて自動的に送信できるようにする権利
譲渡権	自分の実演が固定された録音物等を公衆に譲渡する権利（一旦適法に譲渡された録音物等のその後の譲渡には譲渡権が及ばない）
貸与権	商業用レコード（市販用CD等）を貸与する権利（最初に販売された日から1年に限る）
放送二次使用料を受ける権利	商業用レコードが放送・有線放送で使用された場合の使用料（二次使用料）を、放送事業者・有線放送事業者から受ける権利
貸レコードについて報酬を受ける権利	1年を経過した商業用レコードが貸与された場合に、貸レコード業者から報酬を受ける権利（貸与権消滅後49年間）

■レコード製作者の権利

著作権法上の「レコード」とは、蓄音機用音盤、録音テープその他の物に音を固定したものをいう（著作権法第2条1項5号）。具体的には、いわゆる

レコードはもちろん、CDやオーディオテープ、オルゴールなどに、音を固定したものをいう。ただし、プロモーションビデオや、コンサート映像を収録したDVDなど、音を映像とセットで再生することを目的としたものは除かれる。

また「レコード製作者」とは、レコードに固定されている音を最初に固定した者をいう（著作権法第2条1項6号）。たとえば音楽だけでなく、鳥や虫の鳴き声、街の騒音などをテープやCDに録音すれば、誰でもがレコード製作者になりえる。代表的なレコード製作者はレコード会社や音楽出版社である。なお、実務ではレコード製作者が持つ権利を原盤権と呼ぶことが多い。

レコード製作者の権利には以下のようなものがある。

複製権	レコードを複製する権利
送信可能化権	レコードを、インターネット等を用いて、公衆からの求めに応じて自動的に送信できるようにする権利
譲渡権	レコードの複製物を公衆に譲渡する権利（一旦適法に譲渡されたレコードの複製物のその後の譲渡には譲渡権が及ばない）
貸与権	レコードの複製物を公衆へ譲渡する権利（最初に販売された日から1年に限る）
放送二次使用料を受ける権利	商業用レコードが放送・有線放送で使用された場合の使用料（二次使用料）を、放送事業者・有線放送事業者から受ける権利
貸レコードについて報酬を受ける権利	1年を経過した商業用レコードが貸与された場合に、貸レコード業者から報酬を受ける権利（貸与権消滅後49年間）

■放送事業者・有線放送事業者の権利

放送事業者とは、テレビやラジオなどの「放送を業として行う者」をいい、有線放送事業者とは主にケーブルテレビなどの「専用線を介して放送を業として行う者」をいう。

放送事業者・有線放送事業者の権利には以下のようなものがある。

放送事業者の権利

複製権	放送を録音・録画及び写真的方法により複製する権利
再放送権・有線放送権	放送を受信して再放送したり、有線放送したりする権利
送信可能化権	放送を、インターネット等を用いて、公衆からの求めに応じて自動的に送信できるようにする権利
テレビジョン放送の伝達権	テレビジョン放送を受信して画面を拡大する特別装置（超大型テレビやオーロラビジョン等）で公に伝達する権利

有線放送事業者の権利

複製権	有線放送を録音・録画及び写真的方法により複製する権利
放送権・再有線放送権	有線放送を受信して放送したり、再有線放送したりする権利
送信可能化権	有線放送を、インターネット等を用いて、公衆からの求めに応じて自動的に送信できるようにする権利
有線テレビジョン放送の伝達権	有線テレビジョン放送を受信して画面を拡大する特別装置で公に伝達する権利

■著作隣接権の保護期間

　実演家の権利は、実演が行われた時から50年、レコード製作者の権利は、CD発売等、音源の発行が行われた時から50年、放送又は有線放送事業者の権利は、放送又は有線放送が行われた時から50年とされている。

　なお、著作隣接権も著作権（著作財産権）同様、何らの手続きも必要とせず権利が発生し、財産権として譲渡が可能である。

■CMでは著作権と著作隣接権が複合的に関わる

　例えばテレビCMで音楽CDを複製（録音）する場合、その楽曲の創作者である作詞・作曲家の著作権（通常は音楽出版社に譲渡されている）だけではなく、その著作物を世の中に伝達する役割を持つ歌手や演奏家（実演家の権利）とレコード会社（レコード製作者の権利）、双方の許諾が必要となる。

(10) 著作権が侵害されたら

　著作権侵害の場合、著作権者は侵害者に対して民事上では差止請求、損害賠償請求、不当利得の返還請求、さらには謝罪広告など名誉回復のための措置が請求できる。

著作権侵害は犯罪であり、被害者である著作権者が告訴することによって侵害者を処罰することができる（親告罪）。

　侵害者に対しては、刑事上の罰則規定として 10 年以下の懲役又は 1,000 万円以下の罰金、あるいはその両方が課せられる。著作者人格権の侵害は 5 年以下の懲役又は 500 万円以下の罰金が定められている。また、法人などが著作権侵害した場合は 3 億円以下の罰金となる。

3.　肖像権とは何か

（1）肖像権法という法律はない

　肖像権とは、一般人、タレントや歌手、スポーツ選手などの肖像や氏名等を保護する権利である。なお肖像権法という法律があるわけではなく、判例によって培われてきた民法上の権利である。

　著作権や商標権など法整備された権利に比較すると曖昧な部分が多く、広告に関連する知的財産権の中では非常にグレーゾーンが広い。また、個人情報保護法の施行が追い風となり肖像権が主張されるケースは非常に多くなっている。

（2）肖像権には2つある

　1 つは、みだりにその容貌や姿態を撮影・公表されない「**人格的権利**」、つまり個人として撮影等を拒否できる権利である。そして 2 つ目は、その肖像や氏名が注目度や顧客吸引力などを持っている場合に生じる経済的価値に対する「**財産的権利（パブリシティ権ともいう）**」、つまり肖像の利用に関して対価を要求できる権利である。この関係は著作者人格権と著作権（著作財産権）の関係にもよく似ている。

　広告との関連でいえば、人格的権利は主に広告映像に写る一般人が保有する権利、パブリシティ権は主に広告映像に写るタレントやモデル、スポーツ選手等の著名人が保有する権利である。広告の場合は後者のパブリシティの権利が特に関連が深い。

　右上の表には、この 2 つの権利についての侵害の構造と法的措置が示されている。人格的権利侵害の構造は「精神的苦痛」であり、これに対する法的

措置は、差し止め、慰謝料請求、名誉回復措置である。一方、パブリシティ権侵害の構造は「経済的損害」、つまり本来得られたはずの経済的利益を逃してしまうことに伴う損害であり、これに対する法的措置は損害賠償や相手方が得た不当利益の返還請求ということになる。

	権利内容	侵害の構造	法的措置
人格的権利	みだりに撮影・公表されない権利（一身専属、譲渡不可能）	精神的苦痛を与える	差し止め・慰謝料請求、名誉回復の措置
財産的権利（パブリシティ権）	肖像の利用を占有する権利（譲渡可能）	経済的損害を与える（経済的利益のチャンスを逃す）	損害賠償・不当利益の返還請求

(3)肖像権侵害は顔写真の使用だけではない

　通常、肖像権を侵害しているかどうかの基準は、特定の個人が識別できるかどうか、ということになる。必ずしも顔だけでなく、声、髪型、骨格、身体の輪郭や姿勢などについて、その人物に親しい者（例えば配偶者）が見て、その人物を特定できたのなら肖像権侵害していることになる、というアメリカの判決もある。

(4)特にパブリシティ権に注意

　著名人の場合は特に十分な配慮が必要となる。上記の要件はもちろんのこと、似顔絵、サイン、シルエット、さらに「そっくりさん」など、その個人を想像し特定できるすべての要素を含むと考えておくべきであろう。

(5)モノや動物にもパブリシティ権はある？

　かつてパブリシティ権は、人間だけでなく、スペースシャトルや東京ドーム、クルーザー、エリマキトカゲ、パンダなど、モノや動物にも働くものという主張があったが、**2004年の最高裁判決「名馬の名前パブリシティ権事件」により否定されている**。しかし、いまだに「モノのパブリシティ権」を根拠にクレームがつく可能性も残っているので安心はできない。

(6)故人の肖像利用は

　著名な故人は週刊誌ネタ等のトラブルを起こす可能性がないので広告においては好んで利用されることが多い。この場合、必ずしも明確なルールはないが、遺族や代理人等が確認できる場合は許諾を得ておくことが望ましい。特に、過去に遺族や代理人が肖像権侵害でクレームを出したことがあった、あるいは死後相当年数（例えば50年）以上経過していないという場合は注意が必要である。

(7)著作権との関連性は

　肖像権は著作権の一つであると誤解される傾向がある。確かに肖像が表現される場合は通常、写真や文章等の著作物を経由するので、著作権とは関連が深いのは事実である。よくあるのは、自分が写った写真を勝手に使われた時、自分の著作権が侵害されたという言い方をするケースである。しかし正しくは侵害されたのは自身の肖像権であって著作権ではない。（写真の）著作権はその写真の撮影者にあるので自撮りでない限り、著作権は別の人間が持つことになる。

4.　商標権とは何か

(1)商標法の目的

　商標を保護することにより、商標の使用をする者の業務上の信用の維持を図り、産業の発達に寄与すると同時に需要者の利益を保護することを目的とする。詳しくは『わかって使える商標法』（太田出版）を参照されたい。

(2)商標とは

　商標とは簡単にいうと自社のブランド表示である。事業者が、自社の商品・サービスを他社のものと区別するために使用するネーミングやマークなどであり、自他商品識別機能、出所表示機能などを持つものをいう。たとえば、ペットボトルにはラベルが付いているが、このラベルに用いられている商品名やマークなどが商標であり、商標が付いていることで消費者は、どの会社の飲料なのか、どんな味なのかがわかることになる。これが自他商品識

別機能である。さらに生産者や販売者を知ることができ、これが出所表示機能である。

　そして商標は「文字、図形、記号、立体的形状若しくは色彩又はこれらの結合、音その他政令で定めるもの」とされている。**商標法の保護対象は、従来は文字や図形、立体的形状等に限られていたが、2015 年より、新たに「動き」「音」「色彩」などもそれぞれ単体として認められることとなった。**

　広告との関連でいえば、新商品のネーミング、ブランドロゴ、CI 計画や VI 開発におけるシンボルマークやロゴタイプなどがお馴染みである。なお企業名は「商号」に該当し、商法及び不正競争防止法によって保護されるが、商標として登録され商標権を有している場合もある。

(3) 商標権とは

■商標権とはブランドを守る権利である

　事業者が持つ商標に対して、排他独占的な権利を与え、商標、つまりブランドに蓄積されたその事業者の信用や信頼を財産として守ることを目的とした権利である。

■登録後10年間保護される

　商標権を取得するためには、特許庁へ商標を出願して商標登録を受けることが必要となる。出願は 1 商標に付き、いくつかの商品やサービスを指定して行われる（1 類〜 45 類）。登録が完了し商標権を取得すると、指定した商品・サービスの範囲内でその商標を 10 年間、独占的に使用できる。また、その商標を使いたい第三者に売買したり利用許諾を与えて対価を請求したりすることも可能である。

■更新可能な権利である

　商標権の最大の特徴は更新制度があること。商標登録を更新していくことで半永久的に商標権を保有することが可能。ブランド・ビジネスを中長期的に展開できる。

（4）商標権の侵害とは

■他人の商標を自らの商標として使い、出所の混同を生じさせること

商標権の侵害とは、ある登録商標について権限のない者がその登録商標と同一または類似の商標を、その登録商標と同一または類似の商品・サービスに使用し、出所の混同を生じさせることである。

■他人の登録商標を当該商品やサービスと関係のない広告に使用するだけなら侵害ではない

他人の登録商標を自社商品のパンフレットに使用していても、他者商品の説明に過ぎないという場合は商標的使用には当たらず侵害にはありえない。以前、あるデパートが「おもちゃの国」という文字を玩具売場に表示したところ、玩具等を指定商品として「おもちゃの国」という登録商標を持つ企業から商標権侵害を主張されたことがあったが、裁判所は、この表示は単に玩具売場を示すだけのものであり商標的使用には当たらないとして商標権侵害を否定した。

しかし登録商標を保有している企業はその商標が普通名称化することを恐れるので、安易に使うとその企業からクレームがつく可能性はある。広告の中で他人の登録商標を使う場合は「○○○は○○○社の登録商標です」といった注釈を入れるか、一般的な名称に言い換えるなどの配慮はしておいたほうがよいだろう。

■類似しているかどうかは、外観・称呼・観念の三要素で検討

対比する商標同士が類似するかどうかは、外観・称呼・観念の三要素に分解してそれぞれ検討される。一方、指定商品・サービス同士が類似するかどうかは、個々の指定商品・サービスごとに割り振られた類似群コードによって判断されることになる。

①外観類似（形状、色彩等）→「トヨタ」と「トヨク」など
②称呼類似（発音）→「ロイヤルホスト」と「ローヤルホスト」、「SONY」と「THONY」など
③観念類似（意味の内容）→「Apple」と「りんご」、「スカイラーク」と「ひばり」、「四つ葉」と「クローバ」など。

(5) 商標登録にはこんな条件がある

■商標として識別力のないものは登録できない

　　　①普通名称→「クルマ」や「ビール」など

　　　②慣用商標→「ビジネスホテル」、「幕の内弁当」など

　　　③記述的商標→「フランス料理」など

　　　④ありふれた氏名や名称→「田中商店」「山田病院」など

　　　⑤あまりにも簡単でありふれたもの→「A」「あ」などの1文字や「○」

　　　　「△」「□」などの単純な線、または単純な模様など

※ただし、以上のものについても長年の使用実績があり、誰でもが知っていてどこの企業のものかがわかるような商標については識別力ありと判断され登録が可能となる。→「ニッポンハム」「ホンダ」「スズキ」「東京メガネ」など。

■他人の商標と紛らわしい商標は登録できない

　他人の登録商標と同一又は類似の商標で、商標を使用する商品・サービスが同一又は類似であった場合は登録できない。

■誰でも簡単に使える商標検索サービス「J-Plat Pat」

　特許庁は2015年、従来の「特許電子図書館」を刷新し、新たな特許情報提供サービス「特許情報プラットフォーム（英語名：Japan Platform for Patent Information、略称：J-Plat Pat）」の提供を開始した。

　特許情報プラットフォームとは、特許庁が保有する5,500万件以上の特許情報（意匠・商標を含む）を提供する新たな情報基盤であり、独立行政法人工業所有権情報・研修館により運営されている。

　またその略称J-Plat（ぷらっと）Pat（ぱっと）には、ユーザーが「ぷらっと」寄って、情報を「ぱっと」見つけられるフレンドリーなサービスを、という想いが託されているとのこと。確かに従来の特許電子図書館に比べて、個人や大学の研究者等、より多くの一般ユーザーが気軽に利用できる構造になっている。商品名やブランド名、キャッチコピー、シンボルマークなどの類似商標の簡易検索等にスマホ等で気軽に利用できる。

　（J-Plat Pat www.j-platpat.inpit.go.jp）

■商標登録の実務は専門の弁理士へ

　本格的な商標調査は、同一商標が存在するかしないかだけでなく、類似か否かという非常にナイーブで専門的な判断が必要。またナイーブな場合の登録手続きについては、テクニックを要する場合もある。したがって商標登録の実務は専門の弁理士に相談するのが確実で効率的である。

(6) キャッチコピー類も登録されている

　例えば、以下のものは登録済。
「ファイト・一発！」(大正製薬株式会社)
「自然と健康を科学する」(株式会社ツムラ)
「Leading Innovation」(株式会社東芝)

　新たなキャッチコピーを開発した時はネット検索で同一または類似したものがないかどうか確認することはもちろん、念のため、先ほど紹介した「特許情報プラットフォーム (J-Plat Pat)」での簡易検索を行いたい。登録商標かどうかは素人でも簡単に検索・確認できる。類似か否かについては知識が必要。

(7) あえて商標登録しないブランド戦略もある

　簡単なフレーズは登録できないし、ちょっと捻ったフレーズはほとんど登録済みであることが多い。そこであえて登録できない言葉 (普通名詞等) によるネーミングを行うケースも多い。このような場合でもそのネーミングが多くの人に知られることになれば、周知・著名性により不正競争防止法で保護される可能性がある。

(8) 著作権との関連性は

■著作権の保護期間には限りがあるが商標権は半永久的

　著作権は、著作物性があれば創作された段階で発生するが、商標権はその商標が登録されて初めて保有できる権利である。その商標に著作物性があるかないかはまったく関係ない。

　著作権の保護期間は原則著作者の死後 50 年だが、商標権は 10 年ごとの更新を行うことによって半永久的に権利を保持できる。この規定は他の産業

財産権にはない。

■商標権は著作権が保護しづらい商品名や単純な図形を保護できる

著作権は"表現"を保護するので、あまりにも短いフレーズ、例えば商品名やスローガン、シンプルなマークやロゴタイプなどは保護しづらいが、商標権はこれらのものも保護できる。また特定の商品やサービスと結びついたキャラクターイラストなどを商標登録した場合は、著作権による保護と商標権による保護の両方が可能となる。

■商標権侵害に偶然の類似は認められない

他人の著作物をまったく知らないでそれと同じ著作物を作成してしまった場合、他人の著作権を侵害することにはなりえない。独立した著作物として著作権が認められ、それぞれの権利が並立することになる。これに対し、商標権の場合は先行する登録商標の存在を知らない場合でも他人の登録商標と同じ商標を使用した場合は商標権の侵害となる。したがって他人の商標を知っていたか知らなかったかは考慮されないし偶然の類似も認められないことになる。

5.　不正競争防止法とは何か

(1) 不正競争防止法の目的

公正な競争を阻害する一定の行為を禁止することによって、適正な競争を確保し公正な市場を確保する法律。著作権法や商標法などとクロスする部分も多く、知的財産権の中では非常に重要である。

(2) 登録の必要がない

特許法、意匠法、商標法などのいわゆる「産業財産権法」は登録制度となっていて、ある期間、権利者に独占的支配権を与え、その権利への侵害を排除するという仕組みを取っているが、不正競争防止法は、日々の取引の中で発生する不正な競業行為を、その都度、個別具体的に排除していくという仕組みをとる。

(3) この法律が禁止する主な行為

■不正競争となる行為を限定的に列挙している

　この法律では、不正な競業行為を包括的に禁止するのではなく具体的に特定している（以下の①〜⑨）。何が許されない競争行為であるかが曖昧な状態では事業者が判断に戸惑い、結果として事業者の経済活動が萎縮してしまうおそれがあるからである。

　　　①周知表示混同惹起行為（2条1項1号）
　　　②著名表示冒用行為（2条1項2号）
　　　③商品形態模倣行為（2条1項3号）
　　　④営業秘密の不正利用行為
　　　⑤技術的制限手段を迂回する装置の提供行為
　　　⑥ドメイン名の不正取得等の行為
　　　⑦原産地や品質などの誤認行為
　　　⑧他人の営業上の信用毀損行為
　　　⑨代理人等の商標冒用行為

　そして、不正競争防止法が禁止する行為の中で特に広告やデザインに関係が深いものが最初の3つである。以下に1つずつ解説する。

■周知表示混同惹起行為

　他人の「周知な商品等表示」と同一または類似の表示を使用し、他人の商品または営業と混同を生じさせる行為をいう。なお、この法律では「**商品等表示**」という言葉が頻繁に登場するが、これは「**商品表示および営業表示で、人の業務に係わる氏名、商号、商標、標章、商品の容器・包装、その他をいう**」とされている。ここには商品自体の形態・色彩・模様・材質などが含まれる場合もある。また著作権や商標権の有無はまったく関係なく「商標」よりも曖昧で広い概念なので注意が必要である。

　過去の判例には、かに道楽の店舗に設置された「動くかに看板」が模倣された「**かに看板事件（大阪地裁／1987年）**」、元俳優の高知東生（のぼる）が以前、高知東急（のぼる）と名乗っていた頃、東急グループの芸能活動と混同される恐れがあるとして東急側がその芸名使用差し止めを請求した「『**東急』芸名訴訟事件（東京地裁／1998年）**」などがある。

34

■著名表示冒用行為

他人の「著名な商品等表示」と同一または類似のものを自己の商品等表示として使用する行為。**重要なことは、この場合、出所混同は問われないということである。**

著名表示に関する有名な判例に、あのシャネルがラブホテルの名前に使われたという**「ラブホテル・シャネル事件 (神戸地裁／ 1987 年)」**、ニナ・リッチがノーパン喫茶の名前に使われた**「ノーパン喫茶、ニナ・リッチ事件 (東京地裁／ 1984 年)」**、ディズニーがポルノショップの名前に使われた**「ポルノランド・ディズニー事件 (東京地裁／ 1984 年)」**など、本業との競争関係にない特に風俗系業種での冒用行為が多い。

広告業務では、物撮り時の小道具に有名ブランド品を使う、販促チラシなどで「オリンピック応援セール」等と打ち出す、有名ブランド品をノベルティとして提供する等の際も、違法となるかどうかは別として、この著名表示冒用行為を根拠にクレームが生じる可能性はある。

これらは顧客吸引力のある著名な表示にフリーライドしたという根拠によるものだが、使った側が自らの「商品等表示」として使用した形でなければ、この行為は成立しないので、単に広告の素材として使うだけなら違法性は生じないはずである。

さて「周知」と「著名」の違いが分かりづらいが、「周知」とは一定の地域においてそこに住んでいる住民の間で結構名前が知れ渡っているという状態であり、一方、「著名」とは、一定の地域だけでなく"全国的に有名"で財産的価値のあるもの、いわば「有名ブランド」である。

■商品形態模倣行為

最初に販売された日から３年以内の他人の商品の形態を模倣する行為、いわゆるデッドコピーと言われるものである。

過去の判例としては、爆発的ヒット商品となった「たまごっち」の類似品を輸入業者が無断で販売した**「たまごっち類似品販売事件 (東京地裁／ 1998 年)」**、ソーテックが発表した「e-one」がアップルの「iMac」の外観デザインに類似しているとしてアップル側が提訴した**「類似パソコンの製造、販売差**

し止め事件（東京地裁／2000年）」などがある。

　なお商品の形態が、集中的な広告宣伝等によって商品識別機能を獲得している場合、つまり商品の形態そのものが「商品等表示」と認められる場合は、冒頭に説明した「周知表示混同惹起行為」として扱われる。

　この行為は、いわゆる広告制作には直接関係しないが、広告主の商品開発やオリジナルノベルティの開発などでは大いに関係してくることになる。

(4) 注意すべきは周知・著名な商品等表示

　前述したように不正競争防止法がいう「商品等表示」の概念はかなり広く、商品や営業を表すあらゆる表示や素材が対象となる。他の企業が使っている、**よく知られた商品名や社名、スローガン、各種マーク、キャラクター、立体看板、ネオンサイン、また商品自体の形態・色彩・模様・材質、さらに言えば広告表現そのものも対象となる可能性もある。**

　これらによく似たものを勝手に使って見分けがつかなくなるような状況を形成すると、この法律に抵触する可能性がある。そして注意すべきはそれらの表示に著作権や商標権があるかないかはまったく関係ないということだ。

(5) 著作権との関連性は

■不正競争防止法は「権利の隙間」にある侵害行為に効果を発揮

　不正競争防止法は味方につければ結構頼もしい法律である。例えば自社が制作した何らかの「商品表示や営業表示」を保護したい場合、通常は著作権と商標権が考えられる。まず著作権で保護されるためにはその素材が著作物でなければならない。次に商標権で保護されるためには、その商標が登録されていることが条件となる。

　それに対して、不正競争防止法ではこれらの権利の有無は関係なく、その表示が「商品等表示」に相当し、かつそこに周知性や著名性があれば、他人の模倣行為をストップさせられる可能性がある。

　このように不正競争防止法は、著作権や商標権では保護されづらい、いわば権利の隙間にある侵害行為に威力を発揮する法律と言えよう。

6. その他の関連法規

その他の重要な関連法規に、不当な顧客誘引を禁止する「景品表示法」と、親事業主の「優越的地位の濫用」を規制する「下請法」の２つがある。知的財産権という領域には含まれないが広告業務と深い関わりを持つ法規制である。概要のみ触れておく。

（1）景品表示法とは何か
■景品表示法の目的

正式には「不当景品類及び不当表示防止法」といい下請法と並ぶ独占禁止法の特別法である。不当な顧客誘引を禁止することによって消費者が適正に商品・サービスを選択できる環境を守ることを目的としている。経済産業省が所管する不正競争防止法が事業者間の公平な取引を推進する法律とすれば、**景品表示法は消費者にとっての利益を保護する法律であり、こちらは消費者庁が所管している。**

景品表示法では不当な顧客誘引として２つの禁止行為が定められている。

まず不当な表示の禁止である。**ここでいう「表示」とは、広告やカタログ、パンフレットなどの販売促進ツールから、商品説明書や商品の包装や見本等まで含まれ範囲は非常に広い。**そして不当表示とは、この「表示」に不当なものがある状態をいい、①優良誤認、②有利誤認、③その他、誤認される恐れのある表示、の３つがある。

２つ目は、過大な景品類の提供の禁止である。景品類とは、商品・サービスの取引に付随して相手方に提供される物品や金銭等の経済上の利益をいい、いわゆるノベルティやプレミアムの類が該当する。一般懸賞、総付景品、共同懸賞に関する規定を定めている。

■不当な表示の禁止
①優良誤認とは

１つ目は商品の製造方法、製造年月日、安全性、衛生性など、いわゆる商品やサービスの中身について、**実際のものよりも優良である**と誤認させる表示を行うこと。例えば人工甘味料を使っていながら「全糖」と表示する、機

械打ちにもかかわらず「手打ちそば」と表示するなどが対象となる。

　そして2つ目は、商品やサービスの中身について、**競争業者のものよりも優良である**と誤認させる表示を行うこと。例えば何の根拠もなく競合メーカー商品を誹謗中傷する、あるいは実際には各競合商品が同じようなレベルにあるにもかかわらず自社の商品のみが著しく優良であるような表示を行う等である。

②有利誤認とは

　商品の中身ではなく、価格、数量、支払い条件、供給される時期等、いわゆる取引条件について、**実際のものよりも有利であると誤認させる表示**、また**競合業者のものよりも有利である**と誤認させる表示を行うこととされている。この有利誤認は圧倒的に価格に関するものが多く、根拠なく「日本一安い！」と表示したり、不法な二重価格表示を行ったりというケースが該当する。

③その他、誤認される恐れのある表示とは

　特定の商品・サービスについて内閣総理大臣が指定（告示）した不当表示を禁止している。

- 無果汁の清涼飲料水等についての表示
- 商品の原産国に関する不当な表示
- 消費者信用の融資費用に関する不当な表示
- 不動産のおとり広告に関する表示
- おとり広告に関する表示
- 有料老人ホームに関する不当な表示

■過大な景品類の提供の禁止

①一般懸賞とは…

「クローズド懸賞」ともいう。商品・サービスの利用者に対し、くじ等の偶然性、特定行為の優劣等によって景品類を提供することを「懸賞」といい、共同懸賞（ここでは割愛する）以外のものは「一般懸賞」と呼ばれる。例としては、抽選券、じゃんけん、パズル、クイズ等の回答の正誤、競技、遊戯等の優劣により提供するものなどがある。

　5,000円未満の取引価額の場合に提供できる景品はその取引価額の20倍

まで、一方、5,000円以上の取引価額の場合に提供できる景品は10万円までとされている。また景品の総額規定があり、これはこの懸賞によって見込まれる売上総額の2%までとされている。

懸賞による取引価額	最高額	総額
5,000円未満	取引価額の20倍	懸賞に係る売上予定総額の2%
5,000円以上	10万円	

②総付景品とは

「ベタ付け景品」ともいう。懸賞によらずに提供される景品類のこと。具体的には、商品・サービスの利用者や来店者に対してもれなく提供する金品等が該当する。取引価額が1,000円未満の場合に提供できる景品は200円まで、一方、取引価額が1,000円以上の場合に提供できる景品はその取引価額の20%までとされている。**商品・サービスの購入の申し込み順又は来店の先着順により提供される金品等も総付景品に該当する。**

取引価額	景品類の最高額
1,000円未満	200円
1,000円以上	取引価額の10分の2

③オープン懸賞とは

一方、商品・サービスの購入や来店を条件とせず、一般のメディア等で企画内容を広く告知し応募させ、抽選で金品等が提供される企画である**「オープン懸賞」は景品表示法ではなく独占禁止法の規制対象**になっている。ちなみにオープン懸賞で提供できる金品等の最高額は、以前は1,000万円までとされていたが、2006年に規制が撤廃され現在では上限額の定めはない。

(2)下請法とは何か

■下請法の目的

下請法は正式には「下請代金支払遅延等防止法」といい、景品表示法と並ぶ独占禁止法の特別法である。下請取引の公正化及び下請事業者の利益を保護することを目的とし、特に広告会社と制作会社の取引に大きく関わる法律でもある。**独占禁止法で指定する不公正な取引方法の中の「優越的地位の乱**

用行為」を下請事業者の保護という立場から規制するもので、公正取引委員会が所管し中小企業庁とともに執行にあたっている。

■広告業界における下請取引

広告業務の多くは、広告主⇒広告会社⇒制作会社⇒フリーランスクリエイターという流れで進行される。ここでいう制作会社にはグラフィック系制作会社はもちろん、CM制作会社、ネット系制作会社、印刷会社や、イベント会社、SP会社なども含まれている。そしてこの業界においては、大手広告会社を頂点としたピラミッド型の受発注マーケットが構成されており、特に裾野領域には法人・個人を問わず多種多様な事業者がひしめき合っている。

広告主と広告会社間の取引については下請取引に該当せず、当然、下請法の対象とはならない。日常的に多大な問題が生じやすいのは主に広告会社と制作会社間の取引であり、広告業界においてはここが下請法の取り締まり領域となる。さらに制作会社については様々な受発注形態があり、①広告主からダイレクトに広告業務を委託されるケース、②広告会社から委託されるケース、③別の制作会社から委託されるケース、逆に④別の制作会社に広告業務を委託するケース、⑤フリーランスクリエイターに委託するケース、と主に5種類ある。つまり同一の制作会社が親事業者にも下請事業者にもなりうることが特徴的である。

いずれにせよ下請取引となる領域は広告会社から川下の領域ということになる。この中で特に委託側である広告会社（制作会社）が受託側である制作会社等に対して、その優越的地位を利用した、下請代金の支払遅延や強引な値引き要求といった行為を禁じ、取引上の弱者である下請事業者の利益を守ろうというのが下請法の精神である。なお、この法律の取り締り対象となる下請取引に該当するか否かは委託業務の内容および資本金の関係によって決定される。

■どのような下請取引に下請法が適用されるのか

親事業者と下請事業者間で行われる取引内容と資本金の関係によって下請法の適用、非適用が決まる。以下のような場合は適用となる。

⇒物品の製造・修理委託等を行う場合

　広告業務では主に印刷物発注、SPツールの製造、プログラム開発等が対象となる。

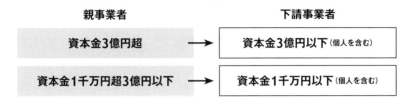

⇒情報成果物作成・役務提供委託等を行う場合

　広告業務では主にデザイン・テレビCM制作、イベントの企画・運営等が対象となる。

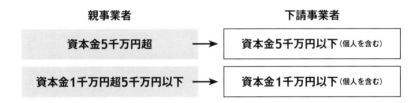

■下請法は強行規定である

　注意すべきは、広告実務にかかわる法律の中で民法や商法上の規定が任意規定であることに対して、下請法は強行規定となっていることである。任意規定は例えば契約書で法律上の規定を覆す条項をつくることができるが、強行規定の場合はできない。つまり**契約書でそれを覆す条項を設定したとしてもすべて無効となってしまう**。いわば絶対的な規定ということである。

■**下請法が適用された場合に親事業者に課せられること**

　下請法が適用される親事業者に対しては、4つの義務行為と11の禁止行為が定められている。具体的には以下のとおりである。

4つの義務行為
①書面の交付義務

発注の際は、ただちに「発注書面」を下請事業者宛に交付しなければならない。下請法第3条で規定されていることから、一般に「3条書面」と言われている。

②支払期日を定める義務

下請代金は納品（役務については提供）後、60日以内に支払わなければならない。例えば4月1日に納品された成果物の下請代金は5月末日までに支払われなければならない。

③書類の作成・保存義務

納品（役務については提供）後、取引経緯を記録した書類を作成し2年間保存しなければならない。

④遅延利息の支払義務

60日経過した後の支払いには遅延利息を加算しなければならない。

┃11の禁止行為┃

①受領拒否の禁止

納入された物品等が発注どおりでなかった場合以外は、納入された物品等の受領を拒んではならない。

②下請代金の支払遅延の禁止

正当な理由なく支払いを遅らせてはならない。また支払期日は、親事業者が下請事業者の納品物を受領した日から起算して60日の期間内において、かつ、できる限り短い期間内において、定められなければならない。 なお請求書を受領しているか否かは関係ないので注意を要する。

③下請代金の減額の禁止

下請事業者に責任がないのに、発注後、下請代金の額を減ずることは許されない。発注段階で既に決められている料金を値引きする、あるいは同一料金で納品物の数量拡大を要求するなどしてはならない。またここには、支払手段としてあらかじめ「手形支払」と定めているのを一時的に現金で支払う場合において、手形払の場合の下請代金の額から短期の自社調達金利相当額を超える額を差し引くことも含まれる。

なおボリュームディスカウント等、合理的理由に基づく割戻金（例えば、親事業者が下請事業者に対し、一定期間内に一定数量を超える発注を達成した場合に、

42

その下請事業者が親事業者に支払うこととなる割戻金）であって、あらかじめ当該割戻金の内容を取引条件とすることについて合意がなされ、その内容が書面化されている場合、当該割戻金は下請代金の減額には当たらない。

④返品の禁止

物品の受領後、その物品等に瑕疵があるなど明らかに下請事業者に責任がある場合以外は、受領後返品することは許されない。

⑤買いたたきの禁止

一般の下請代金に比べて著しく低い下請代金を一方的に設定してはならない。協力会社から見積りが提出された段階で、充分な協議の上で合理的な交渉を心がける配慮が必要である。

例えばSP会社にノベルティの発注を行うに際し、見積り段階で一定の数量に基づいた単価が設定されていたが、実際の発注段階では数量が著しく減少したにもかかわらず、単価は見積り通りの価格を定めてしまうことなどが該当する。

⑥購入・利用強制の禁止

親事業者が指定する物・役務（含自社製品）を下請事業者に強制的に購入・利用させてはならない。

発注製作に必要な素材に限らず、自己の指定する物品を強制的に購入させることも含まれる。「強制して購入させる」とは、購入を取引の条件とする場合、購入しないことに対して不利益を与える場合のほか、下請取引関係を利用して事実上、購入を余儀なくさせていると認められる場合や、下請事業者ごとに目標額又は目標量を定めて購入を要請すること、下請事業者から購入する旨の申出がないのに、一方的に下請事業者に送付すること等も含まれる。

⑦報復措置の禁止

下請事業者が親事業者の不公正な行為に関する事実を、公正取引委員会または中小企業庁に知らせたことを理由として、その下請事業者に対する取引数量の削減・取引停止等の不利益な取扱いをしてはならない。

⑧有償支給原材料の対価の早期決済の禁止

親事業者が下請事業者の給付に必要な原材料を有償で支給している時、下請事業者の責に帰すべき理由がないのに、この原材料を用いて製造または修

理した物品の下請代金の支払期日よりも早い時期に、当該原材料の対価を下請事業者に支払わせたり、下請代金から控除したりしてはならない。

⑨**割引困難な手形の交付の禁止**

　一般の金融機関で割引を受けることが困難であると認められる手形を発行してはならない。

⑩**不当な経済上の利益に関する提供要請の禁止**

　親事業者が下請事業者に対して、自己のために金銭・役務その他の経済上の利益を提供させることにより、下請事業者の利益を不当に害してはならない。各下請事業者に一律、協賛金等の要請を行っていることを理由として、下請事業者が受ける利益の範囲を超えて協賛金等の負担を要請することなども含まれる。

⑪**不当な給付内容の変更及び不当なやり直しの禁止**

　親事業者が、下請事業者の責任がないのに発注の取消または発注内容の変更を行い、または受領後にやり直しをさせ、下請事業者の利益を不当に害するようなことをしてはならない。

■ **下請法に違反した場合のペナルティ**

　公正取引委員会や中小企業庁は、下請法違反を厳しく取り締まっており、親事業者、下請事業者双方に対して定期的に書面調査を行い、必要があれば立入検査を行っている。このような調査に備え、日頃から取引記録に関する書面などを適切に管理し、すぐに対応できるようにしておかなければならない。

　では、仮に下請法違反が判明すると、どのようなペナルティが待っているのか。

　公正取引委員会は、下請法に違反する行為が認められた場合には、親事業者に対して違反行為の停止、原状回復、再発防止措置などを求める勧告を行うが、この時、違反した親事業者名や違反内容等が公表されることになる。さらに親事業者が勧告に従わない場合には、排除措置や課徴金納付命令が行われる場合もある（一方で、親事業者が自発的に違反行為を改善し公正取引委員会に申し出をしたときには勧告も公表もしないという運用をしている）。

　また発注書面を交付する義務や取引記録に関する書類の作成・保存義務を

怠った場合、また書面調査に協力しなかったり、書面調査で虚偽の報告をしたり、公正取引委員会による立入検査を拒否・妨害したりした場合は会社及び個人（担当者）ともに最高50万円までの罰則金を徴収される。

このようなことにならないよう**親事業者となる企業は、日々の取引実態をキチンとチェックできる体制を作ると同時に十分な従業員教育を行い、下請法違反とならないような社内のルールづくりを行う必要がある。**

現実問題として広告会社においては、制作会社等の協力会社に対して様々な無理難題を要求しがちであることは否定できないが、以上のことを十分に考慮し、下請事業者への敬意と、「ご理解とご協力」を前提としたお願いである、という視点を失わないようにしたいものである。

なお、下請事業者の立場から疑問に思ったことなどがあった場合は、中小企業庁委託の「下請かけこみ寺（http://www.zenkyo.or.jp/kakekomi/）」で相談することもできる。

Ⅱ．広告実務から見た著作権

この章のポイント

　前章では「広告は知的財産権のスクランブル交差点」という観点から、広告を取り囲む様々な権利や法規制を概観した。この章では角度を変えて、広告実務の側から著作権や知的財産権との関係性を確認し、さらに著作権を侵害するというのは具体的にどんな状態をいうか等を探ってみたい。

1. 広告と著作権の関係性

(1) 広告とは、広告の役割とは

　改めて広告の基本的役割を整理しておこう。まず**広告とは、広告主のマーケティングツールであり、特に重要視されるのはアイデアである**ということである。多分に個人的な見解も含まれているが大きくは間違っていないと思う。

　これをさらに具体的に紐解いていくと、

■広告は広告主のものである

　広告は通常、広告主の名で公表される。従って広告出稿に関する全責任は広告主にある（すべてのクレームは広告主に届く）。このことが最大の特徴である。

■広告とはマーケティングツールである

　結果的に（あるいは便宜上）広告作品という言い方はあっても、正しくは営利を目的とした"道具"であり"作品"ではない。

■広告において特に重要視されるのはアイデアである

　表現には必ずアイデアが含まれているが、広告においては、優れた（コミュニケーション）アイデアかどうかが非常に重要であり、結果的に表現に芸術

46

性があるかないかは二次的問題となることが多い。

(2) 広告の著作権を理解する7つのポイント

　以上のことを踏まえて、広告と著作権の関係性をイメージしてみると、次のようなファクターが浮上してくる。

■1─そもそも広告と著作権の「相性は良くない」

　広告は基本的に営利を目的とした"道具"である。またその本質は美的鑑賞のための"表現"ではなく、ターゲットを動かすための"アイデア"である。すなわち、**経済的・産業的道具である広告**と、**文化法であり、アイデアよりも表現や鑑賞性を重んじる著作権法とはどこか相容れない部分があることは否定できない。**

　しかし一方で広告は、その素材として、写真、イラスト、文章、音楽、図表などの表現を伴うことにより、様々な著作物を積極的に活用し、これらに多くの役割を依存していることもまた事実である。

■2─法的な白黒もさることながらトラブルの有無が重視される

　多くの広告主は、自社の広告にクレームがついたり、マスコミから叩かれたりした場合のイメージダウンを何よりも気にする。その結果、法的な白黒もさることながらトラブルにならないかどうかが重視される。

　そして法的にグレーゾーンにある問題は「黒」とみなされる傾向があり、広告素材の選択についても慎重にならざるを得ない。特にキャッチコピーやスローガン等の類似については非常にナーバスである。

■3─広告には顧客吸引力のある素材が好んで使われる

　広告には、多くの人が知っていてかつ目を引くような強い顧客吸引力のある素材が積極的に利用される。これらを記号として活用しながらターゲットへのイメージコントロールを行う。第1章の**「広告は知的財産権のスクランブル交差点である」**という切り口の本質もここにある。多くのテレビCMなどで、著名タレントの肖像権やアニメキャラの著作権を利用するのはその典型である。

そしてこのような素材は、自ずと様々な経済的価値を持っており、広告制作のコストの多くはこの部分に費やされることになる。

■4—広告では「グレーゾーン権利」への想像力が問われる

広告の素材には、法的根拠が今一つ明確でないまま、勝手に使うとクレームが付いたり、事前許諾や使用料の徴収が慣習化されていたりするものがある。例えば有名な建造物の写真や撮影用小道具で使用されるブランド品が典型である。

法的な白黒もさることながらクレームがつくかどうかということが重視され、**表現の自由よりも広告主の立場を重んじなければならない広告実務では、そんな「グレーゾーン権利」への対応も大変重要となる。**

このような素材を無頓着に扱わないことが、地雷を踏まずに済む確かな安全策なのである。そこでこれらを広告使用する場合は、関係筋の規定を確認する、事前の許諾を得る、クレジットを入れる等、無用なクレームを避ける意味でもできるだけ丁重な対応が求められる。

■5—関与者が多く、権利関係が複雑かつ曖昧である

広告制作には一般的に、広告主の担当者、広告会社や制作会社のプロデューサー、クリエイティブディレクター、CMプランナー、演出家、スタイリスト、アートディレクター、デザイナー、コピーライターなどが関わり、利用素材によってはイラストレーターやカメラマン、作詞・作曲家、さらに俳優や声優なども加わってくる。

結果として権利関係が複雑化し、誰が著作者なのか、誰が著作権者なのかが曖昧になりがちである。

さらに「著作権はその著作物を創った者に帰属する」というデフォルトへの例外規定である職務著作（雇用契約のあるクリエイターが創作した著作物の権利はその雇用主である広告会社や制作会社に帰属する）やCMの場合の映画著作（2012年知財高裁カーニバル判決においてテレビCMの著作権は広告主に帰属するとされた）等イレギュラーな要素も加わり、ますます複雑化を加速させている。

■6─広告では名誉声望への配慮が重要である

広告においては名誉声望保持への配慮が問題となる場合がある。著作権法第113条6項では、「著作者の名誉又は声望を害する方法によりその著作物を利用する行為は、その著作者人格権を侵害する行為とみなす。」とされている。

たとえば著名な画家が描いた、女性の裸体をモチーフとした絵画が風俗店のチラシに利用されたり、格調高い楽曲に対して社会的名誉を害するような愚劣な歌詞がつけられたり、環境保全活動をしているカメラマンの写真が公害問題で話題となっている企業の広告に使用されたりした場合等が該当し、これらを無断で行うと著作権侵害だけでなく著作者の人格権の侵害とみなされる可能性がある。

必ずしも著作物の改変がなくても該当するところが同一性保持権とは異なる。また**音楽や美術など純粋芸術の著作者にとっては、自らの著作物が広告に利用されること自体がそもそも特殊であり心情的に納得できないということもある。**したがって特に音楽著作物を CM に利用する場合等は通常著作権者である音楽出版社を通じて著作者本人への同意が必要となることが多い。

■7─広告制作は通常、再委託と下請取引によって成立する

広告制作は一般的に、広告主→広告会社→制作会社→フリーランスという流れの中で業務委託（再委託）されることが多い。広告主と広告会社間の取引は下請取引ではないが、**広告会社から制作会社、制作会社からフリーランスの関係は、通常、下請取引とみなされ、資本金の関係によっては下請法の取り締まり対象となる。**

下請法とは委託側が持つ優越的地位の乱用を阻止する法律であり、広告制作における取引の多くはこの法律の影響を強く受ける。しかもこの下請法は強行規定であって安易に契約で変更できない法律である。したがって下請取引においてとかく問題となりやすい著作権の扱いと下請法とは、切っても切り離せられない関係となっている。

2.　広告に関わる権利とその侵害

(1) 広告の著作権は「2階建構造」で成立している

　広告と著作権の本質的な相性はよくないという話をした。それにもかかわらず広告にはその素材として多種多様な著作物が積極的に使われており、これらの素材に多くの役割を依存している。

　これは広告の著作権が「2階建構造」で成立していることに起因する。つまりベースとなる1階部分にその広告自体の権利があって、2階部分に、イラストや写真、文章、図表、音楽、タレントなど、その広告に使用される「素材」の権利が積まれているというイメージである。

　1階部分については、その広告のベースとなる権利が存在している。グラフィック広告であれば、条件付きで「美術の著作物」もしくは「編集著作物」の権利、テレビCMであれば「映画の著作物」の権利が認められることになっており、グラフィック広告とテレビCMではその足場となる著作権の種類が大きく異なっている。

　これは現行著作権法には「広告の著作物」という類型はなく、グラフィック広告やテレビCMは、その表現形式から著作権法第10条1項が例示する様々な著作物を類推適用させているからである。

　詳細は次章以降で触れていくが、「広告の著作権」を語る時、以上のような、広告の「2階建構造」を踏まえることが極めて重要となる。

(2) 著作権の侵害を構成する3つの判断基準

　広告業界では、例えば自社が開発したキャッチコピーが別の企業のキャッチコピーに似ている、あるいは逆に自社が開発したものとよく似たものを別の企業が使っている等の「類似」問題が比較的多い。単に印象的に「なんとなく似ている」というレベルに対して、**法的に問題のあるレベルの類似、例えば著作権侵害とは具体的にどういう状態をいうのか。**

　実際に訴訟になって侵害か否かを見極めようとする時、裁判所は単に「見た目の印象」だけで判断しているわけではなく主に3つの判断基準がある。簡単に触れておこう。

■1─著作物性⇒原告作品が著作物か

　そもそも侵害されたとする側の作品が著作物かどうか。また保護期間にあるか。そして著作権者が存在しているか。要するに原告作品に著作権があるかどうか。当然のことだが著作権がなければいくら類似していても著作権侵害にはなりえないということである。

■2─依拠性⇒被告作品は原告作品を参考にして創ったものか

　実際に依拠したかという主観の問題ではなく、原告作品の著名性や周知性はどの程度だったか、また被告は原告作品を見ることができる状態にあったか、という客観的な情報から判断されることになる。

■3─同一性・類似性⇒原告作品との本質的な特徴の類似があるか

　些末な部分の類似や単にアイデアや手法の類似ではなく、表現における本質的な特徴の類似でなければならない。多くの場合、この本質的特徴の類似が問題となる。

　なお著作権侵害訴訟においては、依拠性と、同一性・類似性については侵害されたと主張する側が、これらの立証責任を負うものとされている。

　以上の3つの要件すべてが揃わなければ著作権侵害は成立しない。これはグラフィック広告に限らず、テレビCM、動画、音楽、ネット広告を含むすべての広告、またすべての広告素材、つまり先ほどの「広告の著作権」の

1階、2階に共通する原則論であるが、この原則論は例えばグラフィック広告なのかテレビ CM なのか、あるいはイラストなのか文章なのかなど、素材によっても微妙に運用基準が変わってくる。したがって実務ベースでは個別具体的に判断することになる。

　また第1章で触れたように著作物でなかったとしても商標権や肖像権を持つ素材、不正競争防止法で保護されている素材、あるいは法的権利がないが勝手に使うとクレームが付きそうな素材、他の法規制で使用制限されている素材などもあり、広告の実務者は日々このような素材に真正面から対峙していかなければならないことになる。

　そこで次の章では、まず広告素材の権利という観点から、広告に使用される様々な素材の一つひとつについて、どのような権利が発生し、どのような類似が法的な権利侵害を構成するのか等、過去の判例等も紹介しながら見ていきたい。

Ⅲ. 広告素材ごとの権利

この章のポイント

　　前章までは、著作権や知的財産権の内容と広告との関係性、さらに
著作権侵害とは、について包括的に眺めてきた。
　　この章ではそれらの問題をさらに具体的に検証する。すなわち様々
な広告素材（2 階建構造の 2 階部分）に対して、どのような権利や法規
制が働いていて、実務上どのようなことに注意すべきか。さらには単
に似ているレベルと法的な権利侵害との線引きはどこにあるのかなど
判例等を踏まえつつ具体的に見ていきたい。

1. 「グラフィック系広告」と「ラ・テ動画系広告」で大別

　一般的に広告は、マスメディア、プロモーションメディア、インターネッ
トメディアなどの媒体別に分類されることが多い。マスメディア系にはテレ
ビ・ラジオ広告、新聞・雑誌広告があり、プロモーションメディア系には、
各種ポスター、交通広告、デジタルサイネージなどの OOH、DM、折り込み
チラシ、パンフレットやカタログ、店頭 POP などがある。

　インターネットメディア系は、今や一方向からの区分けでは全体像が把握
できないほど多様化しているが、基本的には PC やモバイル端末を用いて、
ネット上でユーザーを自社の Web サイトや EC サイトへ誘引するための手
段をいうことが多い。バナー広告、リスティング広告、メール広告、動画広
告などが一般的に知られている。

　しかし、本書で扱おうとする、広告の中で使われる素材の著作物性やその
広告自体が持つ著作物性などから分類すると、いわゆる媒体別ではなく「広
告手法別」で分類するのが分かり易いと考える。つまり、プリントメディア
やネットメディアを問わず、平面をベースとしつつ、そこに文章、写真、イ
ラスト、シンボルマークなどをアレンジした**グラフィックデザインによって
成立する広告制作物として「グラフィック系広告」、そしてラジオ・テレビの
CM、ネット上の動画 CM、さらにデジタルサイネージなどの動画 CM 等、**

53

動画、音声、音楽などで構成される広告制作物として「ラ・テ動画系広告」の2つに大別して捉えたい。

2. グラフィック系広告の素材

まず「グラフィック系広告」だが、ここには先ほど触れたように、新聞・雑誌広告、ポスターやパンフレットなどの印刷物、そして、インターネット上の広告が含まれ、その素材構成等は共通している。これらに関連する主な著作権は複製権や翻案権等であるが、ネット広告の場合はさらに公衆送信権（送信可能化権）が大きく関わってくる。またネット広告を広義の意味で捉えるならば、広告主のWebサイトそのものも含まれてくる。このWebサイトの著作物性については後述する。

さて、ここに典型的な雑誌広告がある。この雑誌広告を一つのモデルとしてグラフィック系広告における様々な素材を見ていこう。あえて雑誌広告を取り上げたのは媒体特性から考えても1頁の中にアレンジされる素材や情報が比較的多岐に亘っているからである。

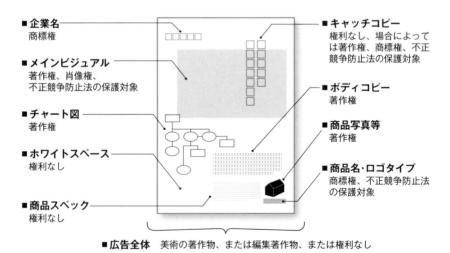

雑誌広告の中に混在する各素材と各知的財産権

この中でまず、雑誌広告に限らず、新聞広告、ポスターなどのグラフィック広告全般においてキャッチコピーやボディコピーなどとセットで必ず開発されることとなるメインビジュアル（またはキービジュアルともいう）について触れてみたい。

グラフィック広告においては、アートディレクターやデザイナーの仕事のほとんどはこのメインビジュアルの開発に終始するといっても過言ではない。極論をいえばメインビジュアルとキャッチコピーの開発さえ完了してしまえば、後に残っている仕事は単なるレイアウト作業だけという場合もある。メインビジュアルの開発作業はグラフィック広告ではそのくらい重要なファクターとなる。

メインビジュアルは具体的には、写真、イラストレーション、文字、シンボル、抽象的パターン、その他の視覚素材ということであるが、ここで重要なことは、メインビジュアルとはターゲットの目を惹く"何か"のことであって、必ずしも有形的素材である必要はない。逆にいえば何もないことが目を惹くことである場合もあり、これは「空白」、つまりホワイトスペース自体がメインビジュアルということにもなろう。アートディレクターやデザイナーが徹夜でメインビジュアルを考えた結果、メインビジュアルを設定しない、という判断があってもまったくおかしくはない。

いずれにせよ、ここではそんな広義の意味でのメインビジュアルを前提に考えていくこととする。とはいえ、メインビジュアルについては、一般的な手法としては写真やイラストレーションが使用されるケースが圧倒的に多い。それではまず写真の場合から見ていこう。

(1) 写真

写真についてはほとんどの場合は著作物として認められている。子どもがシャッターを押しただけのものであっても、プロのカメラマンが腕をふるって撮ったものであっても、同じように写真の著作物となり得る。つまり巧拙は問われない。

しかし免許証やパスポートなどに使用されるスピード写真、防犯カメラなどの画像は、同一のライティングと同一のアングルで機械的に撮影しているに過ぎず「思想又は感情を創作的に表現したもの」とはいえないため「写真

の著作物」にはなりえない。またイラストや絵画を単に複写しただけの写真も同様である。

　タレントやモデルが被写体となったイメージ写真、製品の写真、その他の物撮り写真、あるいは会社案内などに使用されるちょっとしたスナップ写真も含め、被写体や構図の選択、撮影時刻、露光、レンズの選択、陰影の付け方、シャッター速度、現像の仕方等に創意工夫を凝らしたものであれば、すべて著作物として対応すべきであろう。

　「年度版カタログの写真使用事件（大阪地裁／ 2002 年）」では、カタログ制作にあたって製品の写真撮影をすることになったデザイナーが、カメラマンに対して、製品の選定やアングルやライティングの設定、またモデル撮影にあたってはロケ地やポーズなど細部に至るまで詳細な指示を与えたが、このような場合であっても実際にファインダーを覗き、シャッターを押したカメラマンの創作性を認め「写真の著作物」が肯定されている。

▶**年度版カタログの写真使用事件**　　　　　（大阪地裁2002年11月14日判決・請求棄却）

　　パンフレットやカタログ掲載用の写真提供を行うアートフェイク社が、スポーツ用品の製造・販売をするゼット社のために撮影したベースボール商品の写真を同社の次年度のカタログにも使用され、著作権を侵害されたとして、ゼット社に対し、約3700万円の損害賠償を求めた訴訟で、大阪地裁は原告側の請求を棄却した。

　　小松一雄裁判長は原告写真の著作物性を認めつつも、「撮影契約は、単年度の使用許諾ではなく、次年度以降のカタログにも使用することが前提であった」とし、原告の主張を退けた。　　　　　　　　（日本ユニ著作権センター Web サイトより）

■**写真における著作権侵害とは**

　冒頭に触れたように機械的に撮影された写真、または絵画などを複写しただけの写真以外の写真は基本的に著作物として認められる。では写真の著作権侵害とはどのような状態をいうのか。当然のこととしてその写真自体をデッドコピーすることやその写真をトレースしてイラストを描きおこすことなどは、その写真の複製行為に相当し著作権侵害となるが、元の写真に含まれる被写体や構図を似せて新たに撮影した場合はどうなるのだろうか。

「**すいか写真翻案等事件**（東京高裁／2001年）」では、同じように「すいか」をモチーフとした2種類の写真の類似性・同一性が争われた。一審では侵害は否定され、控訴審では侵害が肯定された。控訴審においては、被写体の選択や組み合わせ、配置等において創作的な表現がなされている場合には、著作権法上の保護に値する可能性があるとされ、被告写真には原告写真に対する翻案権と著作者人格権の侵害が認められた。この判決は、ある意味で被写体の配置の仕方そのものが著作物であり、類似した被写体を用意してこれを撮影することも著作権侵害となりうるということを物語っている。

　一方、栃木県にある足尾銅山の廃墟をほぼ同じアングルで撮影した「**廃墟写真の模倣事件**（最高裁／2012年）」でも、原告の写真には「被写体の選択」自体に創作性があると主張されたが、「廃墟の選択はアイデアであり、それぞれの被写体や構図そのものは、表現上の本質的な特徴とはいえない」とされ、著作権侵害は否定された。

「すいか写真翻案等事件」と「廃墟写真の模倣事件」は、いずれも「素材の選択」自体はアイデアであり創作性はないという点は共通している。しかしスイカ写真翻案等事件のように、（選択された）**素材の配置の仕方に一定の創作性があり、そこにその写真の本質的特徴がある場合は、それを模倣した写真は著作権侵害とみなされる可能性がある**ということであろう。

　広告に使用される写真の場合、イメージ写真、製品写真、スナップ写真など、様々なものがあるので必ずしも一様にはいえないとしても、この2つの判決は写真著作権に対する重要なガイドラインとなっている。

▶ **すいか写真翻案等事件**　　　　（東京高裁／2001年6月21日判決・一部変更（上告））

　すいか写真の類似性をめぐり原告写真家が被告写真家と被告写真をカタログに掲載したさっぽろフォトライブ社を相手に、著作者人格権（同一性保持権）、翻案権侵害に基づいた訴えを起こした事件の控訴審。
　一審東京地裁は類似性を否定し請求棄却としたが、控訴審は原判決を取り消して、著作権侵害を認めた。「先行写真において被写体の決定自体、つまり素材の選択、組み合わせ配置について独自性が認められる場合、その創作的な表現部分の共通性の有無を考慮しなければならない」と判断根拠を示し、被控訴

人（一審被告）写真が著しく類似し、裁判上で明らかになった諸事情から依拠性も強く推認できるとした。「控訴人写真の表現を変更しあるいは一部切除してこれを改変した」と同一性保持権の侵害を認めた。なお、既刊カタログの回収廃棄、謝罪広告は必要性がないとし、慰謝料として金100万円の支払いを命じた。

(日本ユニ著作権センター Web サイトより)

原告写真（出典：裁判所Webサイト）　　被告写真（出典：裁判所Webサイト）

▶廃墟写真の模倣事件　　（知財高裁／2011年5月10日判決・控訴棄却）

　廃墟写真を手がけるプロ写真家（原告）が、同業の写真家（被告）に自分の作品を真似されたとして、著作権・著作者人格権侵害および名誉毀損を主張して訴えた事件の控訴審。原審は被写体の選択はアイデアであって表現ではないとして著作権侵害を認めず、また被写体発見に多大な労力を要したとしても他者の撮影を制限はできず法的保護には値しないとしたが、原告が控訴した。
　控訴審判決は、被写体は既存の廃墟建造物であって、撮影者が意図的に被写体を配置したり対象物を付加したりしたものでないから、撮影対象自体をもって表現上の本質的特徴とすることはできず、撮影者の表現手法に本質的特徴がある、とした上で、被告写真は原告写真を翻案したものでないとして著作権・著作者人格権侵害を否定、名誉毀損も先駆者の法的保護も、原審同様に認めなかった。
(日本ユニ著作権センター Web サイトより)

　その後、原告側は最高裁に上告するも、2012年2月16日、最高裁は上告を棄却し、知財高裁の判決が確定した。

原告写真（丸田祥三氏「迷彩」）　　被告写真（小林伸一郎氏「廃墟をゆく」）

出典：丸田祥三氏ブログ
https://blogs.yahoo.co.jp/marumaru1964kikei/6922613.html

■写真の被写体に働く、他の権利にも注意を

　なお、写真の著作物で、そこに人物が写っている場合は、写真の著作権とは別に人物の肖像権の問題が生じることとなる。写っているのがモデルやタレント、スポーツ選手などの著名人であればパブリシティの権利が、一般人であれば人格的権利が関わってくる。

　いずれの場合も本人への許諾（未成年の場合は両親への許諾）が必要となる。またパブリシティ権の場合は、財産的権利ゆえ、ギャランティという形で報酬を支払う形となる。

　次に、例えばその人物が著名キャラクターの図柄がデザインされたＴシャツなどを着ていた場合は、写り方によっては著作権の問題が発生し、権利処理をしなければならないことになる。

　また写真の中に写っているものが人物ではなく、東京スカイツリーや東京ドームのように話題性やインパクトに満ちた、いわゆる顧客吸引力のある"モノ"だった場合は「モノのパブリシティ権」を主張される可能性もある。ただしこの権利は2004年の最高裁判決で否定されている。一方、撮影を行うために特定の敷地や施設に足を踏み入れることになれば、その敷地や施設の所有者に許諾を得る必要が生じ、これを怠っていると所有権等に基づくクレームがつく可能性はある。

　さらに写真の中のモノが著名ブランドなどで、その写真全体が当該ブランドイメージに依拠しているような場合は、他人の名声にフリーライドしたと

みなされ不正競争防止法上の問題が生じる可能性もある。

■ストックフォト利用の場合に注意すべきこと

　昨今は、予算的問題、時間的問題などで新規撮影を行う代わりにストックフォトやネット上にあるフリー素材を使用することが多くなっている。またこれらのクオリティも非常に高まっている。しかしこれらの使用に関しては注意すべきことが多い。

　まず、比較的ありがちなことは著作権の契約外使用である。故意に行われているというよりも「うっかり」というケースが多いと思われる。特に使用媒体と使用期間、つまりどのような範囲でいつまで使えることになっているかについては、忘れぬようキチンと管理しなければならない。

　次に注意すべきことは、ストックフォトを参考にして似通った写真を撮影するケースである。例えばプレゼンテーションでイメージカンプにストックフォトを使用し、プレゼンの採用が確定した段階で、それと同じ構図やシーンで撮影をする。いわゆるサンプルやダミーとしての使い方であるが、このようなことをすると元のストックフォトに対する改変となり、複製権や翻案権の侵害となるおそれがある。またストックフォトをトレースしてイラストを描き起こすことも同様である。

　そしてもう一つ注意すべきはストックフォトの中に写っている被写体の権利である。通常、我々が支払っているのはその写真の利用許諾に対する対価であり、写真の中の被写体にかかわる肖像権、著作権、商標権などの使用料は含まれていない。従って登場人物等の肖像権、そこに写っているポスターの著作権、あるいは看板に使用されているマークの商標権等の権利については未処理となっていることが一般的である。従ってこれらの被写体の使い方によってはストックフォトの管理会社側に別途相談するか、あるいはそれぞれの権利者に直接許諾を得なければならない場合がある。

(2) イラストレーション

　一般的にイラストレーションは絵画や彫刻などと同様に「美術の著作物」とされているが、一口にイラストレーションといってもその幅は非常に広く、アイコンのようなシンプルなものから手の込んだ精密画のようなものまで

様々である。

あまりにもシンプルなピクトグラムやアイコンには著作物性はないとされ、家電製品の取り扱い説明書などに使用されている製品の外観を機械的に線画で描き起こしただけのイラストやプラモデルの設計図で使用されているイラストなどは「美術の著作物」とならないだろう。

しかし、通常に広告に使用されるイラストレーションなどは、広告というマーケティングツールに実用目的で使用される美術には違いないが、一定の鑑賞性を併せ持っていると考えられ、実務上は美術の著作物として対応することが慣習化している。

■イラストの著作権侵害、その2つの類型

イラストを取り巻く著作権侵害訴訟としては大きく分けて2つある。1つは他のイラストレーターによる複製権・翻案権・著作者人格権（同一性保持権）の侵害、そしてもう1つは発注者側による翻案権・著作者人格権（同一性保持権）の侵害である。

①他のイラストレーターによる侵害が問われた事案

いわゆる先行作品に対する後行作品の著作権侵害が問われた判例である。「広告イラストの類似事件（東京地裁／2003年）」「"四季の印"類似事件（ひさごイラスト）（東京地裁／2014年）」「教材の表紙イラスト類似事件（東京地裁／2004年）」などがあり、これらの判例では著作権侵害が認められ、一方、「幼児向け教育用ビデオのキャラクター類似事件（東京地裁／2008年）」「広告冊子のイラスト事件（大阪地裁／2009年）」「"四季の印"類似事件（招き猫イラスト）（東京地裁／2014年）」「電話帳漫画キャラクター事件（東京高裁／2000年）」などでは著作権侵害が否定された。

▶ **広告イラストの類似事件** （東京地裁／2003年11月12日判決・請求一部認容、一部棄却（確定））

世界の名所旧跡を描いたイラストを広告に無断使用されたのは著作権侵害だとして、大阪府茨木市のイラストレーターが消費者金融大手の「武富士」と広告代理店大手の「電通」に約4200万円の損害賠償などを求めた訴訟で、東京地裁は両社に計約1145万円の支払いを命じる判決を言い渡した。飯村敏明裁判

長は「作者の何らかの個性が発揮されていれば、作品は著作権法の保護の対象になる」と述べた。イラストレーターは1993年頃、エッフェル塔やピサの斜塔、ピラミッドなどを簡略化し、横に並べたイラストを作成。電通は97年、この作品を基にした広告用のイラストを作り、武富士が同年の新聞広告の一部に使用した。両社側は「名所旧跡を特徴のない手法で描いたもので、創作性はない」と主張していた。

（日本ユニ著作権センターWebサイトより）

原告イラスト（出典：裁判所Webサイト）

被告イラスト（出典：裁判所Webサイト）

▶「四季の印」類似事件（ひさごイラスト）　（東京地裁／2014年10月30日判決・請求一部認容、一部棄却）

　文具デザイン絵画の展示・販売会社（原告）が、文具関連製品の企画・製造・販売を業とする会社（被告）に対して、被告商品（10の絵柄のシールを含む1セット32枚のシールセット）の製造販売は、原告が著作権を有する9の絵柄の著作物の著作権侵害するものだとして、被告商品の販売の差し止めと廃棄、および損害賠償金800万円の支払いを求めた事件。いずれの絵柄も植物等を相当デフォルメしてデザインしたものだが、原告著作物が単色の絵柄であるのに対して、被告著作物は色彩の素材に黒箔や金箔を使用して作られている。

　裁判所は複製の意義や解釈を論じた上で両者の類比を検討し、原告著作物の一「ひさご」について複製性を認め、それ以外は表現上の本質的な特徴部分の再製作ではないとして複製性を否定、被告に対し「ひさご」のシールを含む被告商品の販売の差し止めと廃棄、損害額2万円余の支払いを命じた。

(日本ユニ著作権センター Web サイトより)

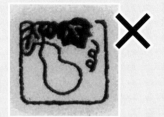

「ひさご」原告イラスト	「ひさご」被告イラスト
（出典：裁判所Webサイト）	（出典：裁判所Webサイト）

「招きネコ」原告イラスト	「招きネコ」被告イラスト
（出典：裁判所Webサイト）	（出典：裁判所Webサイト）

Ⅲ ― 広告素材ごとの権利

▶ **教材の表紙イラスト類似事件**　　　（東京地裁／2004年6月25日判決・請求一部認容、一部棄却）

　国家試験予備校「東京リーガルマインド」（LEC）が発行する教材の表紙に、自分のイラストが摸倣されて使われたとして、東京都内のイラストレーターが1610万円の損害賠償などを求めた訴訟で、東京地裁は著作権侵害があったと認め、イラストの使用差止めと1025万円の支払いを LEC とデザイン会社に命じた。
　問題のイラストは、いずれも人形が片手で何かを肩の高さまで持ち上げるポーズをとっている。同様の構図のイラストは原告が96年に作成しており、カタログに掲載されたほか、受験用参考書にも使われた。

（日本ユニ著作権センター Web サイトより）

原告イラスト　　　　　　　被告イラスト
（出典：裁判所Webサイト）　（出典：裁判所Webサイト）

▶幼児向け教育用ビデオのキャラクター類似事件 （東京地裁／2008年7月4日判決・請求棄却）

　　原告は、幼児向け教育用ビデオやDVD商品を製造、販売しているが、被告が販売するDVD商品中の博士の絵柄が、原告の博士の絵柄と酷似しており、著作権を侵害された等として、損害賠償などを求めて提訴した。東京地裁は、原告の博士の絵柄は著作物として創作的な表現であると認定した。
　　しかし、両者を比較すると、被告の博士絵柄は3DのCGにより作製され、立体的質感があり、原告博士絵柄は「平板な感じで全体的にのっぺりとして」いて、絵柄として酷似しているとは言えないとした。また、両者の共通点として挙げられている「角帽をかぶってガウンをまとわせる」等はアイデアであり、その他の共通点も表現はありふれた表現であって、創作性が認められない等として、原告画像の複製権、翻案権を侵害しない等とした。

（日本ユニ著作権センターWebサイトより）

原告イラスト
（出典：裁判所Webサイト）

被告イラスト
（出典：裁判所Webサイト）

▶広告冊子のイラスト事件　　（大阪地裁／2009年3月26日判決・請求棄却（控訴））

　原告Xは、『独り暮らしをつくる100』と題する書籍の著者であり、本書の中のイラストを著作した。被告は、大和ハウス工業と、大和ハウスグループの一員である広告代理業、一般旅行業を営む伸和エージェンシーである。

　被告大和ハウス工業が被告の伸和エージェンシーに制作を依頼した冊子『マンション読本』等の中のイラストは、『独り暮らしをつくる100』に収められている原告の著作したイラスト等を複製又は翻案したもので、被告の行為は、原告の持つ複製権、翻案権、公衆送信権（送信可能化権）を侵害し、また、同一性保持権、氏名表示権を侵害すると主張して、被告イラストの使用、『マンション読本』の印刷、出版等々の差止、著作者人格権侵害等に基づき損害賠償の支払いを求めた事案である。

　この訴訟の最も重要な争点は、「被告各イラストは原告各イラストを複製し又は翻案したものであるか」であった。

　裁判所は、原告が依拠したと主張する被告のイラスト39点を個々に詳細に検討した結果、個々の被告各イラストは、個々の原告各イラストを複製又は翻案したものとは認められないと結論付け、原告の請求を棄却した。

　裁判所は、判決の結論で異例の付言をしている。「被告らの行為は、原告各イラストの著作権又は著作者人格権を侵害するものではなく、法的責任を負う

ものではない。しかし、被告らがイラスト作成を依頼したAにおいて原告イラストに依拠し、これを参考にして被告各イラストを作成したことは前示のとおりであり、被告各イラストが、一見すると原告各イラストによく似ているところがあることは否定できない。……被告らは原告に対し……道義上の責任を負うことは否定できない。……当裁判所としては、上記の事情にかんがみ、当事者双方において上訴審の審理の過程その他の適当な機会をとらえて、本件を適切に解決するよう努力されることを期待するものである。」

(日本ユニ著作権センター Web サイトより)

原告イラスト
(出典：裁判所Webサイト)

被告イラスト
(出典：裁判所Webサイト)

▶ 電話帳漫画キャラクター事件　　　（東京高裁／2000年5月30日判決・控訴棄却）

　NTTのハローページの裏表紙に使用されている漫画が、原告の漫画無断使用であると訴えたにもかかわらず、不起訴処分になったのを不服として、新たな違反が行われたとし損害賠償を求めたが、裁判所は、被告側の使用に原告が主張するストーリーがないこと、キャラクターに違いがあることなどから、原告の漫画の使用とは認めなかった。高裁でも、控訴人が主張する、被控訴人イラストがコンピュータを用いて容易に作成できる独創性を欠くものという点に対し、だからといって同イラストが控訴人漫画に依拠したとの結論に直ちに結びつくものではないとして、訴えを改めて斥けた。

(日本ユニ著作権センター Web サイトより)

原告漫画（一部抜粋）
（出典：裁判所Webサイト）

被告イラスト（一部抜粋）
（出典：裁判所Webサイト）

▶ ミッフィー模倣事件　　（蘭アムステルダム地裁／2011年6月7日／和解）

　サンリオは、サンリオのウサギのキャラクター「キャシー」が、世界的に有名なウサギのキャラクター「ミッフィー」を模倣し著作権を侵害したとして、ミッフィーの生みの親であるオランダ人作家、ディック・ブルーナ氏の著作権を管理する会社から訴えられていた件について、両者の間で和解が成立したと発表した。サンリオによると、両者は訴訟継続に費用をかけるよりは、東日本大震災の被災者支援に尽くすべきだという考えで一致し、共同で義捐金15万ユーロを寄付するという。和解ではキャラクターの著作権をお互いに尊重することで合意、サンリオは著作権侵害を認めてはいないが、キャシーを使った新製品を今後販売しないという。

（日本ユニ著作権センター Web サイトより）

ディック・ブルーナ「ミッフィー」
（出典：http://bit.ly/1mriiT9）

サンリオ「キャシー」
（出典：http://bit.ly/1mriiT9）

侵害が認定された判例と否定された判例の相違は、前章で触れた著作権侵害を構成する3要素のうち、本質的特徴の類似性の有無である。

　前者の判例では、それぞれ原告イラストのデフォルメの仕方にオリジナリティや創作性、そして本質的特徴があり、それを模倣した被告イラストの著作権侵害が肯定された。

　ところが後者の判例では、メインとなるモチーフがそれぞれ人間や動物、あるいは擬人化された本であり、目鼻口があって表情がある。**このような人間や動物のキャラクターに近いイラストレーションの場合は、その本質的特徴を顔の作りや表情に求める傾向がある。**その意味でいうと、ここにある3つの判例では、イラスト全体の形状は似ているが、顔の作りや表情をみるとかなり異なっていることがわかる。

　また「電話帳漫画キャラクター事件」では、本を擬人化したキャラクターは一見して似ているように見えるが、本を擬人化したこと自体はアイデアでありアイデアを模倣しても著作権侵害は成立しないというのが裁判所の判断であった。さらにキャラクターとして見ても顔の作りや表情などはまったく違っているように感じられるだろう。

　話題となった「ミッフィー模倣事件（蘭アムステルダム地裁／2011年）」は大変興味深い。オランダの著名キャラクター「ミッフィー」を管理するメルシス社が、「ミッフィー」の著作権と商標権をサンリオの「キャシー」が侵害しているとして、アムステルダム地裁を通じ「キャシー」に対する差し止め仮処分命令を下した。ところがその直後の2011年3月、東日本大震災が発生。両者は「訴訟を行うことにより費やされる互いの費用を日本の復興のために寄付すべきである」という結論を出し和解した。両社はすべての訴訟を取り下げ共同で約1750万円を義損金として寄付した。素晴らしい話だが、あのまま争いになっていたらどのような結果となったのか。決着がつかないまま和解されたことはある意味残念なことであった。

　イラストの類似性に関してもう一つポイントとなるのは、その**類似性・同一性を判断する基準は、画風、タッチ、色調よりも「フォルムと構図」とされる可能性が高い**ということである。つまり本質的な特徴はフォルムや構図の中にあり、一方、画風、タッチ、色調などはある種の手法であって手法が似ていても模倣にはなりえないということになる。

参考資料としてモネとマネの印象派絵画を見ていただきたい。まるで同じ画家が描いたようにしか見えない2つの作品だが、これは著作権侵害とはならない。なぜなら作風や画風、タッチ、色調などはよく似ているが、構図がまったく異なっているので別の著作物と扱われることとなる。

▲Le Grenoillere　1869
クロード・モネ　Claude Monet
1840-1926　フランス

▲The Banks of the Seine at Argenteuil 1874
エドゥアール・マネ　Edouard Manet
1832-1883　フランス

　広告実務においてよくあるのは、著名なイラストレーターを起用するプランを事前の裏取りなしでプレゼンし、受注が決定した後にそのイラストレーターに交渉したら断られてしまい、その結果、止むを得ず、もとのイラストレーターの作品とよく似たものを別のイラストレーターに描いてもらい、結果的に類似性・同一性の問題が生じてしまったというケースである。事前の裏取りを怠ってはならないと同時に、万が一、このような事態となった場合はクライアントに事情を説明し、プランの修正を了解してもらう等のリスクヘッジが必要だろう。

②発注者側による侵害が問われた事案
　もう一つのパターンである発注者側による翻案権や同一性保持権の侵害というのは、一旦納入された作品について何らかの事情により発注者側が勝手に改変してしまったというケースである。
　具体的には「作品の色を勝手に変えられた」、「作品中の人物部分のみ切り抜かれ別素材による背景と合成された」、「勝手に大幅なトリミングをされた」、「作品の見せ場的なところにキャッチコピーを組み込まれ作品を汚された」等々、様々であるが、これらのことを勝手に行うと翻案権侵害、同一性保持

権侵害となってしまう可能性があるので注意が必要である。

　このような場合でどうしても改変せざるを得ないのであれば、キチンと事情を説明し、著作者からの許諾を得ることが必要である。ただし、最低限のトリミングや文字のせなど、著作物の特性やその利用目的などを勘案して、やむを得ない場合は許されることになっている。

　ここに一つの判例がある。「**大学パンフレットのイラスト事件（大阪地裁／2013 年）**」で、原告のイラストレーターは、自らのイラストを被告（岡山県）のパンフレットの表紙に使わせること、さらにその二次利用を許諾した。ところが完成したパンフレットの表紙にはそのイラストに対してキャッチコピーやハートのマークが付加されていた。そこで原告は、これは同一性保持権の侵害であり、またそのイラストに原告の名前を記載しなかったのは氏名表示権の侵害であるとして、被告を著作者人格権侵害で提訴した。さらに、被告の関連する大学校がそのホームページに本件パンフレットを無断で掲載したことは原告の複製権の侵害であるとして被告とその関連大学校を提訴した。

　しかし大阪地裁は原告の主張を否認。被告がそのパンフレットの表紙にキャッチコピーやハートのマークを挿入することには必然性があり、またその程度の改変は許諾の範囲内のものであると判断した。さらに、被告の関連大学がそのホームページに本件パンフレットを掲載したことは、二次利用にかかわる原告の許諾の範囲内であるとした。

　実務上、どうしても改変の自由を予め当方側で持っておきたいということであれば、著作権譲渡契約を締結し、その際に「著作権法第 27 条（翻訳権、翻案権等）、28 条（二次的著作物の利用に関する原著作者の権利）を含むすべての著作権の譲渡」を明記する。さらに「著作者人格権を行使しない」という特約を結んでおくことによって事実上、可能となる。

　また広告では時として、オリジナルのイラストレーションを利用するよりも、著作権の切れた著名な絵画を利用したほうが効果的、というケースもある。その際、少しでもオリジナリティを出そうとしたり、その広告アイデアやコンセプトとの連携を強調しようとする結果、大幅な改変を行いたくなることがある。

　しかし著作権法上は、保護期間の過ぎた著作物を使用する場合であっても、

その著作物に手を入れる場合、著作者が仮に生存していたならば了承しないであろう利用の仕方については認められないことになっているので注意を要する。著作者人格権そのものは著作者の死とともに消滅するが、著作者人格権の侵害行為は死後においてもしてはならないとされているのである。

したがって、このような著作物利用であっても原則的には元の絵画そのものとして利用しなければならないことになる。著作権は切れていても、この著作者人格権は未来永劫、切れることはないので注意が必要である。

▶大学パンフレットのイラスト事件 （大阪地裁／2013年7月16日判決・請求棄却）

　岡山県（被告）は「新おかやま国際化推進プラン」のためのパンフレットの制作印刷を印刷会社に依頼、印刷会社は写真貸与販売会社（原告）の許諾を得てその管理するイラストレーター（原告）のイラストを表紙に使用し、パンフレットを制作した。国際化推進のための施策のひとつであった「公設国際貢献大学校に対する連携支援」のため、岡山県はパンフレット表紙画像を大学校のウェブページに掲載することを大学校運営機構（被告）に許諾し、大学校はそれを掲載した。このウェブページ掲載行為が、主位的には原告会社の有するイラストの著作権を侵害するものであり、原告イラストレーターの著作者人格権を侵害するものである、また予備的にはイラストレーターの著作権および著作者人格権を侵害するものであるとして、原告らが被告らに666万円の損害賠償金支払いを求めた事件。

　裁判所は原告会社に著作権を認めず、またイラストのパンフレット表紙への利用許諾対価のほかに、イラスト二次使用料が別途払われていることから、本件掲載行為を許諾の範囲内であると判断、更にイラストの改変も許諾の範囲内と判断して著作者人格権侵害も認めず、原告らの請求を棄却した。
（日本ユニ著作権センターWebサイトより）

パンフレットの表紙
（出典：裁判所Webサイト）

イラスト原画
（出典：裁判所Webサイト）

それと写真やイラストの権利侵害について、もう一つ触れておきたい問題は、写真をトレースしたイラストの問題である。写真を参考にしてイラストを起こすことはよくあることだが、これがあまりにも酷似している、あるいは明らかにトレースをしていると認められる場合は、元になった写真の複製権や翻案権を侵害しているとみなされる可能性がある。

　2013年、「昆虫交尾図鑑（飛鳥新社刊）」という本に掲載されたイラストが、他人が撮影した写真のトレースではないかということからネット上で大きな騒動になった。これは様々な昆虫の交尾をイラストで図鑑化したものだが、このイラストが描かれる以前に、交尾中の昆虫をまったく同じアングルで撮影した写真が存在していることがわかり、実際、イラストと写真の2つを比較するとこのイラストがほぼ写真の忠実なトレースと考えられるというものである。出版社側は著作権侵害を否定したが、イラストレーター自身が謝罪をしたことで一応の決着をみた。

　「写真の"水彩画"模写事件（東京地裁／2008年）」では、祇園祭ポスターに使用されている水彩画について、アマチュア写真家から「自分が撮影した写真の著作権侵害だ」として訴訟を起こされた。東京地裁は水彩画と写真を見比べると、全体の構図とその構成が同一であるとして著作権（翻案権）の侵害を認めた。

　以上、他人が撮影した、特に全体的な構図やフォルムに特徴のある写真について、その構図やフォルムをトレースまたはトレースに近いくらいに類似した状態（模写レベル）でイラスト化し広告利用する行為は著作権侵害とみなされる可能性が高く注意が必要である。

　写真を参考にして新たなイラストを起こす場合、「参考にする」レベルと「トレースする」もしくは「模写する」レベルの境界線は確かに難しい。そのイラストの方向性を探るために既存の写真を参考にするということは実務上ありえることだが、可能な限り、特定の写真だけではなく複数の写真を参考にしてみるという姿勢が重要である。またアングルや構図は変えたほうがよいだろう。またどうしてもその写真のトレースを行いたい場合は、写真の著作者から使用許可を得ることも選択肢に入れてもよいだろう。

▶写真の"水彩画"模写事件 （東京地裁／2008年3月13日判決・請求一部認容、一部棄却）

　　原告のアマチュア写真家が、自分の撮影した京都祇園祭りの写真を、許諾なく掲載した出版社、祇園祭りの広告に写真を利用した新聞社、写真ポスターや水彩画ポスターを使用した八坂神社、無断でこれらにポジフィルムを提供したデザイン会社代表取締役等に対して、複製権、氏名表示権・同一性保持権侵害による損害賠償請求訴訟を起こした。

　　東京地裁は、いずれも著作権侵害を認め、それぞれに損害賠償を命じた。

　　八坂神社は、原告に対して本殿内部等の報道陣でさえ撮影できない場所の撮影も許可し、「（八坂神社が）写真を必要とした時は、これを無償で提供する」旨記載の許可書を発行しているとしたが、東京地裁は、再度の撮影許可書では、本殿の撮影は禁止され、撮影範囲は一般観光客と変わらないものとなり「無償提供条項」は削除されているとした。

　　また、原告からクレームを受けたので、写真使用を止めて水彩画ポスターを使用したとの主張に対しては、「本件水彩画の創作的表現から本件写真の表現上の本質的特徴を直接感得することができる」と認められるから、「本件水彩画は、本件写真を翻案したもの」であるとし、翻案権侵害であるとした。

（日本ユニ著作権センターWebサイトより）

■立体イラストなどを写真撮りしたものは写真の著作物でもある

　なお、イラストレーションを広告使用する際、広告が一品生産ではない以上、必ずそのイラストレーションの複写を取る（もしくはスキャニングする）という段階を経る。そしてその段階で「写真」という形式を経由することとなる。しかしこの場合の写真とは、いわゆる複写であり写真の著作物としてはみなされない。

　では美術の著作物と考えられるものの中で、平面ではなくレリーフ状の立体イラスト、彫刻やオブジェ、手作り人形などの類を広告使用する際の写真はどう考えるか。これらは先ほどの平面の作品とは異なり、陰影があるが故のライティングやアングルの問題等、それを撮影するカメラマンの創意工夫が要求されてくる。したがってこの場合は、「美術の著作物」としての処理に加え、「写真の著作物」としての権利処理が必要となってくる。

■ **フリー素材（写真・イラスト類）に潜む落とし穴**

　写真やイラストをちょっと使いたい時など、ネット上で簡単に入手できるフリー素材だが、安易に使うと様々な落とし穴があるので注意が必要である。使う前に利用規約などをしっかり読んでルールを守って使いたい。例えば商用利用はOKか？画像の改変はできるのか。クレジット表記はなくてもいいのか。などのことをよく確認することが大切である。

　また「CCライセンス」（クリエイティブ・コモンズ・ライセンス）とは、ネットの著作権に関する国際的な表記ルールで、作者が自ら「この条件を守ってもらえれば自由に使ってもらって構わない。」という意思表示である。計4項目あり、作品を利用する者はこれに従わなければならない。具体的には次のとおりである。

表示【BY】：作品のクレジット（作者や作品名）を表示せよ。

非営利【NC】：営利目的では使用できない。

改変禁止【ND】：元の作品を改変することはできない。

継承【SA】：改変時も元作品の作者や作品名を表示せよ。

(3) 漫画・キャラクター

　漫画自体は立派な「美術の著作物」であり、著作物としての対応が必要となる。しかしキャラクターそのものは本来、著作物ではない。

　一般的にキャラクターとは「小説、劇、テレビ、映画、漫画等に登場する人物・役柄などの名称、容貌、容姿、性格などを恒久的に表現するもの」とされている。そしてこのような"観念"や"イメージ"はアイデアなどと同様、著作権の保護対象ではない。

　しかしこのような"観念"や"イメージ"が視覚的に表現されているものは

キャラクター（ファンシフル・キャラクター、Fanciful Character）と呼ばれており、実際には漫画同様に「美術の著作物」となる。つまり視覚的なキャラクターは著作物である。

一方、専ら言語的に表現されているキャラクター（フィクショナル・キャラクター、Fictional Character）は観念そのものであり、通常、著作物ではない。

つまり、具体的なビジュアルが想起できる「ミッキーマウス」、「ポパイ」、「スヌーピー」、「サザエさん」、「ドラえもん」、「マリオ」、「ちびまる子ちゃん」、「ウルトラマン」等は著作物となるが、小説にのみ登場するキャラクター、例えば「シャーロック・ホームズ」、「鞍馬天狗」、「坊ちゃん」等は著作物ではないと考えられる。したがってテレビ CM などで誰の許諾も必要とすることなく、出演者にこれらのキャラクターの扮装をさせることができる。

■キャラクターが持つ様々な権利

キャラクターは、広告とは非常に縁の深いものであるが、ここで様々な角度からその特性を浮き彫りにしてみたい。

①著作権から見たキャラクター

先に触れたようにキャラクターで漫画化されているものは著作物である。漫画のキャラクターで著作権侵害が認められた最初の判例に**「サザエさん事件（東京地裁／ 1976 年）」**がある。この事案では連載漫画の中のどの回のどのコマに表現された図柄を複製したものであるかまで特定する必要はなく、見た人間が特定キャラクターを想起できる段階で著作権侵害とみなすことが可能とされた。

②商標権から見たキャラクター

キャラクターの権利保護を考える場合、著作権で保護しようとすると、仮に類似したものが追従してきた場合にそれが偶然の類似であれば権利侵害を排除できない。しかし商標権なら類似したものに対して差し止めや使用禁止などの絶対的な権利行使を行うことができる。従ってキャラクターは商標登録されることも多い。

ところが一方では、キャラクターは、商標登録上の重要な条件となっている自他識別機能や出所表示機能（その事業者固有の商標であり、またその事業者であることを表明する機能）に弱いところがあり、商標登録が難しいケースも

ある。しかし名称とともに登録することによって可能となるケースも多い。

③意匠権から見たキャラクター

たとえば漫画のキャラクターが、ぬいぐるみのように商品自体として使用された場合には、キャラクターは商品の「形状」として扱われたことになり、意匠法における「意匠」として登録できる。また著作権、商標権、不正競争防止法で保護できそうもないキャラクターについては、それをぬいぐるみや人形の形態として意匠登録しておき、意匠権で保護するという方法もある。

④**不正競争防止法から見たキャラクター**

より確実にキャラクターの法的保護を狙う場合、著作権、商標権、意匠権、そしてさらにそのキャラクターに周知・著名性があれば不正競争防止法による保護をはかる手段もある。

著名なキャラクターの場合、平面の絵について著作権を、キャラクターの名称について商標権を、そのキャラクターの人形が持つ形状について意匠権を、そして周知性に対して不正競争防止法を主張されることが多い。

⑤**商品化権から見たキャラクター**

商品の販売促進上、何らかのキャラクターを使用することは顧客吸引力の観点から考えると非常に有効であることは異論のないことである。このように特定のキャラクターを販売促進に応用して経済的利益をあげる権利を「商品化権（マーチャンダイジング・ライト）」と呼んでいる。この権利の性質は一様ではなく、著作権に基づく場合や商標権に基づく場合、単に当事者間の契約に基づく場合など様々である。

具体的には、既存の著名なキャラクターを独占的利用契約する方法や、新規にオリジナルキャラクターを開発する方法などがある。

▶「サザエさん」事件 （東京地裁／1976年5月26日判決・請求一部認容、一部棄却（確定））

　本件は、漫画「サザエさん」（「本件漫画」）の著者である原告が、バス会社である被告に対し、「サザエさん観光」と命名した観光バスの車体に、本件漫画の登場人物であるサザエ、カツオ、ワカメの頭部画を描いたバスを走行させる行為（「本件行為」）について、損害賠償を請求した事件である。

　被告は、本件行為は、本件漫画中特定の日に掲載された特定のコマの絵をそのまま引き写したものではなく、また本件漫画の各キャラクターを再製したものでもないから著作権侵害に該当しないと主張した。

　これに対し判決は、漫画の登場人物自体の役割、容貌、姿態など恒久的なものとして与えられた表現は、言葉で表現された話題乃至は筋や特定のコマにおける特定の登場人物の表情、頭部の向き、体の動きなどを超えたものであると解され、キャラクターという言葉は、連載漫画を例にとれば、そこに登場する人物の容貌、姿態、性格等を表現するものと捉えることができるとし、本件頭部画は、誰がこれを見てもそこに本件漫画の登場人物であるサザエ、カツオ、ワカメが表現されていると感得できるようなものであり、そこには本件漫画の登場人物のキャラクターが表現されており、被告の本件行為は、本件漫画のキャラクターを利用するものであるから、原告の著作権を侵害するとして、損害賠償の一部を認めた。

（日本ユニ著作権センター Web サイトより）

(4) ぬいぐるみ、人形、彫刻、オブジェ

　1点ものの人形、彫刻、オブジェなどは純粋美術品と解釈され「美術の著作物」として認められることが多いが、量産された実用工芸品の場合は応用美術として本来は意匠法で保護されるべきものである。

　したがって一般的に、ぬいぐるみや人形、フィギュア等は、実用品であって著作物ではないとされる（「偽『ファービー』人形販売事件（仙台高裁／2002年）」等）。

　しかし量産される実用工芸品の場合でも、実用性を超えた一定の鑑賞性が存在する場合は著作物性が生じることとなり、「**博多人形『赤とんぼ』事件（長崎地裁／1973年）**」では美術工芸品としての著作物性が肯定されている。またディズニーキャラクターのぬいぐるみなど、その原型が「漫画」である場合は、美術の著作物（もとの漫画の二次的著作物）と判断されるのが一般的である。

　なお、これらの素材を広告利用する際は、当然、写真に写されたものを使

うことになるので、「写真の著作権」処理を行う必要があることはいうまでもない。

▶ 偽「ファービー」人形販売事件　　（仙台高裁／2002年7月9日判決・控訴棄却（確定））

　　電子ペット「ファービー」の模造品を販売したとして著作権法違反に問われた大阪市の玩具販売会社と同社役員、仙台市の玩具小売業者と同社元役員に対する控訴審判決で、仙台高裁は一審山形地裁の無罪判決を支持し、山形地検の控訴を棄却した。松浦繁裁判長は「ファービーのデザインは美術鑑賞の対象となるだけの審美性はなく、著作権法が保護する美術の著作物に当たらない」とした。
　　　　　　　　　　　　　　　　　　　（日本ユニ著作権センター Web サイトより）

▶ 博多人形「赤とんぼ」事件　　（長崎地裁／1973年2月7日決定・申立認容（抗告））

　　本件は、通称博多人形と呼ばれる人形（「本件人形」）につき著作権を持つと主張する債権者が、この博多人形とそっくりそのままの形、採色をした人形を模作し、これを販売した債務者らに対して、本件人形の複製、複製物の頒布等の停止を求めた仮処分の事案である。争点は、本件人形の著作物性である。
　　判決は、著作物とは思想感情の創作的表現でなければならないが、本件人形は、同一題名の童謡から受けるイメージを造形物として表現したものであり、その姿態、表情、着衣の絵柄、色彩から観察してこれに感情の創作的表現を認めることができ、美術工芸的価値としての美術性も備わっているとし、また、美術作品が産業上利用されることを目的として製作され、量産されたことのみを理由としてその著作物性を否定する理由はなく、本件人形について意匠登録が可能であるとしても、意匠と美術的著作物の限界は微妙な問題で、両者の重畳的存在を認めることは可能であるから、著作権法の保護の対象から除外すべき理由はないとし、本件人形は著作権法上保護されるとして、債務者による著作権侵害を認めた。
　　　　　　　　　　　　　　　　　　　（日本ユニ著作権センター Web サイトより）

(5) ホワイトスペース

　グラフィック広告においてホワイトスペースは非常に重要な素材である。大きな空白をつくり、それをあえてアイキャッチャー化させる場合は空白自体がメインビジュアルという考え方もできる。素材という概念に違和感があれば手法である。

　レイアウトにメリハリを付けたり、特に編集物などの場合はその編集物の全体的なイメージに一定のアイデンティティーを形成させる効果もある。なお「永禄建設事件 (東京高裁／ 1995 年)」では編集著作物の侵害要件の中にこのホワイトスペースの類似を積極的に肯定している。なおこの判例の詳細は第 4 章で触れる。

(6) その他のビジュアル素材

　また手法として、文字や記号、あるいは抽象的パターンのような素材がメインビジュアル化される場合がある。これらの素材は著作物ではない可能性が高いが、文字や記号等では商標権や不正競争防止法上の問題が発生する場合もある。

　以上、メインビジュアルを構成する様々な素材を眺めてきたが、次はそれ以外の広告素材について一つひとつ吟味していきたい。

(7) キャッチコピー

■そもそも、キャッチコピーは著作物か

　キャッチコピーは形式的には広告素材でありながらも、一方では広告のコンセプトや組立に直結し、その広告そのものの方向性を決定させる重要な牽引役ともなる。また見る者を惹きつけるユニークな表現も多く、多くのコピーライターはこのキャッチコピー一本のために日々一喜一憂しているといっても過言ではない。

　したがってここでは他の素材よりもさらに詳細に分析してみたい。

　しかし一般的な解釈としては、ほとんどのキャッチコピーは著作物ではないとされている。もともとキャッチコピーは「アイデア」が重視されるものであり、アイデアよりも表現形式を重視する著作権法の考え方とは基本的に馴染みづらい。

さらに特徴的なことは、キャッチコピーは短くシンプルであるが故にアイデアと表現の境界線が非常に曖昧ということである。あるアイデアを表現しようとする時、シンプルであればあるほどエッジが立つ、インパクトが大きくなる、というのがいかにも広告流だが、一方でシンプルになればなるほど表現領域が狭くなり著作物性が希薄になってくる。

　以上の傾向は、非常に短い言葉やフレーズで構成される、小説・映画・番組等のタイトル、またスローガンや標語、新聞の見出し等が、通常、著作物ではないとされる根拠と同一である。

「英会話教材キャッチフレーズの著作物性事件 (知財高裁／2015年)」では短いフレーズが並んだタイプの原告コピーについて、被告コピーとの類似性以前に原告のコピーには著作物性がないと判断され著作権侵害の請求は棄却された。

　しかし**「交通安全標語の類似事件 (東京高裁／2001年)」**では、原告の標語「ボク安心 ママの膝より チャイルドシート」には俳句や短歌に通ずる著作物性があると判断された。また**「ネット記事の見出し複製事件 (知財高裁／2005年)」**においては「新聞記事の見出しは著作物性が肯定されづらいとはいえ表現次第では創作性を認める余地がある」、さらに「(被告は) 無断かつ営利目的で見出しを使い、社会的に許される限度を超えている…」として被告の不法行為を認める判決となった。この2つの判例は、単に**「文字数が短い＝著作物ではない」と断定するのは危険である**ことを物語っており、その後の広告キャッチコピーの権利保護における様々な可能性を示唆しているといわれた。

　最後に紹介する**「槇原敬之 vs 松本零士『約束の場所』事件 (知財高裁／2009年)」**は、広告に関する判例ではないが、短いセンテンスにかかわる事案ということで紹介する。歌手の槇原敬之氏が、自ら作詞作曲した「約束の場所」のサビの部分の表現が、漫画「銀河鉄道999」中の表現を模倣したものであると松本零士氏が発言したことについて、名誉を傷つけられたとして訴えた。一審では、槇原氏の表現は「松本氏の表現を依拠したのでなければ説明できないほど酷似しているとは言えない」とし、名誉毀損を認め松本氏側に220万円の支払いを命じた。その後、松本氏が控訴したところ、盗用を指摘したことについて松本氏側が陳謝することなどを条件に和解が成立した。

▶ 英会話教材キャッチフレーズの著作物性事件 （知財高裁／2015年11月10日 判決・控訴棄却）

　　外国語教材企画開発販売会社（一審原告）が、教育関連事業やウェブ関連事業を営む一審被告会社がその社の販売する英会話教材につけた広告キャッチフレーズは、原告会社が販売する英会話教材につけた広告キャッチフレーズの著作権を侵害するとして、被告に対して、被告キャッチフレーズの複製、公衆送信、複製物の頒布の差し止めと、損害賠償金60万円の支払いを求めた事件。
　　一審東京地裁は、原告キャッチフレーズはありふれた言葉の組み合わせ、ありふれた表現で、思想感情を創作的に表現したものとは認められないとして、その著作物性を否定、被告による著作権侵害を否定したが原告が控訴した。二審も原審の判断を維持、控訴審追加主張も認めず、控訴を棄却した。

（日本ユニ著作権センター Web サイトより）

音楽を聞くように英語を聞き流すだけ 英語がどんどん好きになる
ある日突然、英語が口から飛び出した！
ある日突然、英語が口から飛び出した

（原告キャッチフレーズ）

音楽を聞くように英語を流して聞くだけ 英語がどんどん好きになる
音楽を聞くように英語を流して聞くことで上達 英語がどんどん好きになる
ある日突然、英語が口から飛び出した！
ある日，突然、口から英語が飛び出す！

（被告キャッチフレーズ）

▶ 交通安全標語の類似事件 （東京高裁／2001年10月30日判決・控訴棄却、新請求棄却）

　　「ママの胸より　チャイルドシート」は「ボク安心　ママの膝より　チャイルドシート」の複製ないし翻案かが争われ、後者を先に作成した男性が、前者をテレビコマーシャル用に作成した「電通」などに著作権を侵害されたとして1000万円の損害賠償を求めた訴訟で、東京高裁は一審東京地裁の判決を支持、控訴を棄却した。山下和明裁判長は「交通標語には著作物性そのものが認められない場合が多く、それが認められる場合にも、その同一性ないし類似性の認められる範囲は、一般に狭いものとならざるを得ない」とした。

一審では男性の作成した標語に「家庭的なほのぼのとした車内情景が描かれていることから、著作物性を認められる」としたが、被告の標語には著作物性がないとして、類似性を否定し、原告の請求を退けた。

(日本ユニ著作権センターWebサイトより)

ボク安心 ママの膝より チャイルドシート
(原告交通標語)

ママの胸よりチャイルドシート
(被告キャッチコピー)

▶ ネット記事の見出し複製事件　　　　(知財高裁／2005年10月6日判決・変更)

　インターネット上の記事の見出しを別のサイトに無断で使われたとして、読売新聞社がサイト運営会社「デジタルアライアンス」に計2480万円の損害賠償を求めた訴訟の控訴審判決があった。塚原朋一裁判長は読売側の請求を全面的に棄却した一審・東京地裁判決を変更、「無断かつ営利目的で見出しを使い、社会的に許される限度を超えている」としてデジタルアライアンス社の不法行為を認め、約24万円の損害賠償を命じた。著作権侵害については一審同様、「訴訟で問題となった見出しには創作性がない」としたが、「ニュースの見出しは創作性を発揮する余地は少ないが、表現次第では創作性を認める余地がある」とも指摘した。

(日本ユニ著作権センターWebサイトより)

▶ 槇原敬之vs松本零士「約束の場所」事件　　　　(知財高裁／2009年11月26日和解)

　原告の歌手・槇原敬之氏が、自ら作詞作曲した「約束の場所」の一節のサビの部分の表現が、被告、松本零士氏の漫画「銀河鉄道999」中の表現を模倣したものだとして、テレビ取材に応じた際の被告発言によって名誉を傷つけられたとして、「被告が著作権(複製権、翻案権)及び著作者人格権(同一性保持権)

侵害に基づく損害賠償請求権を有していないことの確認、名誉毀損による2200万円の損害賠償の支払い並びに謝罪広告」を求めた訴訟の控訴審。

一審は、原告表現は、被告表現を「依拠したのでなければ説明できないほど酷似しているとは言えない」とし、名誉毀損を認め、松本氏側に220万円の支払いを命じた。松本氏が控訴した本審で、盗用を指摘したことについて松本氏が陳謝することなどを条件に和解が成立した。

（日本ユニ著作権センターWebサイトより）

夢は時間を裏切らない
時間も夢を決して裏切らない
（原告表現（槇原敬之「約束の場所」））

時間は夢を裏切らない、
夢も時間を裏切ってはならない。
（被告表現（松本零士「銀河鉄道999」））

■誰もが知っている有名なコピーやフレーズには要注意

仮に著作物性がなくても、誰もが知っているような有名なキャッチコピーには要注意である。

「"Make People Happy"類似キャッチフレーズ事件（東京地裁／2008年）」では、原告は被告のキャッチフレーズが、不正競争防止法が禁止している「他人の周知な商品等表示と同一若しくは類似の商品等表示の使用」にあたるとして提訴した。しかし東京地裁は、このようなありふれたフレーズは、本来的に自他識別能力を有しない、具体的にいうと、①店舗において目立つようなものになっていない、②ポスター等に記載された文言は顧客に対するメッセージであるというより、むしろ従業員向けメッセージのように感じられる、③テレビCMにおいても小さく表示されているにすぎない、以上のことから一般消費者に強い印象を与えるものではない。従って不正競争防止法の「商品等表示」には当たらないとして、請求を棄却した。

この様なケースでは、仮に法的責任が問われなかったとしても、トラブルになる可能性は十分にあるのでくれぐれも注意したい。

▶ "Make People Happy" 類似キャッチフレーズ事件　（東京地裁／2008年11月6日判決・請求棄却）

　アイスクリーム等の乳製品の製造販売を営む被告会社は、被告ホームページや広告に「Make People Happy (.)」の文言を使用していた。一方、原告は、アイスクリーム製品等を製造販売する米国の会社で、昭和48年から、日本全国でフランチャイズ事業を展開し、創業精神のスローガン「We make people happy (.)」を、あらゆる機会で目立つ箇所に掲げてきたので、この原告文言は出所表示、自他識別機能を有した周知の営業表示となっていると主張して、被告文言は営業の混同を生じさせ、「他人の商品等表示と同一若しくは類似の商品等表示の使用」にあたる等として、使用禁止を求めて提訴した。
　東京地裁は、「We make people happy (.)」は、4つの英単語からなり、このような平易でありふれた短文の標語そのものは、本来的に自他識別能力を有しないとし、また、原告文言の使用状況から見て、取引業者等に向けたものであって、一般消費者の間に広く認識されていると認められない、したがって、原告文言は不競法の「商品等表示」には当たらないとして、請求を棄却した。

（日本ユニ著作権センター Web サイトより）

We make people happy.
（原告キャッチフレーズ（サーティワン））

Make People Happy.
（被告キャッチフレーズ（コールド・ストーン））

　著作物性はないが、誰もが知っている著名なキャッチコピー、例えば「わんぱくでもいい。たくましく育ってほしい。」（丸大食品）、「24時間戦えますか。」（リゲイン24）、「おしりだって、洗ってほしい。」（TOTO）、「プール冷えてます」（としまえん）等と類似したキャッチコピーを使ったり、「男は黙ってサッポロビール」、「いつかはクラウン」、「そうだ 京都、行こう。」、「あなたと、コンビに、ファミリーマート」、「It's a SONY」、「目の付けどころがシャープでしょ。」などのコピーについて商品名だけを差し替えて使ったりすると、著作権侵害とはならなくとも、他人の商品又は営業と誤認混同を生じさせる不法行為として不正競争防止法違反でクレームがつく可能性は否定できない。
　またキャッチコピーの中で、「オリンピック」「ワールドカップ」等のフレーズを公式スポンサー以外が使ったり、著名な雑誌名やテレビ局の営業表

示としての番組名を勝手にもじったりすると商標権侵害や不正競争防止法違反を問われる可能性がある。さらに著名人の名前を勝手に使えばパブリシティ権の侵害となり、著名な動物やモノの名称を使った場合も「モノのパブリシティ権」を根拠にクレームが付く場合もある。ただし、この権利は**「名馬の名前パブリシティ権事件（最高裁／2004年）」**によって否定されてはいる。

　さらにキャッチコピーによっては商標登録されているものもある（第1章「商標権とは」を参照）。現在、『特許情報プラットフォーム「J-Plat Pat」』で簡単に検索調査できるようになっているので新しいキャッチコピー等を開発する段階では、念のために確認しておくことが望ましい。

　「商標"守りたい人がいる"事件（2010年自主回収）」では、埼玉県警が警察官採用試験の告知ポスターに使ったキャッチコピーが、陸上自衛隊が商標登録したキャッチピーと類似していることが判明したというもの。このポスターは既にJRなどの駅構内や電車の中吊り、県内の警察施設内などで掲示されていたが、埼玉県警はポスターとチラシ約2万枚をすべて自主回収した。法的な戦いに持ち込んだ場合に本当に商標権侵害となるのかどうかなど、すっきりしない部分が多い事案であった。さらに600万円もかけて作ったポスターを回収して新たに作り変えるほどの必要性があったのか。税金の無駄遣いでは？といった声もあった。

　以上みてきたように今後、特にキャッチコピーについては従来以上に慎重な配慮が必要となろう。とりあえず特に俳句や短歌に通ずるものでユニークな類のキャッチコピーは著作物としてみなしておいたほうがよさそうである。また新たに創ったキャッチコピーがどこかで聞いたことのあるようなものであれば、念のために第三者に意見を求めてみる、ネット検索をしてみる、商標検索サービス「J-Plat Pat」を使ってみる、またそのキャッチコピーの中に有名なフレーズ等が含まれている場合はその権利関係を確認する等、多面的チェックを心がけたい。

▶ 名馬の名前パブリシティ権事件

（最高裁／2004年2月13日最高裁（二小）／判決・一部破棄自判、一部上告棄却）

　　競走馬の名前に、著名人と同様の権利（パブリシティ権）があるかどうかをめぐる訴訟で、最高裁第二小法廷は「馬は物であり、パブリシティ権はない」とする初めての判断を示した。

　　オグリキャップやトウカイテイオーなど、実在する競走馬の名前を使ったゲームソフトを販売していた会社に損害賠償を命じた一、二審判決を破棄し、馬主側の請求を退ける逆転判決を言い渡した。

　　一審・名古屋地裁は日本中央競馬会の主催する格式の高い G1 レースに限って初めて馬名についてパブリシティ権を認めた。二審・名古屋高裁は G1 優勝馬に範囲を絞ったものの、やはり権利を認めていた。

（日本ユニ著作権センター Web サイトより）

▶ 商標“守りたい人がいる”事件

（2010年3月17日自主回収）

　　警察官の採用試験の開催を告知する際に使った表現が、陸上自衛隊が商標登録したキャッチコピーに似ていたとして、埼玉県警がポスターとチラシ約2万枚の回収を決めた。県警が使った表現は「明日のために。未来のために。守りたい、『ひと』がいる。」。外部からの指摘を受けて調べたところ、陸上自衛隊が「守りたい人がいる」というコピーを商標登録していることが判明し、県警は回収を決定した。

（日本ユニ著作権センター Web サイトより）

守りたい人がいる。

（陸上自衛隊）

明日のために。未来のために。守りたい、「ひと」がいる。

（埼玉県警）

?

（8）ボディコピー

　　ではボディコピーの著作物性はどうだろうか。少なくともその商品の利便性、性能、操作性、使い方などを単に記述しただけのものは、事実を伝えているにすぎず、著作権法第 10 条 2 項では「事実の伝達にすぎない雑報及び

事項の報道は、言語の著作物に該当しない」とされており、小説、脚本、論文等と並ぶ言語の著作物にはなりえない。

　しかし、そこにコピーライターの創意工夫が含まれているような場合、たとえばその広告商品によって実現される生活イメージの提案、あるいは広告商品と直結しないテーマ設定のもとライター個人の思想や感情が創作的に表現されているようなものは、著作物としての対応をすべきであろう。

(9) 商品名、ロゴタイプ、シンボルマーク

　これらは一般的には著作物ではないとされる。ロゴタイプは文字という機能性を前提としたものであり、文字であるが故に可読性が要求され、その結果、一定のフォルムに縛られざるをえない。つまり鑑賞性よりも実用性が重んじられ、著作物の条件である「思想または感情を創作的に表現したもの」には該当しづらいとされている。

　「ロゴマーク Asahi 事件（東京高裁／1996年）」では文字が万人共有の文化的財産であること等を重視し、デザイン書体利用による商標に関する類似の範囲は限定的であり、また「美術の著作物」としてもみなされないとされた。

▶ロゴマークAsahi事件　　（東京高裁／1996年1月25日判決・控訴棄却、新請求棄却）

「Asahi」の標章をビールの商標として使用している社が、「AsaX」を営業の表示として使用している米穀及び雑穀を販売している社を商標権侵害、不正競争行為として訴えている事例。原審では敗訴したので、控訴審では新たにロゴの類似性が複製権侵害になるとして著作権侵害の主張を付加したが、裁判所はロゴのデザイン上の工夫は認めたものの、美的創作性は否定し、美術の著作物とは認めなかった。
　　　　　　　　　　　　　　　　　　　　（日本ユニ著作権センター Web サイトより）

原告ロゴ（出典：裁判所Webサイト）

被告ロゴ（出典：裁判所Webサイト）

ただし可読性を犠牲にし、積極的なシンボルとして手が加えられたロゴタイプやワードマーク、あるいは完全に文字以外の素材をベースとしたシンボルマークなどで、絵画やイラストに近いものは「美術の著作物」になる場合がある。

またこれらのものは商標登録されていれば商標権で保護され、周知・著名なものであれば不正競争防止法上の保護を受けることになる。

尚、「書」については、筆圧や筆を動かす速度、筆の勢い、かすれ具合、余白との兼ね合い等、特殊な創作性を有するものとして、一般的には「美術の著作物」に該当すると言われている。よって「書」をアレンジしたロゴタイプの場合は著作物としてみなされる可能性が高いと言えよう。

(10) 商品のスペック

事実やデータを表記しているだけであり著作物ではない。「事実の伝達にすぎない雑報及び事項の報道は、言語の著作物に該当しない」とされている。その事実やデータに含まれる製品の性能がいかにすばらしいものであったとしても、その情報自体は広告で公開されている以上、機密情報として保護を受けるものでもない。

(11) タイプフェイス

タイプフェイスとは、統一的なルール、コンセプトに沿って開発された文字や記号をくくった一組のデザインシステムである。「**印刷用書体ゴナ U 対新ゴチック体 U 事件 (最高裁／ 2000 年)**」では、このような実用を目的として量産されるような印刷用書体の著作物性が否定されている。

▶印刷用書体ゴナU対新ゴチック体U事件　（最高裁／2000年9月7日判決・上告棄却）

（株）写研のゴナ U と（株）モリサワの新ゴチック体 U をめぐり、印刷用の写真植字書体が著作物に該当するかを争った裁判の上告審。最高裁は、一審判決を支持した控訴審の判断は正当とし、上告の論旨は採用できないと棄却した。「著作権の成立を認めることは、権利関係が複雑となり混乱を招き著作権法の目的に反する。上告人の書体は独創性、美的特性を備えているとはいえず、ベ

ルヌ条約上保護されるべき『応用美術の著作物』とはいえない」との判断を加えた。
（日本ユニ著作権センター Web サイトより）

（12）地図、チャート類

　著作権法第 10 条では著作物の例示をしており、その中の 6 号に「地図又は学術的な性質を有する図面、図表、模型その他の図形の著作物」というものがある。ここで広告と関係性があるものとしては地図及び図表（チャート類）であろう。

　まず地図だが、住宅地図のように正確さ本位で作成されたものはともかく、様々な地図情報を集約しその加工や処理にオリジナルなものが見られるような地図であれば「図形の著作物」として認められる。またイラストマップのようなものは「美術の著作物」にもなりえるだろう。従って他人の作成した地図を安易にトレースしたりすると複製権の侵害となる。

　同様にちょっとした図表（チャート類）、またグラフの類などで創作性のあるものは「図形の著作物」とみなされる可能性がある。広告や会社案内、製品カタログ制作等で、広告主から「これを入れておいてほしい」などと言われ図表やグラフなどが支給されることがあるが、そのまま安易に扱うと他人から複製権侵害を主張される可能性もあるので注意が必要である。元のものは誰が作成したのか、広告主なのか他の広告会社（制作会社）なのか、を一応確認するようにし、もし広告主以外の者が作成したのならば、許諾確認を申し出ておいたほうがよいだろう。

　図表に関する著作権侵害が争われた事案で広告に関連するものは見当たらないが、宅地建物取引主任者資格試験の解説書に掲載された図表について争われた判例として「『出る順宅建』事件（東京高裁／ 1995 年）」がある。これは計 8 種類の学習用図表の著作物性と著作権侵害が争点となったものである。

　会社案内や製品カタログ等において、複雑で難解な情報を少しでも分かりやすく説明しようとチャート等で表現することは多いが、元の情報自体が同じだった場合は誰がチャート化したとしても似通ったものとなりがちである。従ってこのような場合の著作権侵害が認定される領域は広くはないし、さらにこのようなチャート類の著作物性についても非常に微妙であるが、それな

りの配慮は必要である。

▶「出る順宅建」事件　　　　　　　　　　（東京高裁／1995年5月16日判決・変更）

　本件控訴人（一審被告）も被控訴人（一審原告）も宅建主任試験等の資格試験の受験指導、出版等を行う会社である。
　被控訴人が「出る順宅建」という書籍を出版し、控訴人は被告書籍ないし問題集を出版した。そこに用いられた内容が著作物であるか、複製権侵害、同一性保持権侵害、氏名表示権侵害があるかが争われた。裁判所は、各著作物性の認定に当たり、法令に基づく手続きに要約を付した程度のものについては著作物性を認めないなど個別的な考察を加えて、一部の著作物性を否定している。
　また、複製権侵害の有無についても個別に相違点に注目しつつ、本質的な部分の類似性を認定して侵害を認めている。同一性保持権侵害と氏名表示権侵害をも認めた。
（日本ユニ著作権センターWebサイトより）

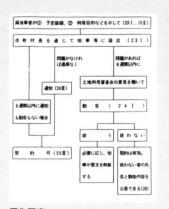
原告図表（出典：裁判所Webサイト）

被告図表（出典：裁判所Webサイト）

▲計8種類の原告図表に関する著作物性の有無、および被告図表の原告図表に対する類似性、同一性の有無が争点となった。控訴審では最終的に原告図表5種の著作物性を肯定し、そのうち3種について被告図表の類似性・同一性による著作権侵害を認めた。上記図表については、一審、控訴審ともに、原告図表の著作物性および被告図表の著作権侵害が肯定されたものである。

(13) 企業名

　企業名は、商品名、ロゴタイプ、シンボルマークなどと同様、一般的には

著作物でない。企業名は通常、「商号」に該当する。ここではこの商号について若干触れてみたい。

　商号とは自らが商売を行おうとする者が自己と他者を区別するために用いる名称であり、商法及び不正競争防止法によって保護されており、法務局で登記することになる。多くの場合、商号は社名と同一となるが、商号には法人組織にしない個人商店や部門名、店名なども含まれるので必ずしも「商号＝社名」ではない。

　また以前は、同一の商号を同一市町村区内では使用することはできないとされていたが2005年の法改正以降、同一商号の同一所在場所への登記でさえなければ問題ないことになった。

　社名変更などを行う場合、ブランディングの観点から重要なポイントとなるのは、新しい社名（商号）が単なる社名として機能させるだけのものなのか、あるいは「社名＝ブランド」として、各個別ブランドを統合するコーポレートブランドとしても機能させるものなのか、ということである。

　前者の場合では、例えば「日本航空株式会社」という社名（商号）に対して「JAL」というコーポレートブランド（商標）があり、社名（商号）とブランド（商標）が一致していない。

　一方、後者の場合では、例えば「ソニー株式会社」という社名に対しては「SONY」というコーポレートブランドがあり、こちらは社名（商号）とブランド（商標）が一致している。

　そしてこのような両者の相違は、そのまま全体的なブランド戦略の違いとなり、今後の広告宣伝に大きな影響を与えることになる。

　仮に後者、つまり「ソニー」のような商号・商標連動型の場合では、商号として開発・登記するネームは、そのまま商標として登録されることになるわけなので、最初から商標登録の可能性を視野に入れた商号を意識しておく必要がある。また商号は前記のように登記しやすいのに対し、商標登録は非常にハードルが高いので注意が必要である。しかしブランディングの効率・効果の観点からは、後者の、商号・商標連動型が採用される傾向が高まっており、そのために社名変更を行う企業が相次いでいる。2008年、「松下電器産業株式会社」は社名を「パナソニック株式会社」に変更し、それまであった「National」「Panasonic」ブランドをすべて「Panasonic」一本に統一した。

先ほど触れたように商号は法改正により類似商号規制が撤廃された。しかしこの規制緩和は同一商号の増大に繋がる可能性があり、そしてそのことに伴うトラブルは自己責任で解決せよ、といわれているようなものであり注意が必要である。

　既に同一市町村区内にある同一事業で同一または類似した商号、あるいは全国区で有名な商号と同一または類似した商号を使用しようとする場合は、不正競争防止法を根拠に権利侵害を主張されるおそれがあるので、法務局で商号調査を行う、ネット検索を試みる等、従来以上に慎重な対応が求められるであろう。

3. ラ・テ動画系広告の素材

　ラジオ CM、テレビ CM（PV も含む）、ネットの動画 CM、デジタルサイネージ等に使用される動画素材も、言語・美術・写真・図形・肖像・音楽などが使われていれば「グラフィック系広告」同様、それぞれの権利処理をしなければならない。

「ラ・テ動画系広告」に特徴的なものは何といっても音楽の著作物であり、この素材が大変重要な役割を果たすということであろう。またタレントやモデルなど肖像権への依存度が高いことと、さらに実演家の権利としてナレーターや声優などの権利が関わることも重要である。

(1) 楽曲, 歌詞（音楽の著作物）

■音楽の著作物を利用する場合のポイント

　音楽の権利処理は非常に特殊であり、中でも広告素材としての音楽はさらに複雑である。テレビ CM 等、広告に楽曲を使用するには、録音の権利処理、放送または配信等の権利処理、そして原盤の使用に伴う権利処理が必要となる。また「音楽の著作物」には楽曲と詩の両方が含まれ、仮にグラフィック広告などで歌詞のみを使う場合も音楽の著作物としての処理が必要である。

　広告利用ならではの最も大きなポイントは著作者人格権の問題である。通常、音楽著作物の利用にあたっては、音楽出版社等の著作権者より著作権管

理を委嘱されている JASRAC などの著作権管理団体から許諾を得ることが多いが、広告利用の場合は、このような著作権管理団体への手続きを行う前に、著作権者（通常は音楽出版社）を通じて著作者本人（作詞者・作曲者）の許諾意思の確認を行うことになる。

　なぜなら広告の場合、どうしても特定の企業や特定の商品の色が付きやすく、著作権法第 113 条 6 項「著作者の名誉または声望を害する方法によりその著作物を利用する行為は、その著作者人格権を侵害する行為とみなす」に抵触する可能性が生じ、一律的で事務的な処理はできないからである。

　さて音楽を広告利用する場合の一般的な権利処理の手順を JASRAC のケースを基に具体的に説明すると以下のような流れとなる。

■既成の楽曲を利用する際の流れ
①著作者からの事前許諾を得る

　まず作詞・作曲家に対して、広告利用を目的とした複製（録音）に関する許諾を得る手続きが必要となる。CM 等、広告目的の録音物・映像・出版物などへの音楽利用に際しては、JASRAC の作品検索データベース「J-WID」で利用予定作品の権利関係を確認し、当該作品の著作者にその楽曲の利用可否及び録音使用料や利用条件（広告主、商品名、利用媒体、利用期間、利用地域等）について個別に事前確認する。

　多くの場合、著作者から著作権を譲渡されている音楽出版者を通じて確認し、録音使用料は通常「指値」となる。そして事前確認された内容を「広告目的複製利用申込書」に記入し JASRAC に申込むこととなる。

　なお、ここでいう広告とはラジオ・テレビ CM の放送やネット CM の配信だけでなく、店頭・街頭ビジョン、機内ビジョン、アドトラック（広告宣伝車）、音声 POP、その他デジタルサイネージ類の上映、演奏等、さらに新聞・雑誌広告などで歌詞を扱う場合等も含まれる。

②その楽曲に関する利用許諾を得る

　録音に関する権利処理が終了した楽曲について、CM で放送または配信すること等の利用許諾を得る手続きである。CM をラジオやテレビで放送する場合、CM をネット配信する場合、制作した CM を放送・配信以外で利用する場合、そしてその他の広告利用の場合等で手続きが分かれている。

JASRACでは、それぞれについて詳細なルールと申込書が用意されており、ここでの使用料は、指値とされている録音使用料と異なり、各申込書ファイルの所定の箇所に放送回数や配信回数を入力することによって自動的に所定の使用料を試算することができる。

③レコード会社、歌手などの許諾を得る

市販のCDなど既存の音源をそのまま利用する場合は、著作権とは別に著作隣接権の処理を行わなければならない。著作隣接権とは著作物を伝達した者に与えられる権利であり、具体的には実演家、レコード製作者、放送事業者、有線放送事業者にこの著作隣接権が認められており、特に広告において重要なのは実演家の権利とレコード製作者の権利である。

まず実演家の権利処理として、歌手、演奏家が持つ「録音権・録画権」の許諾、そしてレコード製作者の権利としてレコード会社などが持つ原盤権の利用許諾をいう。ちなみに「レコード」とは、音を初に固定したもの（いわゆる「原盤」）をいいメディアは問わない。「レコード製作者」とは、ある音を初に録音して原盤（レコード）を作った者をいう。なお、これらの手続きについてはJASRACではなく、そのCDを発売しているレコード会社を通じて行われることになる。

■オリジナルの楽曲を利用する場合

CM等のためにオリジナル楽曲を創作した場合、その著作権は原始的には作詞家・作曲家に帰属する。彼らには委嘱料が支払われるが、この委嘱料には一般的に、作詞・作曲料と、創作されたCMへの利用許諾料が含まれている。

ほとんどの作詞家・作曲家は音楽出版社に著作権を譲渡していて、その音楽出版社はJASRACと著作権信託契約しているので、新たに作成された楽曲も自動的にJASRACの管理楽曲となる。したがってオリジナル楽曲といえども、これを放送する場合はJASRACに対して使用料を払うことになる。ただし、このような場合は音楽出版社からの事前届け出によって、その使用料を原則として1年間、免除されることが可能となる。

以上のような音楽著作物を広告利用する場合の具体的な権利処理に関して

は JASRAC のホームページにも詳しく説明されているので参考にしていただきたい。

■楽曲の類似性判断で最も重視されるのはメロディである

ところで、音楽著作物の「類似性」については、具体的にどのように考えれば、いいのだろうか？

楽曲の構成要素としては「メロディ（旋律）」、「ハーモニー（和声）」、そして「リズム（律動）」などがある。判例では、他の著作物同様に「表現上の本質的な特徴の同一性」が問われるが、最も重視される要素はメロディであるとされている。そしてメロディの類似性は、楽曲の1フレーズだけではなくその楽曲全体の構成から判断されることとなる。

「小林亜星 vs 服部克久盗作事件（最高裁／2003年）」で東京高裁は「旋律の相当部分は実質的に同一で、構成も酷似。服部さんの『記念樹』は小林さんの『どこまでも行こう』に依拠したとしか考えられず、編曲権を侵害した」と述べ、メロディの類似を強く肯定した。

▶小林亜星vs服部克久盗作事件

（東京地裁／2000年2月18日判決・本訴請求棄却、反訴請求認容（控訴））

作曲家の小林亜星さんが「自分の曲を真似され、著作権を侵害された」として、作曲家の服部克久さんに1億円の損害賠償を求め、対抗して服部さんが著作権の確認を求めた訴訟で、東京地裁は「メロディの同一性は認められない」として小林さんの請求を棄却する一方、服部さんの著作権を確認する判決を言い渡した。小林さんは「パクリが横行している現状をいいと認めた驚くべき判決だ。著作権保護の意味がない」として、控訴する方針。服部さんは「予想された内容で、極めて妥当」とコメントした。

（東京高裁／2002年9月6日判決・一部変更（上告））

CMソング「どこまでも行こう」を作った作曲家小林亜星さんと著作権を持つ出版社が、「そっくりな曲で著作権を侵害された」として、作曲家の服部克久さんを相手に損害賠償を求めた控訴審判決があった。

判決は著作権侵害を認め、小林さんらの請求を棄却した一審東京地裁判決を変更し、服部さんに対し、小林さん側に約940万円の支払いを命じた。

篠原勝美裁判長は「旋律の相当部分は実質的に同一で、構成も酷似。服部さんの『記念樹』は小林さんの『どこまでも行こう』に依拠したとしか考えられず、編曲権を侵害した」と述べた。

（最高裁（三小）／2003年3月11日決定・上告棄却）

小林亜星さんが1966年に発表したCMソング「どこまでも行こう」と、服部克久さんが92年に発表した「記念樹」が似ているかどうかが争われた訴訟で、最高裁第三小法廷は服部さんの上告を棄却する決定をした。
「二つの曲は酷似しており、小林さんの著作権を侵害している」と認め、服部さんに計940万円の支払いを命じた二審・東京高裁判決が確定した。

（日本ユニ著作権センターWebサイトより）

（2）サウンドロゴ

サウンドロゴは、CMなどにおいて、社名やブランド名、商品名などの呼称に数秒間程度のメロディ、あるいはそこに効果音や音声などを加え、視聴者や聴取者の印象に残りやすくさせる手法である。何度も繰り返しインプットされることによって自然な形で記憶に残るので効果は高いと言われており、使用する企業は各社様々な工夫を凝らしている。

さてこのサウンドロゴには著作権はあるのだろうか。

2005年、住友生命のサウンドロゴを作曲した作曲家が住友生命を提訴した。1987年から1995年まで8年間オンエアされていた当該サウンドロゴについて、住友生命は2004年以降、その作曲家に無断で編曲し再度オンエアするようになった。作曲家は住友生命に抗議するも、住友生命側は「サウンドロゴはあまりにも短いので著作物ではなく、勝手に編曲したとしても著作権侵害にはなりえない」と主張。これに対して作曲家側は「短くても独立した音楽作品であり著作物である」と反論し、著作財産権及び著作者人格権の侵害として東京地裁に提訴したという事案である。

しかし翌年、和解が成立。住友生命側が「サウンドロゴの制作に対する精神的営為に対し敬意を表明する」という内容が和解条項に盛り込まれていることで、作曲家側は事実上サウンドロゴの著作物性が認定されたものと評価している。その後、サウンドロゴに関して法的判断がなされた事案もないの

で何とも言えないが、これはキャッチコピーやロゴタイプに関する著作物性の議論にも似ていて、おそらく個別具体的に判断していくしかないのだろう。

そんなことも背景となって、2014年、商標法が改正された。それまで商標登録が認められなかった「色彩商標」「動き商標」等と共に「音商標」も認められるようになった。正露丸のCMでおなじみの「ラッパのメロディ」や久光製薬の「ヒサミツ」という歌詞の付いたサウンドロゴ、ハナマルキの「おみそな〜らハナマルキ」などが「音商標」として商標登録されている。今後、サウンドロゴについては主に商標権をベースに権利保護していくことになるだろう。

(3) タレント、歌手、スポーツ選手など

特にテレビCMなどでは、特定企業や特定商品の広告・宣伝・プロモーション用に、タレント、歌手、文化人、スポーツ選手、モデル等をそのCMの顔として出演させることが多い。

これは彼らと広告会社もしくは制作会社との間で締結される広告出演契約によって成り立っている。ではこの契約は彼らの持つどのような権利を利用したものなのだろうか。

多くの場合、彼らの氏名や肖像が持つ名声、社会的評価、知名度等から生ずる経済的な価値、まさしくパブリシティ権の利用である。広告では様々な素材が使われるがその最大の目的は顧客吸引力に収斂される。その意味では彼らのように、多くのオーディエンスによく知られていて特に好感度の高い素材は重宝な存在となる。モデルなどの場合は必ずしも著名人ではないが、その容姿などに顧客吸引力を期待して起用されるという意味では同様である。

このパブリシティ権だが以下のような経緯のもと、市民権を得てきた。「**お
ニャン子クラブ事件（東京高裁／1991年）**」という判例がある。これは当時の人気アイドルグループ「おニャン子クラブ」が、自分たちの氏名や肖像を使用したカレンダーを無断で発売したカレンダー販売業者に対し、損害賠償、カレンダーの販売の差し止めおよび廃棄を求めたものである。東京高裁は以下のように、おニャン子クラブメンバーの損害賠償のほか、カレンダーの販売の差し止めと廃棄を認めた。

「固有の名声、社会的評価、知名度等を獲得した芸能人の氏名・肖像を商品に付した場合には、当該商品の販売促進に効果をもたらすことがあることは、公知のところである。そして、芸能人の氏名・肖像がもつかかる顧客吸引力は、当該芸能人の獲得した名声、社会的評価、知名度等から生ずる独立した経済的な利益ないし価格として把握することが可能であるから、これが当該芸能人に固有のものとして帰属することは当然のこととというべきであり、当該芸能人は、かかる顧客吸引力のもつ経済的な利益ないし価値を排他的に支配する財産的権利を有するものと認めるのが相当である。したがって、右権利に基づきその侵害行為に対しては差し止め及び侵害の防止を実効あらしめるために侵害物件の廃棄を求めることができるものと解するのが相当である。」

これは、有名な「**マーク・レスター事件（東京地裁／1976年）**」と相まって、著名人のパブリシティ権侵害に基づく差止請求が裁判上も定着していく契機となった判決である。

▶ マーク・レスター事件 　（東京地裁／1976年6月29日判決・請求一部認容、一部棄却）

　本件は、マーク・レスターのパブリシティ権に関する判決である。
　マーク・レスターは、当時著名な英国の子役であり、日本の菓子メーカーがTVのCMの中に同人の肖像を使用したことがパブリシティ権侵害になるか否かが争われた事件である。本件で俳優の肖像が用いられながらパブリシティ権の侵害か否かが争われた理由は、当時流行った「タイアップ広告」における肖像の利用が本件出演映画「小さな恋人」の宣伝用に肖像を利用しうる合意の範囲内にあるか否かという問題の立て方がされたためである。対比する価値のある類似の事件としてスティーブ・マックイーンの「栄光のル・マン」事件（昭和55年11月10日）がある。
　原告の一人は、マーク・レスター。もう一人は、外国の芸能人を招へいする等の業を行っている会社である。被告の一人は、チョコレート等で著名な菓子メーカー、他は外国映画の輸入配給等を業とする会社である。
　通常俳優の映画出演契約の中には、映画への出演において肖像等を利用できるとの合意だけでなく、その宣伝にも肖像を利用できることが多くは明示的に定められている。被告らの主張は、この合意の範囲内の利用であるとするものであった。しかしながら本判決は、実際にTV放映された内容に即して事実を認定し、映画宣伝の通常の場合と本件の内容が異なること、むしろ明らかに商品宣伝文言が入っていることを理由としてパブリシティ的利用と評価した。

（日本ユニ著作権センター Web サイトより）

（4）ナレーター、歌手、アーティスト、声優など

　では同じようにテレビ CM などでよく起用される、ナレーター、歌手、アーティスト、ダンサー、声優等はどのような権利を持つか。

　彼らが持つのは、音楽の著作権で触れた著作隣接権の中の「実演家の権利」である。その CM の中でナレーションをしたり、歌を歌ったり、演奏をしたり、ダンスをしたり、声優として関わったり、といった役割を持っている場合は実演家の権利が発生する。むろん、例えばタレントのように CM の中で俳優としての役割を担いつつ CM 全体の「顔」となっている場合など、その CM における役割の担い方によっては、むしろパブリシティ権が主体となる場合もあろう。

　なお、ナレーションの声質を変える等の改変を伴う場合等は、実演家人格権に抵触するので予め実演家人格権の不行使の条項を契約書に記しておくことが重要である。

Ⅲ｜広告素材ごとの権利

Ⅳ. 広告自体に働く権利

この章のポイント

　前章では広告に関連する権利の「2階部分」、つまり広告に使用される個々の素材の知的財産権を説明してきたが、この章ではその1階部分、つまり、その広告自体に働く権利を、「グラフィック系広告」、「ラ・テ動画系広告」の2つに分けて解説する。

1.　グラフィック系広告

(1) グラフィック系広告自体は、どんな権利を持つか

　新聞・雑誌広告、ポスター、パンフレット、ネット広告などのグラフィック系広告においてその広告自体、つまりそのデザインの著作権はどのようなものなのか。実は一般に思われている以上にこれらのデザインが著作物とみなされるケースは限定的である。

　著作権法は絵画や彫刻などの純粋美術を保護しても広告デザインなどの応用美術は基本的には保護しない。これらはむしろ意匠法によって保護すべきものであるという棲み分けが立法当初の考えであった。

　しかし、その広告デザインも、一定の条件を満たすことによって著作権法の保護対象となる場合がある。

■「美術の著作物」としてのデザイン

　その一つが「美術の著作物（著作権法第10条1項4号）」としてのデザインである。これはその広告全体が絵画に近い場合に該当する。具体的にはどういうことか。

　ひとつの判例がある。海外向け雑誌広告の著作物性が争われた**「商業広告事件（大阪地裁／ 1985年）」**である。誌面の周辺を鎖のパターンと18個の工具の写真で縁取り、その内側に英文や石油採取設備のシルエットを配置したＸ広告のデザインについて裁判官は、「全体として一つのまとまりのあるグラフィック（絵画的）な表現物として、観る者の審美的感情（美感）に呼びか

けるものがあり、かつ、その構成において作者の創作性が現れており（中略）法10条1項4号が例示する絵画の範疇に類する美術の著作物と認め得る。」と判示した。

　最終的にY広告のX広告に対する複製権や翻案権の侵害は認められなかったが、広告デザインが著作物としての市民権を獲得するキッカケとなった大変有名な判例である。

　つまり文字や写真、イラスト等を含むその広告全体が"一枚の絵"のようなまとまり感と個性を持っている場合、各素材が持つ著作物性とは別にその広告デザイン全体が「美術の著作物」として認められるということである。

▶ **商業広告事件**　（大阪地裁/1985年3月29日判決・甲事件請求棄却、乙事件請求認容（確定））

　　X社は、広告代理店Y社に依頼して自社広告（X広告）の制作等を行ったところ、Y社が別のクライアントの広告として制作した広告（Y広告）がX広告の複製権侵害である等主張して損害賠償等を求めた（甲事件）。Y社はX社に対し、広告業務の代金を請求した（乙事件）。
　　裁判所は、X広告の著作物性について、X広告は、図案化された環状の鎖、シルエット状の石油採取設備、波ないし海洋を表現する暗色、工具やバルブの写真及び英文文字を構成素材とする全体として一つの纏まりのあるグラフィックな表現物であり、かつその構成において作者の創作性が現れているから、商業広告であっても美術の著作物として著作権法の保護範囲に属するものと認定し、その創作過程からX社（職務著作）と広告デザイナーの共同著作と認定した。そのうえで、Y広告は、X広告の表現形式上の本質的な特徴を直接感得することのできるものではないから複製や翻案に当たらないとして、X社の請求を棄却し、Y社の広告代金請求を認めた。　　　（日本ユニ著作権センターWebサイトより）

101

X広告（出典：裁判所Webサイト）　　　Y広告（出典：裁判所Webサイト）

　次は広告デザインではないが、構成要素等から広告デザインとほぼ同一と考えられる事案である。

　「医学書の表紙デザイン類似事件（東京地裁／2010年）」では、原告書籍の表紙デザインの著作物性を認め、さらにそれと類似した被告表紙デザインの著作権侵害を認定した判例である。原告の表紙デザインは、イラストや写真等の著作物素材が使われておらず、書籍タイトルと図形や罫線のみの構成によるものだが、その全体が「美術の著作物」として認められたケースである。通常、図形や罫線のような抽象的パターンそのものに著作物性はなく、またこのようなデザインは一般的には単にレイアウトの域を超えず著作物性が認められないことが多いが、そのアレンジの仕方次第では一定の創作性が認められることを物語っている。

▶ 医学書の表紙デザイン類似事件　　　（東京地裁／2010年7月8日判決・請求一部認容、一部棄却）

　医学系出版社の南江堂が、自社刊行物『入門漢方医学』の表紙デザインをブレーン出版の刊行物『入門歯科東洋医学』の表紙に無断で複製又は翻案、改変して使用されたとして、印刷、出版等の差し止め、損害金の賠償、謝罪広告の掲載を求めて訴えた事件。原告書籍の表紙は3か所に大きな正方形を配し、周

辺に8本の横棒や縦棒を組み合わせたもので、被告書籍は正方形を円に変えたにすぎないと主張していた。

裁判所は、原告書籍表紙デザインの著作物性を認め、被告書籍は「図形の配置などの同一性を維持し、具体的な形状を変更するなどしたデザインは、南江堂側の表紙の本質的な特徴を感じ取れる著作権法上の『翻案物』に当たる」として著作権侵害を肯定して、被告書籍の印刷、出版、販売、頒布の差し止めを認めた。また損害賠償金等50万円の支払いは命じたが、謝罪広告の必要性は否定した。

(日本ユニ著作権センターWebサイトより)

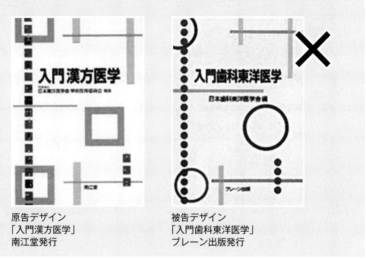

原告デザイン
「入門漢方医学」
南江堂発行

被告デザイン
「入門歯科東洋医学」
ブレーン出版発行

逆に、単に素材を常識的にレイアウトしただけの、例えば誰がまとめても同じような結果となってしまうものは当然「美術の著作物」には該当しない。

次に紹介する「**ワイナリー案内看板の著作物性事件（知財高裁／2014年）**」では原告看板デザインの著作物性が否定された。

看板デザインを制作した原告（広告看板制作会社）が、同デザインを案内用看板に流用した被告（ワイン製造販売会社）に対して著作権侵害を主張し損害賠償を求めた事案である。

原告は、自らのデザインが「画面いっぱいに、大胆にグラスが描かれ、構図的バランスが、ずしりと重量感を与え、色彩感覚と美的に表現され、見る人の心を惹きつけてやまないのであって、ありふれた平凡な絵柄ではなく、美術性と創作性を兼ね備えている。」とした。

しかし知財高裁は「**本件図柄のグラスの形状には、通常のワイングラスと比べて足の長さが短いといった特徴も認められるものの、それ以外にグラスとしての個性的な表現は見出せない。また、ワイナリーの広告としてワイングラスが用いられること自体は珍しいものではない上に、図柄が看板の大部分を占めている点も、ワイナリーの広告としてありふれた表現にすぎない。**」とし、原告が主張した「美術の著作物」は認められず、当然、著作権侵害も否定された。
　グラフィック系広告には、その広告効果の問題とは別に、このようなデザインが意外に多いのではないだろうか。また昨今は、広告デザインの著作物性を安易に主張するデザイナーも増えてきており、そのようなデザイナーに対するある種の警鐘となる事案である。

▶ ワイナリー案内看板の著作物性事件　　（知財高裁／2014年1月22日判決・控訴棄却）

　被告であるワイン製造販売会社と契約して被告の経営するワイナリーの案内看板を制作設置していた広告看板制作会社（原告）が、被告がのちに別会社に依頼して制作させた同様の案内看板に使われた図柄は、自らが持つ当初の看板の図柄の著作権を侵害するものだとして、損害賠償金605万円余を請求した事件の控訴審。別訴の13年12月17日控訴審判決とは看板の場所の異なる、13年7月2日一審判決の事件。裁判所は別訴事件同様、図柄の著作物性も一審被告の不法行為責任も認められないとして、一審判決を維持し、控訴を棄却した。

（日本ユニ著作権センターWebサイトより）

原告デザイン（出典：裁判所Webサイト）

被告デザイン（出典：裁判所Webサイト）

■不正競争防止法の「商品等表示」としてのデザイン

　さて次に紹介するのは「小学館『やせるおかず』類似本事件（2017年和解成立）」である。これはムック本の表紙に関するトラブルで、最終的に和解となったものである。2017年、小学館は、自社の料理ムック本「やせるおかず 作りおき」とタイトルや表紙デザインが酷似しているとして、「やせるおかずの作りおき　かんたん177レシピ」を刊行した新星出版社に対して販売中止を求めた。その後、和解が成立し、新星出版社は今後の出荷を停止する（ただし既に店頭に並んでいる分などについては回収しない）ということで決着がついた。

　もし訴訟になっていたら小学館はどんな主張ができただろうか。

　小学館「やせるおかず 作りおき」の表紙についていうと、まず料理写真に著作物性はありそうだが、新星出版社の写真との類似性はない。タイトルは非常に似ているが、そもそも著作物性がなく、また登録商標でもない。そして全体のデザインもレイアウトの域を超えておらず、やはり著作物性はない。カラーリングも類似しているがこれも著作物ではない。したがって著作権侵害の要素はどこにもなさそうである。

　戦える余地があるとすれば「表紙デザイン全体」が不正競争防止法でいうところの「商品等表示（商品表示または営業表示）」に相当し、この法律が禁じている「周知表示混同惹起行為」とみなされる余地はないかということである。

　つまり具体的にいうと、書店等で、よく知られている小学館の「やせるおかず 作りおき」を購入するつもりが、表紙の類似が要因となって誤認混同し、新星出版社の「やせるおかずの作りおき　かんたん177レシピ」を買ってしまうということはないだろうか、ということだが議論の余地はあるだろう。

　2001年、扶桑社のベストセラー「チーズはどこへ消えた？」の類似本をめぐる訴訟があった。実は類似本に関連するトラブルは結構多いと聞く。出版業界では「柳の下にドジョウは3匹いる」と言われており、類似本は3冊目までなら結構売れるらしい。小学館の「やせるおかず 作りおき」は、ダイエットレシピ本の爆発的ブームを追い風に「食べ痩せ」に共感するマーケットの強い支持を得て、2017年時点で、シリーズ6冊の累計発行部数は250万部を上回るという。

▶小学館「やせるおかず」類似本事件　　　　（2017年6月14日　和解成立）

小学館「やせるおかず 作りおき」　　　新星出版社「やせるおかずの作りおき かんたん177レシピ」

出典：Amazon.co.jp

■**編集著作物としてのデザイン**

　そして著作権法の保護を受けるもう一つが「編集著作物（著作権法第12条）」としてのデザインである。デザインと言えるかどうかという問題はあるが、その広告自体に働く権利という観点からは合理性がある。**編集物で「素材の選択又は配列に創作性があるもの」が編集著作物であり、一般的には新聞・雑誌、百科事典、時刻表、職業別電話帳などをいう。**

　そして広告では会社案内や学校案内、製品カタログ、各種パンフレットなどが該当すると言われている。なお編集著作物でいう「素材」には文章、写真、イラストはもちろん、データや事実なども含まれ、それぞれの著作物性は問われない。要はそれら素材の選び方や配列方法に創意工夫があればその全体が著作物として保護されることになる。

　通常は素材の選択や配列方法が類似していても素材そのものが異なっていれば編集著作権の侵害とはされないことが多い。しかし**「永禄建設事件（東京高裁／1995年）」**では「確かに素材自体は異なるがそのイメージには一定以上の類似性があり、さらにホワイトスペースのアレンジについても同一頁

の同一箇所に使用されている等、両者間には編集著作物としての実質上の同一性が認められる。」とされた。素材が異なっているからといって安易に他人のレイアウトなどを模倣することには注意が必要である。さらに、個々の素材が著作物であれば、それらは個々に独立した著作物として扱われることはいうまでもない。

なお、頁物であっても単に素材が羅列されただけの価格表とかスペック集など、配列方法に工夫のないものは編集著作物に該当しない。逆に1枚物（1頁物）の場合でも記事広告等、新聞や雑誌の紙面（誌面）に近い構成をとったデザインの場合は編集著作物とみなされる可能性はあろう。

▶ **永禄建設事件** （東京高裁／1995年1月31日判決・取消（上告））

　　控訴人（原告）Xは広告の企画制作等を行う業者、被控訴人（被告）YはXに会社案内の制作を依頼した建設会社であり、XがYの依頼の下に提出した企画案をYがXに発注することなく、その企画案に類似した会社案内を別途作成出版したことがXの編集著作権の侵害に当たるかどうかが争われた事案である。控訴審は、請求を棄却した原審の判断を取り消し、Xの請求した出版差し止め、損害賠償を認容した。

　　本件では、記事の配列順序、記事に配当されたページ数、記事のつなぎ目に写真が用いられていること、その写真も企画案に類似していることなどを認定したうえ、選択と配列におけるかかる共通性はアイデアにとどまるとするのは相当ではないとして、編集著作物性を認め、かつX企画案に依拠していると認めて複製権侵害を認容した。　　（日本ユニ著作権センターWebサイトより）

■広告デザインの権利侵害—実務上の対応

以上みてきたように、広告デザインやグラフィックデザインが著作物とみなされる可能性は、少なくとも写真やイラストなどの場合に比べると限定的である。さらにその同一性や類似性が肯定され、著作権侵害（複製権・翻案権侵害）となるケースは、さらに絞られてくるだろう。とはいえ、著作物か否かの境界線は決して明確なものではなく個別具体的に判断していくしかない。

また「小学館『やせるおかず』類似本事件」のように、書籍の表紙、あるいは商品パッケージなどのデザインで、これらがよく知られていてその商品の「顔」の役割を果たしている場合は、不正競争防止法で保護される素材とみ

なされる可能性があることは覚えておいたほうがよいだろう。

　したがって実務上、ちょっとユニークで鑑賞性のある広告デザインなら「美術の著作物」、主に頁物で編集企画性のある広告物のデザインなら「編集著作物」、また周知・著名性のあるデザインで特定の商品や営業を想起させるものなら不正競争防止法の保護対象とみなされる可能性があることを踏まえ、決して安易な模倣はしない、そんなスタンスが望まれる。

　しかし、逆に過敏になりすぎるのは問題であろう。日々、おびただしい量の広告物が誕生しており、いくらオリジナルのつもりであっても結果的に他人のデザインと似通ったものになってしまうことは充分ありえる。そんな場合は広告主の了承を得た上で、あえてそのまま突き進むといった選択肢もあろう。

　最後に、これはデザイナーの名誉のために言っておくが、その広告デザインに特段の権利が存在しなかった場合、そのことと、その広告デザインの広告効果の有無やクオリティの良し悪しとは全く関係がない。著作権の保護対象になどならなくても、素晴らしい広告デザインはいくらでもあることを忘れてはならない。

（2）Webサイトやブログは編集著作物である可能性が高い

　広告主の Web サイトも「編集著作物」としてみなされる可能性が高い。編集著作物とは、様々な素材をどう集め、どう配列するかについて創作性のあるものを言い、Web 作成の場合も、その条件さえ満たせば、編集著作物として著作権が認められることになる。

　その意味では多くの Web サイトは編集著作物となりえるだろう。また頁ごとに見ていった場合、その頁全体がグラフィック広告同様に「美術の著作物」と解されるケースもある。例えば鑑賞性の高い Web サイトなどは、全体としては「編集著作物」、頁単位では「美術の著作物」、さらに個々の素材にはそれぞれの権利が認められる、といったケースも十分にありえるであろう。

　ただし、当たり前の素材を当たり前にレイアウトしただけのものなど「素材の選択や配列に創作性がある」とは言えないものは著作物ではないので、ネットの世界もこれに準じた解釈をすることになる。

なお仮に編集著作物とみなされない Web サイトでも、体系化された検索機能のあるものは「データベースの著作物」とみなされる可能性もある。また通常 Web ページは HTML (Hyper Text Markup Language) で作成されており、これはタグで文字などを指定するためのプログラム言語の一種だが、あくまでも Web ページという表現を実現するための手段であって「プログラムの著作物」や「言語の著作物」には該当しない。

Web サイトの著作物性は最終的な表示画面が持つ創作性によって判断されることになる。

2. ラ・テ動画CM系広告

(1) テレビCMは映画の著作物である

結果的にその形式上の問題から、テレビ CM (ナマ CM を除く) や PV、ネット上の動画 CM などは「映画の著作物」とされている。著作権法第 2 条 3 項では「この法律にいう『映画の著作物』には、映画の効果に類似する視覚的又は視聴的効果を生じさせる方法で表現され、かつ物に固定されている著作物を含むものとする。」とされており、ここには、テレビ番組、ビデオソフト、ゲームソフトなどが含まれ、テレビ CM も同様である。

テレビ CM を含む「映画の著作物」が、他の著作物と大きく異なる点は、著作者と著作権者が同一ではないということである。これについては第 5 章「広告の著作者と著作権者」で触れたいと思う。

日々これだけ多くの CM 作品が流通しているにもかかわらず、テレビ CM の類似性、同一性に関連する権利侵害の判例はほとんどない。

しかし同じ「映画の著作物」の類型であるテレビドラマをめぐる判例はある。**「大河ドラマ "武蔵" 類似事件 (最高裁／ 2005 年)」**では、映画「七人の侍」の監督である故黒澤明氏の長男らが、NHK の大河ドラマ「武蔵　MUSASHI」の第 1 回目が映画「七人の侍」を無断で翻案したとして、著作権侵害等を理由に損害賠償請求などを求めた。

黒澤側は、武蔵が豪雨の中で戦うシーンにおいて地面に突き立てた刀を抜くシーンなどが、映画「七人の侍」内のシーンに酷似しており、このようなシーンが計 11 箇所に存在すると主張した。

ところが東京地裁、知財高裁、そして最高裁も請求を棄却。いずれの類似点も単にアイデアの域を出ず、「原作（七人の侍）の持つ表現上の本質的な特徴を感得することはできない」とされた。つまり、類似しているとされた計11箇所の場面設定自体は、比較的よく使われているものであって「七人の侍」に特徴的なものではない。したがってそこには著作物性はなく、これを模倣したからといって著作権（翻案権）の侵害にはなりえないということであろう。

先に触れたようにテレビCMもテレビ番組もいずれも「映画の著作物」であり、その意味でこの判決は確かに一つの道標にはなるだろう。

「映画の著作物」では、あるシーンが似ていても、そのシーンにその映画の本質的特徴が表現されたものでなければ、単にアイデアが似ているだけであって著作権侵害にはならない。しかし、あるシーンについて、それが本質的特徴の表現なのか、あるいは単なるアイデアなのか、その境界線を明確にすることはなかなか難しい。

いずれにしても**他のCMを安易に模倣すると、著作権侵害にはならなくとも「どこかで見たようなCMだね」と言われる可能性は非常に高いし、クリエイティブという観点からはこのような指摘はある意味では致命的なものとなってしまう。**

我々広告人としては、いかなる場合も"オリジナルを創ること"にこだわり続けたいものである。

▶ 大河ドラマ"武蔵"類似事件

（東京地裁／2004年1月20日第1回口頭弁論）

03年のNHK大河ドラマ「武蔵」の一部は故黒澤明監督の映画「七人の侍」の盗作として、著作権を継承した長男がNHKなどに1億5400万円の賠償と再放送、ビデオ・DVD化の差止めを求める訴訟を東京地裁に起こした。

代理人の弁護士は「著作権使用料を支払ったリメーク（再作品化）でないばかりか、パロディーやオマージュとして一部を真似たものでもない。『七人の侍』のブランドにただ乗りした明白な著作権侵害行為」と主張した。

NHK側は「著作権は侵害していない。主張は裁判で明らかにする」と話して

いる。

（東京地裁／2004年12月24日判決・請求棄却（控訴））

　平成15年のNHK大河ドラマ「武蔵　MUSASHI」の第1回放送の内容が、黒澤明監督の映画「七人の侍」に酷似しているとして、同監督の長男らが、NHKなどに1億5400万円の賠償やビデオ、DVD化の差止めなどを求めた訴訟の判決で、東京地裁は原告側の請求を棄却した。

　問題となったのは、村人が侍を雇って野武士と対決するストーリーや豪雨の中で戦うシーンなど、11の場面が酷似していると主張していた。三村量一裁判長は「場面設定などの単なるアイデアにとどまるもので、著作権の侵害は認められない」と判示した。原告側は28日、知財高裁へ控訴した。

（知財高裁／2005年6月14日判決・控訴棄却（上告））

　平成15年のNHK大河ドラマ「武蔵　MUSASHI」の第1回放送の内容が、黒澤明監督の映画「七人の侍」に酷似しているとして、同監督の長男らが、NHKなどに1億5400万円の損害賠償などを求めた訴訟の控訴審判決で、知財高裁は「著作権の侵害は認められない」とした一審・東京地裁の判決を支持し、控訴を退けた。

（最高裁（三小）／2005年10月18日決定・上告棄却）

　平成15年のNHK大河ドラマ「武蔵」と故黒澤明監督の映画「七人の侍」がそっくりだとして、監督の長男らがNHK側に損害賠償などを求めた訴訟で、最高裁第三小法廷は長男側の上告を棄却する決定をした。長男側敗訴の一、二審判決が確定した。

（日本ユニ著作権センターWebサイトより）

（2）ラジオCMはレコードに相当する

　まず録音されたラジオCMは著作権法上の「レコード」に該当する。「レコード」とは、蓄音機用音盤、録音テープ、その他の物、に音を固定したものをいう（著作権法第2条1項5号）。具体的には、いわゆるレコードはもちろん、CDやオーディオテープ、オルゴールなどに、音を固定したものをいい、ここにラジオCMも含まれる。なお、テレビCMなど、音を映像とセットで再生することを目的としたものは対象にならない。

　また、ラジオCMは、予め用意された台本に基づき、ナレーション、音楽、

タレントや声優の実演、その他の要素で製作され、それぞれの素材について
著作権や著作隣接権等が関わるが、ラジオ CM の製作者はレコード製作者の
権利を持つこととなる。

Ⅴ．広告の著作者と著作権者

この章のポイント

　広告に使用される個々の素材が著作物であった場合、その著作者と著作権者はそれらを創作した者、つまりカメラマンやイラストレーター、音楽でいえば作詞家や作曲家ということになろう。

　では、広告そのものが著作物であった場合、その著作者はいったい誰になるのか？また著作権はどこに帰属するのか。そして広告会社や制作会社のディレクターはこれらの問題にどう関わるのか。以上の観点から見ていこう。

1.　グラフィック系広告は誰のものか

（1）著作者・著作権者は制作作業に直接携わった者である

　グラフィック系広告において、「2階建構造」の2階部分にある、写真、イラスト、文章、図表など個々の著作物については、それを創作した者、つまり一般的には、フリーのカメラマンやイラストレーター、コピーライター、デザイナーなどが著作者となり同時に著作権者となる。

　ではグラフィック系広告の1階部分、つまり、その広告自体が著作物である時（「美術の著作物」または「編集著作物」）、その著作者・著作権者は一体誰になるのだろうか。

　広告制作は多くの場合チームワークで進められ、特に広告主、広告会社、制作会社の三者が複雑かつ密接に関わる。広告制作から実施までの費用を提供し最終的にそれを利用する立場である広告主が著作者・著作権者である、あるいはアイデアや資料を提供し、クオリティやスケジュールなどを管理する広告会社こそが著作者・著作権者である、という見解があるが、この二者は通常、著作者・著作権者にはなりえない。

　あくまでも著作物、つまり広告作品を創作した者（著作権法第2条1項2号）であり、**通常はその広告を直接手掛けたデザイナー等が著作者であり著作権者であると考えられる。**

したがって広告会社のディレクターがいくら素晴らしいアイデアを出しても（そもそもアイデアは著作物ではない）、また連日連夜、打合せを重ねたとしても、広告作品の創作に直接携わらない限りは著作者・著作権者にはなりえない。しかし、広告会社が詳細な指示を出しデザイナー等は代替性のある単純作業のみを行ったということであれば、著作者・著作権者はむしろその広告会社ということになるかもしれない。

このように著作者・著作権者の最終的な特定は個々の創作の実態に即して柔軟に判断していくことになろう。

(2) 社員が創作した著作物の著作権者は「会社」である

制作会社（広告会社）の社員が職務上著作物を創作した場合、就業規則等で「従業員が創作した著作物の著作者はその従業員本人とする。」などの記載がない限り、著作者・著作権者はその社員が所属する「会社」ということになる（職務著作／著作権法第15条）。

確かに社員を著作者にしてしまうとその個人が様々な権利を持つことになり、その結果、例えばプレゼン前の企画書チェックの際など上司が勝手に修正を入れづらくなってしまい、実務上、甚だ都合が悪い。

会社の指揮命令下における創作活動については、**正規社員、契約社員、派遣社員等の雇用形態・契約形態の違いや、写真、イラスト、文章等、著作物の種類の違いを問わず、会社が著作者及び著作権者となる。**また職務著作となるかどうかは、表面的な形の問題ではなくあくまでも業務の実態に即して判断される。

「RGB体感ムービーキャラクター事件（最高裁／2003年）」では、雇用契約のないデザイナーが作成した著作物について最終的に職務著作が認定された。デザイナーは自らが創作した作品について自分が著作者・著作権者であると主張した。ところが委託側は職務著作を主張。争点となったのは、このデザイナーが第15条の「法人等の業務に従事する者」に相当するかどうかであった。つまりこの定義は雇用契約のある者に限定されるのか、それとも請負や委任も含め雇用契約のない者も対象となるのかという議論である。

最高裁の判決では、仮に雇用契約がなくても、実質的に法人等の指揮命令下において労務を提供し、その労務の対価として金銭が支払われている場合

は「法人等の業務に従事する者」と考えられ、その著作物は職務著作であり著作者・著作権者は会社側であるとされた。この判例以降、職務著作は、形式的要因に囚われることなく、あくまでも実態を勘案して判断すべきであるという説が有力となった。

▶**RGB体感ムービーキャラクター事件**　（最高裁／2003年4月11日判決・破棄差戻し）

　二審で法人著作の成立を否定され、氏名表示もないと250万円の損害賠償を命じられたアニメ等の企画、製作をする会社（一審被告）が上告した。中国国籍のデザイナー（一審原告）は、同社に勤務していた際に作成したキャラクター作品が氏名表示も無く、無断でアニメ作品「アール・ジー・ビー・アドベンチャー」に使われ、著作権を侵害されたと訴えていた。なお、一審では、同社の主張が認められデザイナーの描いたキャラクターデザイン図画は職務上作成したものだとして、一審原告の請求は棄却されていた。

　最高裁は、上告人敗訴部分を破棄し、東京高裁に差し戻した。二審では、就業規則、雇用保険料の控除がないといった形式的な事由を根拠として、法人著作の成立を否定したが、雇用関係の存否が争われた場合は、実質的に「法人等の業務に従事する者」か否か、総合的に事情・実態を考慮して審理を尽くす必要があるとした。　　　　　　　　　　（日本ユニ著作権センターWebサイトより）

(3)広告制作では共同著作物も多い

　広告制作の実務は通常、チームワークで行われる。そして場合によっては、広告会社と制作会社、制作会社とフリーランス、あるいはフリーランスとフリーランスなどの間で、1つの著作物を共同して創作することもある。例えばある広告デザイン（著作物性のあるものに限る）について広告会社のアートディレクターと制作会社のデザイナーが互いの合意のもと、1台のPCモニターを見ながら細部まで含めて合作するようなケースである。

　このように複数の者が一緒に創作し、創作した部分を明確に区別できない場合は「共同著作物」となる。この場合、職務著作が適用され著作者は広告会社と制作会社の二者ということになり、著作権も共有著作権としてその二者に帰属する。従って権利行使の場合は二者間の合意が必要となることとなる。

　一方、表裏のあるチラシ等で表裏それぞれのデザインに著作物性があった

場合で、制作会社のデザイナーが表面、フリーランスのデザイナーが裏面の
デザインを行った時は「結合著作物」とみなされる。この場合は分割可能で
独立した著作物となるので制作会社（職務著作）とフリーランスデザイナーそ
れぞれに著作権が帰属する。

（4）通常、広告主はどのような権利で広告を利用しているか

　広告業界においては、権利の帰属に関する契約書が締結されるケースはま
だまだ多くはない。そんな中で、広告主は制作会社などが制作した広告作品
を自社のマーケティング活動に自由に使用しているように見える。これは一
体どのような権利関係の中で可能となっているのだろうか。広告作品が納品
されたタイミングで著作権がすべて広告主に移転されていると考えればわか
りやすいが「譲渡契約」がない限りはそうではない。

　この場合、著作権は制作会社等、その著作物を創作した者に留保されてい
る、と考えるのが通常であろう。そして広告主は、これらの権利者から、一
定の利用条件（範囲や期間）に沿った利用許諾を得ていることになる。従って
決して自由自在に使えているわけではない。そしてこの許諾は、仮に契約書
がなくても広告作品の納品行為の中に暗黙の内に包含されていると考えられ
る。

（5）著作権の帰属先は“契約”によってコントロールできる

　以上説明したように、グラフィック系広告自体が著作物であった場合は、
そのデザインを直接手掛けた者、多くの場合はデザイナーが、著作者・著作
権者となる。そしてそのデザイナーがフリーランスであれば当然デザイナー
個人が著作者・著作権者となり、そのデザイナーが広告会社や制作会社の社
員等であった場合は職務著作としてその「会社」が著作者・著作権者となる。
さらに制作実態によっては、「共同著作物」として二者以上が著作者・著作権
者になる場合もある。

　ところで著作権については、当事者間の“契約”によって別途コントロー
ルされることがある。著作権は財産権であり自由に譲渡することが可能だか
らだ。例えばフリーランス⇒制作会社⇒広告会社を経由して、広告作品の最
終ユーザーである広告主に著作権を譲渡する場合や、何らかの事情により著

作権のすべてまたは一部を二者または三者で共有する場合などがある。ただし、著作者人格権については譲渡できないことになっているので、著作権（著作財産権）を譲渡する場合は、著作者との間で著作者人格権の不行使特約を結ぶことが多い。

　また、譲渡契約は利用許諾契約に比べ対価は高くなるが、例えば広告主に譲渡された場合、広告主はその広告作品を文字通り自由自在に利用できることになる（米国などではこの形態が当たり前となっている）。

2.　テレビCM（動画CM）は誰のものか

（1）CMの著作者と著作権者は同一ではない

　著作権法第2条3項では「映画の著作物には、映画の効果に類似する視覚的又は視聴的効果を生じさせる方法で表現され、かつ物に固定されている著作物を含む」とされている。「映画の著作物」には、テレビ番組、ビデオソフト、ゲームソフトなども含まれ、テレビCMも同様である。

　そして第16条では、映画の著作者は「製作、監督、演出、美術等を担当してその映画の著作物の全体的形成に創作的に寄与した者」とされている。これをCM制作に置き換えてみると、プロデューサー、ディレクター、カメラマン、プランナーなど主に広告会社や制作会社のスタッフ、また場合によっては広告主の担当者なども著作者と考えられ、**著作者は一般的に複数存在することとなる。**

　問題は、著作権者は誰かということである。**通常「著作者＝著作権者」だが、映画の著作物の場合、両者はイコールではない。**著作者全員に著作権を与えると権利関係が複雑化しスムースな利用が難しくなる可能性があり、第29条1項では「映画の著作物の著作権は、著作者が映画製作者に対し製作に参加することを約束している時は当該映画製作者に帰属する」とされている。ここでいう**当該映画製作者とは「映画の著作物の製作に発意と責任を有する者（第2条1項10号）」**であり、通常は東宝、東映、松竹などの映画会社ということになろう。

　ではテレビCMにおいて発意と責任を有する者とは一体誰なのか？

(2) 著作権の帰属先に関するACCの長期的な取組み

　実はこの問題については、1980〜90年代にかけ (社) 全日本シーエム放送連盟 (CM の社会的地位向上のため様々な活動を行っている団体で、広告主、広告会社、制作会社、放送会社の4者で構成される。通称 ACC) を中心に熾烈な議論が展開された経緯がある。

　その一つのキッカケとなったのは、当時の文化庁が「テレビ CM の著作権は制作会社に帰属する」と発言したことである。これに対して広告主側が猛反論した。テレビ CM をコミュニケーションツールとして自在に利用したい広告主、一方、著作権は経営上の要 (かなめ) であり、もし著作権が剥奪されるようなことになれば死活問題となってしまう制作会社、このように利害が大きく対立する両者と、そこに、両者の顔色を窺いながら右往左往するだけの広告会社も加わり数年に亘る議論がスタートした。

　そのポイントは、先に触れた「(映画の著作物であるテレビ CM に対して) 発意と責任を持つ者」は誰なのかということである。CM の放映や内容に対する社会的責任を持つ広告主であろう、いやいや実際にその CM を発想し制作した制作会社こそが相当であろう、等々の主張が飛び交ったが、もともと CM の著作権者を映画製作との類推で考えようとすること自体に無理もあり、どこまでいっても平行線であった。

　1992 年、この難問は結局決着がつかないまま ACC からは次のような見解が提示される。「**テレビ CM は、広告主、広告会社、制作会社の共有財産である。この際、その著作権者が誰なのかという問題は"棚上げ"とし、それよりも制作したテレビ CM を所期の目的のために適切に使用できるようなルールづくりを行おう**」。

　これがいわゆる「'92ACC 合意」と言われるものである。いわば法的問題よりも取引上の都合を優先させたということであろう。具体的には、**制作された CM は広告主が自在に使用できる、その代わり広告主がその CM を改訂したリプリントしたりする場合は、オリジナルを制作した広告会社、制作会社に必ず発注する**、というルールが作られた。ここでいうプリントとは、完成した1種類の CM について放送する放送局の本数分を HDCAM や D2 と呼ばれる磁気テープに録画する作業をいい、特にこの作業への対価が制作会社の収益の多くを占めていた。

この「'92ACC 合意」後は、テレビ CM の著作権問題は大きなトラブルもなく、このルールが 20 年以上に亘って維持される形となった。

（3）テレビCMの著作権者は広告主に

ところが、「テレビ CM の著作権帰属事件（知財高裁／ 2012 年）」、いわゆる「カーニバル判決」において知財高裁は「テレビ CM の著作権者は広告主である」と判示した。重要な判例なのでやや詳しく触れてみたい。事件の経緯は以下のようなものであった。

広告主からテレビ CM の制作を受託した電通は、その制作を元電通従業員のクリエイティブディレクターに委託した。そして彼は被告 CM 制作会社にプロダクション業務を委託し、さらに被告 CM 制作会社は原告 CM 制作会社に再委託した。その後、被告はこのテレビ CM のプリント業務を電通より受注。これに対して原告が「CM の著作権は直接制作を手掛けた自社にある。被告が勝手にプリントをしたことは著作権（複製権）の侵害である」と提訴した。

ところが知財高裁の判決では、本件 CM 原版の著作権者は原告ではなく広告主であるとされ、また原告がプリント業務を独占的に受注できる権利も否定された。

この判決では、①テレビ CM は「映画の著作物」である、②「映画の著作物」の著作権者は「映画製作者」である、③「映画製作者」とは「映画の著作物の製作に発意と責任を有する者」である、とされ、ここまでは従来の理解と変わらない。

本件において着目すべきは、「映画の著作物の製作に発意と責任を有する者」とは「映画の著作物を製作する意思を有し、当該著作物の製作に関する法律上の権利・義務が帰属する主体であって、そのことの反映として当該著作物の製作に関する経済的な収入・支出の主体ともなる者である。」との見解を示し、これを本件テレビ CM に置き換えると「**これを製作する意思を有し、当該原版の製作に関する法律上の権利・義務が帰属する主体となり、かつ、当該製作に関する経済的な収入・支出の主体ともなる者は広告主である**」としたことである。

最大のポイントは「（CM 制作における）発意と責任を有する者」の解釈につ

いて、「製作を統括した者」よりも「出資した者」という方向に舵を切ったということだろうか。

　元々は、プリント作業の発注権を巡る争いだったのかもしれないが、争点がいつの間にか「映画の著作物」の著作権帰属問題に拡大し、結果的にテレビ CM の著作権者は広告主である、というところに帰結していった。原告のCM 制作会社としては想定外の展開となった事案かもしれない。

　またこの裁判のプロセスの中で、この CM の著作者は誰かという問題については、元電通従業員のクリエイティブディレクターが少なくとも著作者の一人であることは間違いないとされ、やや曖昧な結論となったが、おそらくこの部分は本件ならではの個別の状況によるものと思われ、従来の見解と大きく変わるものではないだろう。

　しかし最終的に**知財高裁がテレビ CM の著作権者は広告主であると判示したことについてはある程度の一般性があり、この判決は、従来の認識に大きな「揺らぎ」を与えたことは間違いない。**いわば長年に亘るこの問題に対して一つの決着がついたということでもある。

　しかし広告業界では長きに亘って、広告主、広告会社、制作会社の三者間で互いの権利を尊重するというある種のコンセンサスが商慣習化されてきたこともあって、**この判決を機に業界の新たな統一認識を形成するまでには至っていないように思われる。**とはいえ実務上はこの判決を原則論として踏まえつつ個別具体的に対応していくしかないだろう。ちなみに電通では、この原則論を日々の実務に反映させている。

▶テレビCMの著作権帰属事件　　（知財高裁／2012年10月25日判決・控訴棄却）

　原告である CM 制作会社が、被告 CM 制作会社に対し、原告が制作した a 社および b 社のテレビ CM 原版を被告 CM 制作会社が無断で使用したとして、著作権侵害を理由とする合計904万円余の損害賠償金支払いを求め（第1事件）、同時に元原告会社取締役であった被告 A に対して、A が第1事件の著作権侵害を被告 CM 制作会社と共同で行ったとして、不法行為又は債務不履行に基づく904万円余の損害賠償金支払いを求めた（第2事件）事件。

　一審東京地裁は被告 CM 制作会社の監査役に就任していた B を本件テレビ

CM 原版の著作者、疎外の大手広告代理店か a 社または b 社が製作者＝著作権者と判断して、原告の映画製作者性を否定し両事件の請求を却下したが、原告が控訴し、更に原告と大手広告代理店との黙示の合意又は慣習法に基づく権利を被告らが不当に侵害したとの主張を追加した。

　知財高裁は、映画の著作物としての本件両テレビ CM 原版の製作者を、広告主である a 社および b 社と判断、原審同様に本件各テレビ CM 原版の著作権は原告にはないとして、追加の主張も認めず、控訴を棄却した。

（日本ユニ著作権センター Web サイトより）

V　広告の著作者と著作権者

Ⅵ. 特に注意すべき広告素材達

この章のポイント

　次に、広告写真・映像の背景等に使われる素材で、広告表現上、どちらかというと「脇役」的存在なのだが、ついつい気になってしまう素材、あるいは気にしなければならない素材をピックアップしてみた。

1. 許されるようになった「写り込み」

　2012年の著作権法改正において一定の条件付きで、いわゆる「写り込み」が適法となった。著作権の制限規定の一つに「付随対象著作物の利用（第30条の2）」が加わったのだ。具体的には、意図した被写体を撮影する際に、その背景にポスターや絵画などの著作物が小さく写り込んだ場合や、屋外で映像撮影中に街頭で流れていた音楽がたまたま録り込まれてしまった場合などが対象となる。

　適法となるためには①分離困難性、②軽微性、③著作権者の利益を不当に害しない、という要件をクリアしなければならない。これはわかりやすくいうと、**たまたま、あるいは意図せず（分離困難性）、全体の中で小さな割合で（軽微性）、著作権者の著作物の利用市場を侵食しない（著作権者の利益を不当に害しない）**、という条件をクリアできていれば合法的に利用できるということである。

　逆にいうと、（他人の）著作物が単に識別できるという程度の写り込みではなく、常識的に見てその著作物の表現上の特徴が感じられる場合には著作物の利用になり、これを許諾なしでやると複製権や公衆送信権の侵害となるということでもある。

　この改正を機に著作物の写り込みについては若干ハードルが低くなった印象があるが、**意図的に他人の著作物を被写体の一つに取り入れる、いわば「写し込み」という行為は従来通り許されていないと解すべきだろう。**その意味では従来とは大きく変わってはいない。ただし、撮影時の不注意等により、偶然、他人の著作物が写り込んでしまいクレームがついた等の場合、こ

の第30条の2は、それなりに有効な規定となるだろう。

またこの規定は対象を著作物に限定しているので、肖像権や商標権などの他の権利を持っているものについては別途慎重な配慮が必要なことはいうまでもない。

2. アウトドア編

特にアウトドアでの広告写真や映像の撮影では、前景で扱われるタレントや商品などのメイン素材には充分な法的配慮を行うが、その背景処理については曖昧な判断となっていることがある。また白黒を言い切れるだけの「法整備」もなされていないことも事実である。

そこでここでは広告写真・映像の背景に潜む権利について取り上げる。どのような部分にどの程度の配慮を行うべきか、様々な素材ごとにまとめてみた。

(1)通行人、群集などの一般人

広告の実務上、この肖像権の問題が最も悩ましい。背景に写っている「通行人」について、個人を特定できるようならば肖像権の問題が生じる。そんな場合はその本人から許諾をもらうことが必要である（未成年の場合は親の許諾が必要）。

逆に個人を特定できなければ問題ない。例えば「群集」を撮影する場合に、手前にいる（顔のわかる）人物のみエキストラを起用しそれ以外はアウトフォーカスする、群集全体を逆光で写して顔を影でつぶす、あるいはCG加工でぼかす等の方法があろう（ただし写真や映像を加工する場合は著作者人格権等の問題が生じるのでカメラマンへの許諾は必要）。

(2)街中にある美術や建築物

街路・公園等やビルの外壁など屋外に恒常的に設置されている美術の著作物や建築の著作物は原則的には自由に使用できる（著作権法第46条）。例えば公園に設置された銅像やモニュメント、寺院など建築の著作物等を広告写真・映像に使用することは一般的には問題ない。ただし**建物を使ったイルミ**

ネーションや最近流行のプロジェクションマッピングなどは別の創作的表現（著作物）と考えるべきであり、「屋外の場所」に設置されていても「恒常的に設置」されているとはいえないため第 46 条の適用はできないと思われる。なおデパートのショーウィンドー内にある版画等も外から誰でも見ることが可能だが「屋外」とはみなされないので注意が必要である。

　また撮影場所によってはその場所の所有者・管理者の権利が主張される。国立西洋美術館の前庭にある「考える人」（著作権は既に切れているが）や東京ディズニーランドの景観等で「施設内、営利目的での撮影禁止」とされている場合、その主張は各施設の所有権・管理権に基づいている。従って東京ディズニーランドの敷地外から撮られた風景写真に仮に「シンデレラ城」が写っていたとしても問題はないだろう。「かえでの木の著作物性事件（東京地裁／ 2002 年）」では、勝手に撮影された「かえでの木」の所有者が所有権侵害を主張したが退けられた。

▶ **かえでの木の著作物性事件**　　（東京地裁／ 2002 年 7 月 3 日判決・請求棄却（確定））

　高さ15メートル、独特の美しさで観光名所にもなった長野県池田町の「かえでの木」の所有主が、許可なく写真を撮影し、書籍の出版をしたのは、所有権侵害で不法行為に当たるとして、カメラマンと出版元のポプラ社に対し、出版差止めと 330 万円の損害賠償を求めた訴訟は請求が棄却された。

　飯村敏明裁判長は「所有権は、有体物としてのかえでを排他的に支配する権能に止まるのであって、撮影した写真を複製したり、複製物を掲載した書籍を出版したりする排他的権能を包含するものではない」として、主張を退けた。

（日本ユニ著作権センター Web サイトより）

かえでの木 (出典：裁判所Webサイト)

(3) 誰もが知っている著名な建造物

　特に広告業界では、「東京タワー」や「東京スカイツリー」などの有名な建造物、あるいは京都や奈良の神社仏閣等の写真を広告利用する場合は、その使い方によっては後からクレームが付く可能性があり、業界の商慣習としては事前に許諾を得ることが多い。また場合によっては使用料を徴収されることもある。

　しかし先ほど触れたように、仮にこれらが著作物だったとしても著作権法第46条でその使用は認められている。では各所有者はどのような法的根拠のもとに権利主張しているのか。

　おそらくその**根拠は所有権、商標権**（東京タワーなどは立体商標でも登録）、**不正競争防止法やパブリシティ権などだが、法的に権利侵害が認められる場合はかなり限定的である。**敷地外から撮られたものであれば所有権の問題は生じず、商標的使用、または自らの商品表示や営業表示としての使い方でなく、あくまでも背景の一部程度の使用であれば法的には問題はないだろう。また「モノや動物」に対するパブリシティ権は既に最高裁によって否定されている。

　しかしそれらの建造物を広告のメイン素材に使うなどして、その建造物自体の広告に見えるくらいの扱いとした場合は、不正競争防止法に抵触する可能性も生じる。いずれにしてもその境界線は非常に曖昧なので、広告業界においては「念のために許諾を得る」ことが慣習化していることも事実である。

(4) 風景や街並

　著作権上はまったく問題ない。しかし街並の中にマンションが写っていて、そのベランダに洗濯物が干してあったところ、その住人からプライバシーの侵害でクレームがついたという事例はある。個人の住宅にかかわるものは事前許諾を取っておいたほうが良い。またクルマのナンバープレートなどにも注意したい。

(5) 看板、大型ビジョン、デジタルサイネージ

　これらOOH（Out Of Home）メディアと呼ばれるものには通常のグラフィック系広告同様、様々な権利物が含まれていることが多い。背景の一部であっ

ても、その看板の内容が明確に視認できる場合、あるいはそれを強調するような使い方をする場合には、看板内の各素材の持つ権利（商標権・著作権・肖像権等）をクリアしておいた方が良いだろう。タレントなど著名人の肖像が含まれている場合は特に注意を要する。

（6）クルマ、列車、船、航空機

　これらの乗り物も風景の一部なら自由に使える。ただし例えばウィスキーの広告で、ウィスキーのボトルを前景に置き、背景にロールス・ロイスを配した写真などは、自己の商品の販売のためにロールスの名声にフリーライド（ただ乗り）したと解釈され、不正競争防止法に抵触する可能性はある（実際にドイツであった判例）。なお、これらのモノに意匠権があったとしても意匠権侵害となる利用の仕方ではないので問題はない。

　また「バス車体のペイント画事件（東京地裁／2001年）」では、路線バスに施されたデザインは「屋外に恒常的に設置された美術の著作物」として自由に利用できる、とされた。

▶バス車体のペイント画事件　　（東京地裁／2001年7月25日判決・請求棄却（確定））

　市営バスの車体に描いたペイント画を児童用絵本に使ったのは著作権の侵害として、ペイント画を描いた画家が永岡書店（東京）に300万円の損害賠償を求めた訴訟で、東京地裁は請求を棄却した。

　著作権法は「屋外に恒常的に設置されている作品は自由に利用できる」と定める一方で「販売目的では利用できない」としており、この規定をめぐる初の司法判断となった。

　飯村敏明裁判長は「屋外の作品の著作権を制限なく認めると市民の行動の自由が抑制されすぎる」と指摘。「ある程度の間、いろんな人が見ることができる状態」を「恒常的設置」との判断を示し、バスのペイント画もこうした美術の著作物だと認定した。その上で、絵本の表紙について「自動車の一例として掲載した」として、販売目的で掲載したとする画家の主張を退けた。

（日本ユニ著作権センター Web サイトより）

3. インドア編

　部屋の中は著作物という地雷に満ちている。インドアの場合はアウトドアと異なり、通行人や乗り物など偶然に写り込んでしまう素材というものは通常考えづらい。また著作権法第46条のような権利制限も基本的に働かない。従ってアウトドアの場合に比べると、より緻密で計画的な対応が求められる。

　インドアを想定した広告写真・映像の多くはスタジオ撮影となり、撮影小物等もスタイリストが念入りに選択、調達、配置することになる。しかし状況によっては実際の個人の部屋などを使用することもある。実際の部屋の中は著作物の宝庫であり、その分だけリスクも多い。くれぐれも注意したい。

(1) 絵画、写真、骨董品、生け花

　これらは著作物である可能性が高い。その内容が明確に認識できるようなら、著作権（複製権）の侵害となる可能性があり、権利者の許諾が必要である。「照明カタログ『書』複製事件（東京高裁／2002年）」では、照明器具のカタログ写真に写っていた「書」（和室の中の掛け軸）が問題となった。書は通常、「美術の著作物」とされているが、この裁判では写真内の「書」に関して「筆の勢いや抑揚など微妙な美的要素が直接感得できるレベルの再現には至っておらず、著作物を複製したとまでは言えない」とされた。

　実際の部屋を利用する場合で、**本当に偶然、予期せぬ著作物が写ってしまった場合、著作権の制限規定「付随対象著作物の利用（著作権法第30条の2）は結構頼もしい。**これは簡単にいうと、広告映像等の中にたまたま他の著作物が写り込んでしまった場合は著作権侵害にならないという規定である。ただしこれを意図的に行うことは許されないので注意が必要である。

▶ **照明カタログ「書」複製事件**　　（東京高裁／2002年2月18日判決・
控訴棄却、拡張請求棄却（上告））

　「雪月花」と書いた自分の作品が無断で撮影され照明カタログに掲載され、氏名の表示もないと照明会社とカタログ制作会社を、書家が訴えた裁判の控訴審。第一審で敗訴した複製権、氏名表示権、同一性保持権侵害に加え、翻案権侵害の請求へも拡張した。

原物の掛け軸は住宅会社のモデルハウスに配置されていたもので、その和室で撮影され該当のカタログ紙面に写り込んだ各文字の大きさは、縦5～8ミリ、横3～5ミリ程度で、墨の濃淡等の表現形式が再現されているとの断定は困難なものであった。「書の著作物としての創作的な表現部分が再現されていない」ので、複製には当たらず、書を写真で再製したカタログは別の著作物を創作するような翻案という行為にも当たらないとして、高裁は控訴請求を棄却した。

（日本ユニ著作権センター Web サイトより）

（出典：裁判所Webサイト）

(2) 壁のポスターやカレンダー

　これらはそれ自体が著作物である場合、また、そこに写真やイラストなどの著作物が含まれている場合、それぞれについて壁の絵画などと同様の配慮が必要となる（特にストックフォトについては各ライブラリーが厳しく目を光らせている）が、さらにその中に人物が含まれている時は写真の著作権とは別に肖像権の問題もクリアしなければならない。

(3) 何気なく置かれた書籍や雑誌、英字新聞

　単に書籍、雑誌、新聞であることが識別できるレベルであれば問題ないが、そこに掲載されている写真やイラスト、文章などが感得できるような場合は著作権や肖像権の問題が生じる可能性がある。CG加工して内容が識別できないようにするか、別の小物を重ねて特徴的な部分を隠すなど、それなりの配慮をしておいたほうがよいだろう。

　同様の配慮がワインやウィスキーのボトルラベル等にも必要となる。なお書棚に並べられた書籍の背表紙だけなら問題はないだろう。

(4) 家電、照明器具、家具等の実用品

　これらの実用品は通常、著作物ではない。従って単にモノとしてなら問題なく使用できる。**仮に意匠権で保護されるモノであったとしても意匠権を侵害する使い方ではないので問題ない。**ただしこれらに貼付された商標やロゴには注意したほうがよい。

　家具などで機能性よりも創作性（美的鑑賞）に比重の置かれた美術工芸品に属すようなものは、「美術の著作物」として著作権を主張される可能性があるので注意が必要である。**「仏壇彫刻事件（神戸地裁／1979年）」**では仏壇彫刻に対する著作物性が認められた。

▶ 仏壇彫刻事件　　　　（神戸地裁／1979年7月9日判決・請求一部認容、一部棄却（確定））

　　本件は、原告が仏壇の内部を飾るための彫刻の原型（以下「本件彫刻」）について著作権を主張し、この彫刻を原告に無断で複製し、販売、頒布乃至展示した被告に対して、損害賠償と差止を求めた事案である。
　　争点は、本件彫刻の創作性及び、美術性（著作権法による保護の有無）、である。判決は、まず本件彫刻の創作性について、本件彫刻は、原告の独自の着想により仏教美術の一部に属する仏壇装飾につき感情を創作的に表現したものということができるとして創作性を認めた。次に、本件彫刻の美術性については、本件彫刻が応用美術に属するものであることから、著作権法による保護の有無が問題となるところ、工業上画一的に生産される量産品の模型あるいは実用の模様として利用されることを企図して製作された応用美術品であっても、これが形状、内容及び構成などに照らして純粋美術に該当すると認められる程度の高度の美的表現を有する時は、美術著作物として著作権の保護の対象となる、との基準を示した。その上で本件彫刻は、仏壇の装飾に関するものであるが、表現された紋様、形状は仏教美術上の彫刻の一端を窺わせ、それ自体美的観賞の対象とするに値するものであり、専ら美的表現を目的とする純粋美術と同じ高度の美的標章であると評価し得るから、著作権法の保護の対象である美術著作物に該当すると判断し、被告による複製を肯定して、差し止め及び損害賠償の一部を認めた。

（日本ユニ著作権センター Web サイトより）

---

(5) 料理やお菓子、観葉植物

　料理やお菓子類、観葉植物なども通常は著作物ではないが、美的鑑賞を意

識した創作料理など純粋美術に近いものもあり、場合によっては著作物となりうる。また観葉植物も、家電や照明器具同様に実用品の類と考えられるが、生け花などは著作物となるので要注意である。

(6) ブランド物のバッグ、時計、万年筆

たまたま小道具の一つにブランド物があるという程度であれば問題ないと考えられるが、そのブランドに依拠して独自のイメージを創ろうとしているような場合は、他人の名声への「フリーライド（ただ乗り）」と解釈され、不正競争防止法上のクレームがつく可能性がある。

このことは、必ずしもブランド品に限ったことではなく一般的な実用品についても同様。かねてより広告業界では、無用なクレームを少しでも避けるため、撮影時の小道具についてはメーカー名やその製品ならではの特徴的な部分を見えないようなアングルを選んだり、撮影後にCG処理でぼかしてしまったりすることが多い。あるいはどうしてもそのまま使いたい場合は事前に許諾を得る（その場合は「撮影協力：○○○○○」等のクレジットを入れることが多い）等々、広告業界では必要以上に慎重になる傾向が強い。

しかし法的にはこれらのモノには著作権もないし、商標的な使用でもないので問題はないはずである。

(7) キャラクター物は「地雷」そのもの

一般的に、ぬいぐるみや人形、フィギュア等については実用品であって著作物ではないとされている。「偽『ファービー』人形販売事件（仙台高裁 2002年）」「食玩フィギュアの著作物性事件（大阪高裁／2005年）」等の判決がある。

一方、「博多人形『赤とんぼ』事件（長崎地裁／1973年）」では美術工芸品としての著作物性が肯定されており、また、ディズニーキャラクターなど、その原型が漫画である場合は「美術の著作物」と判断されるのが一般的である。

なお、カーテン、クッション、テーブルクロス、カーペットなどのテキスタイルについても、その表面のデザインが単なる模様ではなく、キャラクター、漫画、イラスト等がモチーフとなっていれば「美術の著作物」としてみなされる可能性が高い。また登録商標となっている場合もあろう。その他、食器や各種小物にキャラクター等が描かれたファンシーグッズなども同様で

ある。**感得できる度合いにもよるが、キャラクター物は「地雷」そのもので
あり、十分な注意が必要である。**

いずれにしても、これらのものは広告写真・映像における背景使用が前提
であり、メイン（前景）での使用については避けておくべきであろう。

▶偽「ファービー」人形販売事件　（仙台高裁／2002年7月9日判決・控訴棄却（確定））

　　電子ペット「ファービー」の模造品を販売したとして著作権法違反に問われ
た大阪市の玩具販売会社と同社役員、仙台市の玩具小売業者と同社元役員に対
する控訴審判決で、仙台高裁は一審山形地裁の無罪判決を支持し、山形地検の
控訴を棄却した。

　　松浦繁裁判長は「ファービーのデザインは美術鑑賞の対象となるだけの審美
性はなく、著作権法が保護する美術の著作物に当たらない」とした。

（日本ユニ著作権センター Web サイトより）

▶食玩フィギュアの著作物性事件　（大阪高裁／2005年7月28日判決・控訴棄却（確定））

　　フルタ製菓が製造・販売する菓子類のおまけとなる各種フィギュア（チョコ
エッグ、妖怪シリーズ他）の模型原型を製造した海洋堂は、「菓子の製造数量を
過少報告し、未払いのロイヤルティがある」とフルタ製菓を訴えていたが、そ
の訴訟の控訴審。高裁は、「妖怪フィギュアの模型原型は応用美術に該当する」
との判断を示し、ロイヤルティ及び約定違約金合計約1億6000万円の支払い
を命じた原審を支持し、控訴請求を棄却した。

（日本ユニ著作権センター Web サイトより）

▶博多人形「赤とんぼ」事件　（長崎地裁／1973年2月7日決定・申立認容（抗告））

　　本件は、通称博多人形と呼ばれる人形（「本件人形」）につき著作権を持つと主
張する債権者が、この博多人形とそっくりそのままの形、採色をした人形を模
作し、これを販売した債務者らに対して、本件人形の複製、複製物の頒布等の
停止を求めた仮処分の事案である。争点は、本件人形の著作物性である。

判決は、著作物とは思想感情の創作的表現でなければならないが、本件人形は、同一題名の童謡から受けるイメージを造形物として表現したものであり、その姿態、表情、着衣の絵柄、色彩から観察してこれに感情の創作的表現を認めることができ、美術工芸的価値としての美術性も備わっているとし、また、美術作品が産業上利用されることを目的として製作され、量産されたことのみを理由としてその著作物性を否定する理由はなく、本件人形について意匠登録が可能であるとしても、意匠と美術的著作物の限界は微妙な問題で、両者の重畳的存在を認めることは可能であるから、著作権法の保護の対象から除外すべき理由はないとし、本件人形は著作権法上保護されるとして、債務者による著作権侵害を認めた。

(日本ユニ著作権センター Web サイトより)

4.　その他の要注意素材

　広告表現には様々なビジュアル素材が使われる。そんな中で誰でも知っている記号的素材は、そのまま、あるいはある種の"もじり"や"パロディ"として改変して使用されることにより、馴染みやすく、わかりやすく、またアテンション効果もあるのでコミュニケーション効率が高まることがある。

　そしてこれらには、何らかの権利が働くもの、働かないもの、どちらともいえないもの、または別の法規制等によって使い方が限定されているものもある。そんな微妙で気になる素材達を取り上げてみた。一つひとつ検証を加えてみたい。

(1) 一歩間違うと権利侵害となってしまう素材

■各種アイコンや一般的なピクトグラム

　従来、このような単純な形状のものは著作物として認められづらいとされていたが、昨今はそのデザインも多様化しており一概には言えない状況となっている。また商標登録されているものもある。

「大阪市ピクトグラム事件 (大阪地裁／ 2015 年)」では大阪城などのピクトグラムに対する著作物性 (美術の著作物) が認められた。

　従って、これらのものを広告利用する場合はその管理団体に許諾を得る等、実務上何らかの権利を持つものとして対処したほうが安全だろう。

　なお、非常口、障碍者、禁煙等の公共空間で使用されるピクト類は、その

公共性故に基本的に自由に使える（131頁を参照）。

▶ **大阪市ピクトグラム事件** （大阪地裁／2015年9月24日判決・請求一部認容、一部棄却））

　大阪城、通天閣などの問題となったピクトグラム（案内板や案内図に用いられる著名建造物等を絵柄図柄で表したもの）の著作権を得ていると主張するデザイン会社が、大阪市等に対して、使用許諾契約期間終了後も観光案内冊子等に無許諾使用したとして、その抹消・廃棄と、総計1000万円以上の損害賠償金等の支払いを求めた事件。

　裁判所は、原告の多岐にわたる請求の多くを退け、被告大阪市に対して、大阪市の要請に応じて原告が行った3点の修正に対する支払い22万円のみを命じ、大阪市に対するその余の請求および被告財団法人大阪市都市工学情報センターに対する請求を棄却した。ただ本件ピクトグラムの著作物性については、いわゆる応用美術の範囲に属するものだが、それが実用的機能を離れて美的観賞の対象となりうる美的特性を備えている場合は美術の著作物として保護の対象となり、本件はそれにあたるとして、19点の本件ピクトグラムを著作物であると認めた。
（日本ユニ著作権センターWebサイトより）

▼大阪地裁が著作物性を認めたピクトグラム（抜粋）

大阪城　　　海遊館　　　WTCコスモタワー　　　ATC

（出典：裁判所Webサイト）

■ トランプのカードデザイン

　まず表面のA（エース）から10までのカードフェイスは、どんなメーカーのものであってもほぼ同じデザインになるので著作物ではないだろう。しかし、ジャック、クイーン、キング、ジョーカーのような図柄に創作性やオリジナリティのあるものは著作物とみなした方がよい。従ってこれらの一部分に手を加えてパロディ化する場合はもちろん、そのまま使用する場合もそのトランプメーカーへの許諾は必要であろう。

　なお、裏面デザインについてはケースバイケースだが、単純で幾何学的な

模様のものは別とし、絵画的な創作性のあるものは著作物とみなして対処した方がよいだろう。

■雑誌、映画、番組のタイトル

　特に誰もが知っている有名な雑誌、映画、番組等のタイトルはアテンション効果も大きく、パロディの対象などに使いたくなる素材である。またこれらは一般的には著作物ではないとされており（ただし俳句や短歌などに準じた創作性を持っている場合を除く）、無断で使用したとしても著作権上は問題とはならない。

　しかし、商標登録されているものや、有名な雑誌や番組のタイトルで商品表示または営業表示と見なされるものを無断使用すると商標権侵害や不正競争防止法に抵触する場合もある。

　「マンション名"ヴォーグ"事件（東京地裁／2004年）」では「ラヴォーグ南青山」というマンション名を付けた不動産会社が世界的に著名なファッション誌「VOGUE（ヴォーグ）」から訴えられ不正競争防止法違反とされた。事前の調査や確認が必要であろう。

▶ **マンション名"ヴォーグ"事件**　（東京地裁／2004年7月2日判決・請求一部認容、一部棄却（控訴））

　世界的に著名なファッション誌「VOGUE（ヴォーグ）」の発行元などが、マンション「ラヴォーグ南青山」を分譲した不動産会社を相手に、同誌のロゴと似たアルファベットやカタカナ交じりの標章の使用差止めなどを求めた訴訟の判決で、東京地裁の高部真規子裁判長は「雑誌と関係があると誤信させるもので、不正競争防止法違反に当たる」と認め、同社に標章の使用禁止と4750万円の損害賠償の支払いを命じた。　（日本ユニ著作権センター Web サイトより）

■新聞記事（紙面）

　現在、ほとんどの新聞記事は言語の著作物とされている。また新聞社の社員が職務上作成する法人著作であり、通常は新聞社が著作者として著作権を持つことになる。

　したがって、仮に広告主に関連する記事だったとしても、決してその広告主の広告に自由に使えるわけではない。また記事のキリヌキを視覚的に使用

する場合は、写真が含まれていれば写真の権利、さらに扱い方によっては編集著作権等もクリアさせる必要がある。

　新聞社に対し、どの記事をどのように使いたいかをキチンと説明した上で、有償による使用許諾が必要となる。

（2）広告では無視できないグレーゾーン権利の素材

■法的根拠は曖昧だが勝手に使うとクレームがつく可能性のある素材

　広告の素材には、法的根拠が今一つ明確でないまま、勝手に使うとクレームがついたり、事前許諾や使用料徴収が慣習化されていたりするものがある。いわば使う側と使わせる側の許諾関係が暗黙のうちに成立している素材である。

　例えば誰もが知っている有名な建造物や神社仏閣を広告写真に使うことや物撮り撮影の際に小道具としてブランド品のバッグや時計、万年筆を使うことなどが典型である。

　そんな素材が持つ（あるいは持つかもしれない）権利の総体をここでは「グレーゾーン権利」と言いたい。数年前から「疑似著作権」という概念があるが、これよりやや広い概念かもしれない。

　法的な白黒もさることながらクレームがつくかどうかが重視され、表現の自由よりも広告主の立場を重んじなければならない広告実務では、そんなグレーゾーン権利への対応も大変重要となる。そしてこれらを無頓着に扱わないことが、地雷を踏まずに済む確かな安全策なのである。

　これらの素材を広告利用する場合は、関係筋の規定を確認する、事前の許諾を得る、クレジットを入れる、一定の謝礼を払う等、無用なクレームを避ける意味でもできるだけ丁重な対応が必要とされる。

　そんなグレーゾーン権利素材には、先ほど触れた、広告写真・映像で使われる有名な建造物やブランド品以外にも以下のようなものがある。

■オリンピックやワールドカップ関連の用語

　かつて JARO（日本広告審査機構）からこんなリリースがあった。「商業広告で 2020 年のオリンピック東京大会を想起させる表現は、**アンブッシュ・マーケティング（いわゆる便乗広告）として不正競争行為に該当する恐れがあり、**

JOC（日本オリンピック委員会）等から使用の差し止め要請や損害賠償請求を受ける可能性がある。」

公式スポンサーは、五輪マークや大会名称などが自由に使用できることと引き換えに高額な協賛金を提供する。そしてこの協賛金によって大会の運営等がなされている。従って、一般の企業があたかもスポンサーのように振る舞うことは便乗広告として許されない、という趣旨であろう。まったく異論はない。

JOC は、アンブッシュ・マーケティングとなる恐れがあるとする表現例をいくつか紹介している。例えば「東京オリンピック・パラリンピックを応援しています」や「祝 2020 年オリンピック・パラリンピック開催決定」、「オリンピック開催記念セール」などである。

しかし驚くべきは「東京」と「2020 年」の 2 つのフレーズをセットもしくは単体で使用することも不可としていることである。むろん前後の文脈にもよるのではあろうが、あまりにも拡大運用ではないだろうか。

この主張の根拠は商標権と不正競争防止法のようである。確かに多くのオリンピック関連用語が商標登録されている。しかし**商標権の侵害とは、簡単にいえば他人の登録商標を自分の商品名等に使って出所の混同を生じさせることである。つまり商標的使用でなければ侵害ではない。**

また不正競争防止法上への抵触についても、その使い方が「商品表示や営業表示」に該当しなければ違法性は構成しないはずである。

広告実務においてしばしば悩まされるのは「記述的な使用」である。例えば文章中に単に「オリンピック」という競技を示すためだけに「オリンピック」と表記することはどうなのか。この場合は商標的使用とはならずなんら法的問題はない。しかし広告関係者の多くはこのような場合であっても NG と思い込んでいるのが実態である。

もっとも JOC にしてもこれらのフレーズ使用を闇雲にダメだと言っているわけではない。とにかく相談してほしい、というスタンスなので、まずは相談することが望ましい。いずれにしても広告においては勝手な判断で使うことは避けておいたほうがよいだろう。

■ノベルティに使われた有名ブランドバッグ

広告業界では、有名ブランドのバッグなどを広告写真の背景に小道具として配置することと同様に、著名ブランドの商品をキャンペーンのノベルティ等に利用することについても慎重に対応することが要求されている。ブランド品のみならず、一流ホテルの宿泊券や食事券、著名旅行会社の海外旅行等をノベルティ利用する場合も、その企業の広報部門等に対して事前許諾を得ることが商慣習となっている。

　単に著名なブランド品を景品として選定し、その告知を広告で行ったとしても、「自己の商品等の表示として使用」したことにはならない。しかし例えばそのブランド名や写真を大きく扱って、そのキャンペーンがそのブランドが実施するもののように見えたり、そのブランドの高級感に便乗したキャンペーンイメージを狙っているように見えたりする場合は、他人の名声にフリーライドしているということで不正競争防止法違反を指摘される可能性はある。事前に許諾を得ておいたほうが安心だろう。

■他人の社名や商品名

　これらも商標権に絡む問題である。商標権侵害は他人の商標を自らの商標のように使うことが前提となるが、単に文章中に使用するだけなら侵害ではない。ただしその商標を保有する企業は、その商標が普通名称化することを恐れるので安易に使うとクレームがつく可能性はある。

　したがって、**できるだけ一般名称を使うことが望ましいし、あるいはどうしても他人の商標を使いたい場合は「○○○は○○○社の登録商標です。」等のクレジットを入れるなどの配慮はしておいたほうがよいだろう。**

■他人がまとめた貴重なデータや素材など

　著作権法では単なる事実やデータは著作物ではないとされており、著作物でないのであれば原則的に自由に使えるはずである。これは理屈としては正しい。しかし場合によっては、勝手に使うとクレームがつく可能性はある。

　例えば「ランキングデータ」等、仮に著作物性はないとしても、**その企業がそれなりの労力や財力を駆使して蓄積した事実情報は、一定の財産価値を持つと考えられる**（EUなどではスイ・ジェネリスの権利と呼ばれている）。したがって、特に保有者がその情報について無断使用を禁じているような場合、

これを勝手に使えば民法上の不法行為とみなされる可能性は否定できない。充分な注意が必要であろう。

「ネット記事の見出し複製事件 (知財高裁／2005年)」においては、ネット記事の見出しに対する著作物性こそ認められなかったが「本件見出しは、控訴人の多大の労力・費用をかけた報道機関としての一連の活動が結実したものといえること、著作権法による保護の下にあるとまでは認められないものの、相応の苦労・工夫により作成されたものであって、簡潔な表現により、それ自体から報道される事件等のニュースの概要について一応の理解ができるようになっていること、YOL (YOMIURI ONLINE) 見出しのみでも有料での取引対象とされるなど独立した価値を有するものとして扱われている実情があることなどに照らせば、YOL 見出しは法的保護に値する利益となり得るものというべきである。」として一定の財産的価値を認めた。

▶**ネット記事の見出し複製事件**　　　　　（知財高裁／2005年10月6日判決・変更）

　　インターネット上の記事の見出しを別のサイトに無断で使われたとして、読売新聞社がサイト運営会社「デジタルアライアンス」に計2480万円の損害賠償を求めた訴訟の控訴審判決があった。塚原朋一裁判長は読売側の請求を全面的に棄却した一審・東京地裁判決を変更、「無断かつ営利目的で見出しを使い、社会的に許される限度を超えている」としてデジタルアライアンス社の不法行為を認め、約24万円の損害賠償を命じた。
　　著作権侵害については一審同様、「訴訟で問題となった見出しには創作性がない」としたが、「ニュースの見出しは創作性を発揮する余地は少ないが、表現次第では創作性を認める余地がある」とも指摘した。

（日本ユニ著作権センター Web サイトより）

---

(3) 特定の法規制等で管理される素材

　誰でもよく知っているが故に目に留まりやすく、また馴染みやすい。そんな記号性の強い素材を上手にパロディ化したりすると広告のアテンション効果が高まる、そんな素材として以下のようなものがある。これらには固有の法規制で制限されているものもあるので使い方には注意したほうがよいだろう。

■国旗のデザイン

外国国旗については、不正競争防止法は商標として使うことを禁止しており、商標法では商標登録が認められていない。

逆にいえば商標としての使用でなければ問題はないので、**デザイン素材や装飾として広告やイベント会場等の演出で使うことは可能である。**ただし、その広告商品やサービスが外国政府関与のもとに提供されていると誤認を生じさせる使い方は不可とされており、また商品の原産地を誤認させるような使い方も「不当表示」として景品表示法、不正競争防止法で禁じられている。

さらに使用する意図が明確かつ健全であること、国の尊厳を傷つけるような使い方をしないこと、変形させないこと、また複数国の国旗を使う場合はその順序や組み合わせに注意すること、以上のことに配慮をしなければならない。当然、広告でのパロディ使用は避けておいたほうがよいだろう。判断に迷うようであれば当該国の大使館に問い合わせるのが望ましい。

■赤十字のマーク

緊急や救援のイメージ、ヘルプイメージ等を伝えたい時など、赤十字マークは非常にわかりやすく、またアテンション効果も高いので、ついつい使いたくなる素材である。

しかし実はこのマークは、**「赤十字の標章及び名称等の使用の制限に関する法律」**というジュネーブ条約に基づく法律で厳格に規定されており、特定の組織（赤十字社と自衛隊の衛生部隊など）以外では使えないことになっている。また商標登録もできない。

以前、NEXCO中日本などが配布した高速道路の集中工事告知チラシのイラスト内にこの赤十字マークが使用されていたところ問題となり、約100万枚を回収し作りかえたというトラブルがあった。

これが白地に赤ではなく他の色を使用する場合は「赤十字」とはならないので対象外となる。詳しくは日本赤十字社へ。

■公共空間で使用されるピクトグラム

ピクトグラムについてはアイコン同様、著作物性があるかどうかは一概に言えない。しかし、鉄道、空港、ショッピングモール等の公共空間で使用さ

れるお馴染みのピクトはその公共性故、基本的には誰でも使うことができる。

　これらのピクトは1964年の東京オリンピックの際、言語のコミュニケーションが難しい外国人と日本人の橋渡し的な役割で開発され使用されてきた。現在は約140種類があるが、2020年東京オリンピック・パラリンピックに合わせて、国際標準化機構 (ISO) 規格に揃え7種類を変更、15種類を追加することになっている。なお、所管は経済産業省である。これらのピクトはそれぞれの規定に従って自由に使うことができるが、改変したりパロディ利用したりする際は許諾を得たほうがよいだろう。また商標登録することはできない。

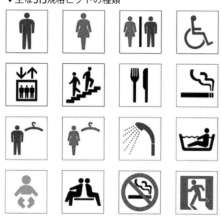

▼主なJIS規格ピクトの種類

■ 道路・交通標識

　交通標識は国土交通省の政令により定められており、また著作権法第13条では、政令により作成されたものは（それが仮に著作物であったとしても）著作権が働かないとされている。従って、これらの標識を勝手に作って道路に設置するなど本来の標識との誤認や混同を生じるような使い方さえしなければ、自由に使用できると考えられる。またパロディについては公序良俗に反するようなものでなければ、ある程度、許されるだろう。

■ 紙幣の写真

　通貨に関連する主な法律としては「刑法148条（通貨偽造罪）」と「通貨及

証券模造取締法」がある。前者の場合は行使の目的、つまり偽造した通貨を実際の通貨として流通させる等の意思がなければ抵触しないが、後者の場合はそのような意思の有無に係わりなく模造（紛らわしい外観のものを作成）しただけで直ちに違法となる。

例えば紙幣の写真を広告に使用した場合、**本物の紙幣との「紛らわしさ」次第では通貨及証券模造取締法に抵触することとなる。**もっともその法的基準は必ずしも明確でなく個別具体的に判断することになるが、過去の判例等から考慮するとサイズを拡大・縮小しただけでは「紛らわしさ」をクリアできたとはみなされないようである。

どうしても広告に使いたい場合は、赤い文字で「見本」と大きく刷り込むことが必要であろう。いずれにしても財務省は通貨の尊厳を保つという観点から広告使用は慎むよう指導をしているとのこと。なお、紙幣の広告利用については媒体社サイドでの規制もあるので注意が必要である。

また、紙幣の画像データをWebサイトやブログに掲載しただけなら通貨及証券模造取締法に抵触することはなく、掲載した画像を印刷した場合に同法に抵触する可能性が生じることになる。

■切手のデザイン

広告等への使用には**「郵便切手類模造等取締法」**によって総務大臣の許可が必要だが、運用上、一定条件さえクリアされれば「許可申請し許可された」とみなされる。

その条件とは、①切手の角に一定の方法で直線を入れる、②長辺を96mm以上または17mm以下にする、③黒一色で印刷する、④切手に「模造」等の文字を入れる、⑤紙以外の材質で作る、等の中から一つを選択すればよいことになっている。詳細は総務省Webサイトを確認いただきたい。

また紙幣の場合と同様に、切手の画像データをWebサイトやブログに掲載しただけならこの法律に抵触することはなく、掲載した画像を印刷した場合に抵触する可能性が生じることになる。

また漫画のキャラクターや絵画・写真など、独立した著作物が含まれている場合、あるいは切手の絵柄だけを使用する場合は著作物の利用に該当するので総務省への確認が必要であろう。

Ⅶ. シンボル開発とパロディ

この章のポイント

　前章まではテレビ・ラジオ広告、新聞・雑誌広告、各種ポスター、交通広告、デジタルサイネージ、パンフレットやカタログ、インターネット広告、ラジオ・テレビ CM、動画広告など、いわゆる広告と著作権、あるいは他の知的財産権との関わりを見てきた。
　この章では、シンボルマークやパッケージデザイン、また製品自体のデザイン、そしてそれらに関するパロディについて、主に商標権や不正競争防止法との関連性を踏まえながら、どのようなリスクやトラブルがありえるか、どのようなことに注意すべきかをまとめてみた。

1.　シンボルマーク、パッケージデザインの類似に注意

　商品名、ロゴタイプ、シンボルマークなどは著作物になりえないことが多い。しかし商標登録されていれば商標権、周知・著名なものであれば不正競争防止法で保護される可能性があることは先に触れたとおりである。

　不正競争防止法が禁止する「周知表示混同惹起行為（第2条1項1号）」は、他人の周知な商品等表示と同一または類似の表示を使用し、他人の商品または営業と誤認混同を生じさせる行為、とされている。

　要するに他の企業が使っている商品やその企業を表わすワードやマークなどで、よく知られているものと同じもの、または似ているものを勝手に使って、それらの商品や企業の表示と見分けがつかなくなるような行為をしてはならない、ということである。

　商標権の場合は、ある登録商標について権限のない者がその登録商標と同一または類似の商標を、その登録商標と同一または類似の商品・サービスに使用し、出所の混同を生じさせることが侵害行為となり、いわば侵害の範囲が限定されている。ところが**不正競争防止法ではこの範囲が非常に曖昧であり、仮に業界や業種、商品やサービスが異なっていたとしても誤認混同とみなされる可能性がある。**

142

さらに不正競争防止法が禁じている「著名表示冒用行為（第2条1項2号）」に至っては出所混同を問わない。誰でも知っている他人の著名表示を自分の商品等表示として使った場合、たちどころにアウトとなる可能性がある。

　広告制作の一環で、商品名、ロゴタイプ、シンボルマークの開発、製品パッケージのデザイン等を行うことは多いが、結果的に**よく知られた他人の表示と紛らわしいものが出来上がってしまった場合は不正競争防止法の問題が浮上すると考えておくべきである。**

　上記のような制作アイテムはある種の記号として、いかに視る者に対して強い印象を残すことができるかが問われる。形も簡潔かつ単純なものが求められるし、カラーリングも青とか赤とか明快で再現性の高いものが求められる。要するにシンプルなものが要求されることになるのだが、実は**シンプルであればあるほど類似したものが存在する可能性が高まることになる。**その結果、決して意図的に模倣したわけでもないのに他社からクレームがついたり、盗作だとかパクリだとか言われたりすることになる。

2.　トラブル事例を検証する

　では具体的にどの程度の類似が問題視されることとなるか。

「『スタバ vs ドトール』類似事件（2000年）」、**「居酒屋チェーン『月の雫 vs 月の宴』類似事件（横浜地裁／2003年）」**では店頭のサインに関する類似が争われた事案であったが、それぞれ両者を横に並べてみた場合、酷似とはいい切れないものがある。しかし特に前者の事案にあっては実際に街頭で誤認混同するユーザーがいたということが、紛争上、大きな引き金になったことは事実である。

　スターバックスとドトールのサインをよく見るとセンターのシンボルのようなものはまったく異なっているが、全体を通じては両者ともにグリーンの円形パターンの中に欧文文字がアールの処理でアレンジされており、印象的にはよく似たものとして認識される可能性は高い。

　これらのようなサイン類の場合は、**デスク上の類似ではなく、街頭の雑多な風景の中で実際に目に入った際の印象類似（特に輪郭形状と色彩）**という観点から、その類似性を検証する必要があろう。

▶「スタバvsドトール」類似事件 （2000年差止申請）

　　ドトール系のエクセルシオールカフェが、誕生当初、スターバックスに一見似たシンボルマークを使用していたため、2000年、スターバックス側が不正競争防止法に基づきシンボルマークの差し止めを求める仮処分申請をした。スタバ側は、「二重の円の間の帯状部分を緑色にして欧文文字を白抜きでアレンジするなど、スタバのロゴと類似し、模倣である」と主張した。さらに消費者から「店を混同した」という苦情もあったとのこと。その後、両社の間で和解が成立し、エクセルシオールカフェがマークの外側の円の色を青に変更することになり現在に至っている。

▶居酒屋チェーン「月の雫vs月の宴」類似事件 （横浜地裁／2003年12月12日提訴）

　　居酒屋チェーン「月の宴」を経営するモンテローザは、「営業について虚偽の事実を言われ、信用を傷つけられた」として、「月の雫」を経営する三光マーケティングフーズに約1億3000万円の損害賠償を求める訴訟を横浜地裁に起こした。
　　両社の間では、三光側が「店名やメニューを真似された」として、モンテローザ側を相手に不正競争防止法に基づく表示の差止めと1億1000万円の損害賠償を求める訴訟が、すでに同地裁に起こされている。今回の提訴で、モンテローザ側は「三光側が『食品の表示が誤っている』『質が低い』などと雑誌上で虚偽の告知をしたことは悪質な営業妨害行為」と主張した。
　　その後、2006年9月に和解が成立。以降は共存している。

（日本ユニ著作権センター Web サイトより）

　一方、パッケージデザインの類似性が問われた判例としては「**アリナミンの類似商品事件（大阪地裁／ 1999 年)**」、「**『ハウス vs エスビー』パッケージ類似事件（東京地裁／ 2002 年)**」などがある。

　後者では、先ほどの「スタバ vs ドトール類似事件」同様、実際に使用される場、つまり量販店店頭等で並んだ際に、やはりカラーリングを中心とした全体の印象が類似しているとのことで、後発のエスビー食品側が退いた形の和解となっている。

　ハウス食品側は、パッケージの字体、文字の色、ひらがな 4 文字の商品名

などが酷似しているということで、当然、著作権侵害も検討したのだろうが、このパッケージデザインの中で著作物といえるものは、せいぜいカレーの写真程度だと思われる。しかし、よく見れば、この写真の構図自体はまったく異なっているので写真の著作権侵害ではない。ということで結局、不正競争防止法で戦わざるをえなかったのではないだろうか。

▶ **アリナミンの類似商品事件** (大阪地裁／1999年9月16日判決・請求一部認容、一部棄却)

　　ビタミン剤「アリナミンA25」を製造、販売する武田薬品工業が、医薬品メーカーの東洋ファルマー（金沢市）製造の「アリナビッグA25」は類似品であり、不正競争防止法違反として、商品名使用差し止めなどを求めた訴訟で、大阪地裁は東洋ファルマーに製造、販売を禁じ、併せて480万円の賠償金支払いを命じた。裁判長は「アリナミンA25」の商品名はマスコミへの宣伝などで著名。東洋ファルマーには武田薬品工業が獲得した信用や評価にただ乗りしようとの意図があったと推認できる」と判断した。　　（日本ユニ著作権センターWebサイトより）

武田薬品工業
（出典：裁判所Webサイト）

東洋ファルマー
（出典：裁判所Webサイト）

▶ **「ハウスvsエスビー」パッケージ類似事件**　　（東京地裁／2002年1月15日和解）

　　ハウス食品は、エスビー食品の「とろけるカレー」のパッケージデザインが

Ⅶ — シンボル開発とパロディ

145

ハウスの「こくまろカレー」に酷似しているとして、不正競争防止法に基づいて東京地裁にデザインの使用差し止めを求めた訴訟で、エスビーと和解したと発表した。

和解は、(1) エスビーは2月末以降、今のデザインの商品を出荷しない (2) ハウスはエスビーが新しく用いるデザインに異議を申し立てない、の内容で、東京地裁の和解勧告を受け入れた。　　　　　（日本ユニ著作権センターWebサイトより）

ハウス「こくまろカレー」　　　　　エスビー「とろけるカレー」

　話題となったのが「類似パソコンの製造、販売差し止め事件（東京地裁／2000年）」である。パソコンメーカーのソーテックが発表した「e-one」について、アップルコンピュータが自社の「iMac」のデザインに類似しているとしてソーテックを提訴。確かに青と白のスケルトンカラーで、これは当時、先行販売されて話題となっていた「iMac」に非常によく似た印象のデザインであった。

　ところが「iMac」が意匠登録されていなかったことを理由に、ソーテックは「法律的に問題はない」とした。そこでアップルは意匠権ではなく不正競争防止法で戦った。この法律が禁止する行為の中に「商品形態模倣行為」というものがあり、これは最初に販売された日から3年以内の他人の商品の形態を模倣する行為、いわゆるデッドコピーを禁止しているが、この事案のように「商品の形態」が集中的な広告宣伝等によって商品識別機能を獲得している場合、つまり**商品の形態イコール商品等表示と認められる時は「周知表示混同惹起行為」としても扱われる。このように、不正競争防止法がいう商品等表示の中には、商品そのものの形態・色彩・模様・材質が含まれる場合があることに注意が必要である。**

▶ 類似パソコンの製造、販売差し止め事件（仮処分申請）　　（東京地裁／2000年1月14日和解）

米アップルコンピュータとその日本法人が、人気パソコン「iMac」のデザインを無断で使われたとして、「ソーテック」（横浜市）を相手取り「e-one」の製造、販売の禁止を求めていた訴訟は、ソーテックが iMac と混同の恐れのある青と白のスケルトンカラーの e-one の製造を止め、アップル社に1千万円を支払うことで和解が成立した。この問題をめぐっては、99年9月20日、アップル社の仮処分申請を受けて、ソーテックに東京地裁の差し止め命令が出ていた。

（日本ユニ著作権センター Web サイトより）

アップル「iMac」

ソーテック「e-one」

（出典：http://www.ne.jp/asahi/patent/toyama/mohou_souzou/mac.htm）

「類似"正露丸"販売事件（最高裁／2008年）」は、大幸薬品にとってまったく納得のゆかない判決となったに違いない。現在10社以上の製薬会社が正露丸を販売中であり「正露丸」という語も一般名称化している。またパッケージデザインはどれもオレンジ色で縄のような枠のなかに「正露丸」と表示しており、そのアレンジもすべて類似している。

したがって原告商品を識別できるのは社名とラッパのマークだけであるが、この部分はまったく類似しない。大幸薬品はもともと「ラッパのマークの正露丸」という広告宣伝を展開してきており、ある意味ではこのことが裏目に出た形となった。結果として和泉薬品工業との混同のおそれはなく、不正競争防止法上の違法性なしとされた。

しかしそれにしても大幸薬品は1950年代から半世紀近くの間、どうして類似品を放置してきたのだろうか。その代償はあまりにも大きいと言わざるを得ない。ちなみに、この製品について10年間で約60億の広告宣伝費を使っているとのことだが、この費用がすべて類似品の売上げに貢献してきたという見方もできる。何と皮肉なことか。

なお、大幸薬品は一審、二審の後、最高裁に上告したが、2008年、最高裁は上告を受理しない決定をした。
　さらに2011年、大幸薬品は、今度は自社の「セイロガン糖衣A」とキョクトウが販売する「正露丸糖衣S」が、表示名および箱のカラーリング等が似ているということでキョクトウに対して表示の差し止めと損害賠償を求めた。ところが一審二審ともに、キョクトウのパッケージデザインには「ラッパのマーク」がないことなどを理由に大幸薬品の主張を認めなかった。再び「ラッパのマーク」が敗因となってしまった。

▶類似"正露丸"販売事件　　（大阪高裁／2007年10月11日判決・控訴棄却（上告・上告不受理・確定））

　「ラッパのマーク」で知られる「正露丸」の製造販売業者大幸薬品が、和泉薬品工業の「正露丸」の製造販売は不正競争にあたるとして、販売差止や「ひょうたんマーク」包装の廃棄を求めて控訴した。
　高裁判決は、大幸薬品「正露丸」は店頭で一番よく目にするが、「正露丸」の販売業者は複数あり、包装箱の表示にも共通する特徴が見られ、「ラッパの図柄」を度外視した包装では商品の出所表示機能を果たさない等として、控訴を棄却した。
（日本ユニ著作権センターWebサイトより）

大幸薬品「正露丸」

和泉薬品工業「正露丸」

　以上、店頭サイン、シンボルマーク、パッケージデザイン、商品の形態等と不正競争防止法の関係を見てきたが、これらのようなシンボリックな商品

等表示については印象的な類似に要注意である。**デスク上でのデザイン類似だけではなく、それらが実際に機能する現場**（街中の雑踏や量販店の店頭など）**での類似性検証が求められる。**

　また広告実務上、とかくマークやパッケージなどをデザイナーに発注する際に「何々風に」等の表現で指示をすることが多いが、これは極めて危険であるということがおわかりいただけたかと思う。ヒントにすることと模倣することの境界は非常に微妙である。もしそのようなオーダーをするのであれば、あがってきたプランをチェックする際に第三者からのヒアリングやグループインタビューを行う、ネット上の類似画像検索を行う等、その類似性については十分に客観的な視点を持つべきである。

3.　パロディ商品・パロディ広告

　先ほどまで紹介した事案は、どちらかというと、既存の周知・著名な商品等表示に偶然類似してしまったか、参考にしたつもりが一線を越えて法的類似に至ったか、あるいは相乗りして意図的に誤認混同を促進させて2匹目のドジョウを狙おうという類のトラブルだったかもしれないが、ここでは「もじり」による認知促進や話題性醸成を狙った、いわゆるパロディと言われる事案を紹介する。

「元ネタがばれると困るのが盗作で、ばれなきゃ困るのがパロディなんだ」という、とり・みき氏の名言がある。パロディとは「既成の著名な作品また他人の文体・韻律などの特色を一見してわかるように残したまま、全く違った内容を表現して、風刺・滑稽を感じさせるように作り変えた文学作品。日本の本歌取り・狂歌・替え歌などもその例。また広く、演劇・音楽・美術・映像などの作品にもいう。（大辞林）」とされている。

　日本では1960年代から様々なアーティストが取り組み始め、70年代には社会的に大流行した。パロディという言葉が雑誌などのメディアで取り上げられ、たちどころに市民権を得ることになった。特に創刊時からパロディ色の強かった雑誌「ビックリハウス」(1974-85) は若者層の圧倒的な支持を集めた。

　ちなみにアメリカの著作権法にはパロディに関する条項はないが、一般的

な権利制限としてフェアユースがある。またフランス、スペイン、スイスではパロディは著作権侵害にならないと著作権法で規定されている。

　しかし日本の著作権法にはそのような規定はない。そこで、著作権法、商標法、不正競争防止法などの規定の隙間を辿りながら、法的にパロディが成立できる余地はどの程度あるのか、検証してみたい。

(1) 日本のパロディ訴訟はここから始まった

　大変有名な「モンタージュ写真事件 (最高裁／ 1987 年)」という判例がある。これは「パロディ裁判」とも呼ばれ、マッド・アマノ氏によるフォトモンタージュに関する訴訟は 1971 年に始まり、実に足かけ 16 年間に亘って争われることになった。

　1971 年、写真家の白川義員氏は、自分の雪山写真を素材として自動車公害を揶揄するパロディ作品を作成したデザイナー、マッド・アマノ氏のフォトモンタージュを、自分の作品に対する著作権侵害として提訴した。

　これに対してマッド・アマノ氏側は、日本の著作権法は「著作権の制限」の中にパロディを挙げていないが、「引用」という形で許容されると主張。

　最高裁は引用の基準を改めて示し、本件においては著作権法が認める引用は適用されない、また被告作品は原告作品の本質的特徴を有しており原告が持つ同一性保持権を侵害しているとした。そして 1987 年、白川義員氏の主張を一部認める形で和解が成立した。

　この判決は最高裁が示した引用基準と共に、その後の日本のパロディ文化に大きな"縛り"を与えることとなった。

白川義員氏の写真

（出典：裁判所Webサイト）

マッド・アマノ氏のパロディ作品

(2) フランク・ミュラーには別の戦い方はなかったのか

「商標"フランク・ミュラー"侵害事件（最高裁／2017年）」では、スイスの高級時計「フランク・ミュラー」のパロディ商品を「フランク三浦」という名称で販売する大阪市の会社が、その「フランク三浦」を商標登録した。その後、本家「フランク・ミュラー」側の申し立てにより特許庁はその登録商標を無効としたが、これに対して「フランク三浦」側が知財高裁にその取り消しを求め、知財高裁はこれを認めたというもの。

　この争いは、何がポイントなのか。またこのようなパロディ商品をどう捉えていったらいいのか等、一通り検証してみたい。

　さて問題の商標「フランク三浦」は2012年8月に商標登録された。指定商品は第14類。時計、宝石及びその原石並びに宝石の模造品、キーホルダー、身飾り品などが含まれる。

　そして3年後の2015年4月、「フランク・ミュラー」側が特許庁に対して無効審判請求を行ない、その年の9月、無効審決となった。無効審決とは、一旦、登録された商標について間違い等による不備があるものを改めて無効にする制度をいう。

　翌10月、今度は「フランク三浦」側が無効の取り消しを知財高裁に提訴、その半年後の2016年4月、知財高裁は取り消しを認めた。

しかし「フランク・ミュラー」側は再びこれを不服として、早速、翌5月、最高裁へ上告。ところが最高裁はこれを棄却し知財高裁判決を支持した。

FRANCK MULLER
ロングアイランドデイト
(出典：FRANCK MULLER Webサイト)

フランク三浦
FM01K-WH 初号機(改)
(出典：三浦一族オンラインショップ)

■特許庁の見解
「フランク・ミュラー」が特許庁に対して請求した「フランク三浦」の無効審判において特許庁は、**両者の間で外観では相違があるものの称呼と観念において類似し出所混同を生じさせる。**従って「フランク三浦」の商標登録は無効であると判断した。

■知財高裁の見解
これに対して「フランク三浦」側が無効審判の取り消しを知財高裁に提訴。知財高裁はこの商標登録を有効なものとして認めた。その根拠は、**称呼においては特許庁同様に類似するとしたものの、観念においては特許庁と異なり、「フランク三浦」からは日本人ないしは日本と関係のありそうな人物との観念が生ずるのに対し、「フランク・ミュラー」からは外国の高級ブランドである被告商品の観念が生ずる。外観と観念が異なれば両者の出所混同は考えにくい**とした。確かに、4,000円から6,000円程度で購入可能な「フランク三浦」の時計と片や100万円以上する高級時計を間違って購入してしまうということはありえないだろう。

とはいえ、この事件を機に「フランク三浦」ブランドは人気を集め、入手

が難しくなった時期もあったらしい。つまり販売のためのプロモーションとしては大成功したことになる。

しかし、ここまでの争いは、あくまでも「フランク三浦」という商標に関するものである。**商標を使うことが認められたこととパロディ品の販売が認められたということはイコールではない。**

戦い方としてフランク・ミュラー側が、商標権侵害ではなく、商品の外観、たとえば文字盤デザイン全体や時計の形態そのものを商品等表示として主張すれば、不正競争防止法が禁止している「著名表示冒用行為」、つまり著名な商品等表示の顧客吸引力を利用することによって不正に利益を得る行為とみなされ、場合によっては「フランク三浦」の製造販売を差し止められる可能性もあったのではないか。また特定の商品については文字盤デザインの著作物性（美術の著作物）を根拠に著作権侵害（複製権、翻案権）を主張することもできたのではないかと考える。

さらに想いを馳せれば、そもそも商標登録をするという行為そのものが、このパロディ時計に似合わないのではないか。単なるバッタもんとは違う、パロディ商品としてのプライドがあるのなら登録などという分別じみたことをせず、かつ上手に本家の理解と承認をもらって、もっとスマートな展開の方法はできなかったのかと思う。

(3)「白い恋人vs面白い恋人」と「白い恋人たちvs白い恋人」

次に紹介するのが「**商標"白い恋人"侵害事件（札幌地裁／2011年）**」である。吉本興業が「面白い恋人」という名の菓子を販売していたところ、「白い恋人」で有名な石屋製菓が吉本興業に対し、商標権侵害および不正競争防止法に基づいて「面白い恋人」の販売差し止めと1億2,000万円の損害賠償を求める訴訟を起こしたという事案である。

問題の商品は、パッケージのデザインやカラーリングが「白い恋人」と酷似しており、「白い恋人」をもじったものであることは明らかである。吉本興業自身もプレスリリース等で「吉本興業ならではの"笑い"と"ユーモア"が詰まった商品」と言っていたという。このようにこの商品は誰もが認めるパロディ商品と考えられるが、他人の著名商標をパロディ化しているが故に、商標権侵害や不正競争防止法の抵触が問題となってくる。

ところが2013年2月、両者の間で和解成立。吉本興業は「面白い恋人」を商品名として引き続き使うことはできるが、今後、発売される商品のパッケージデザインを変更し、かつ販売エリアを関西エリア6府県に限ることとなった。

　しかし、この「白い恋人」そのものがパクリじゃないのか、という指摘もある。というのは年配の方々ならご存知だと思うが、大ヒットした「グルノーブル冬季オリンピック」の記録映画のタイトルが「白い恋人たち」。当時としては素晴らしくロマンチックなタイトルだったが、この映画の公開が1968年であり、一方、石屋製菓の「白い恋人」の商品化が1976年なので、この「白い恋人たち」のパクリであると思われても不自然ではない。

　最後に紹介するのが2007年から2010年までの間、争われた「"PUMA vs SHI-SA" 事件 (知財高裁／2010年)」である。この事件は企業と企業だけでなく、特許庁と知財高裁の戦いにまで発展したと言われている。

　沖縄県の土産物業者が、「SHI-SA」という文字にシーサーが斜めに跳び上がるデザインの商標を登録した。これに対してPUMA側が異議を唱え、特許庁は登録を取り消すことを決定。これに対し、今度はSHI-SA側が知財高裁に異議を唱えたところ、知財高裁は登録を認める判決を下した。するとPUMA側の反論で再び特許庁が登録の取り消しを結論付けたが、これに対し、さらに知財高裁がそれを取り消す判決を出した。

　結局、ここまで何と3年間がかかった。そして論点は「混同を生ずるおそれ」の有無であったが、最終的に知財高裁の判断としてこれを否定し、登録は有効とする判断を下した。

　同じPUMA関連で、その後、「PUMAvsKUMA」事件、「PUMAvsBUTA」事件、「PUMAvsUUMA」事件があった。いずれも結論として、パロディ商標と既存商標との類似性を認め、「混同のおそれ」を認め登録を無効とした。登録が最終的に認められた「"PUMAvsSHI-SA"事件」と、登録が無効とされた他の3事件とを隔てる一線はどこにあったのか。最も大きな要因は両商標の外観上の類似であったとされている。
　「フランク・ミュラー」と「フランク三浦」は文字のみからなる商標だったが、上記の各商標は文字と図が組み合わされた商標であり、しかもその組み合わせ方に特徴的なものがある分、外観上の類似性、そしてそのことに伴う「誤認混同の可能性」が大きく影響したと思われる。

(4) 日本におけるパロディ商品、パロディ広告の考え方

　以上、見てきたように、残念ながら日本におけるパロディ商品、パロディ広告が成立可能な法的基盤は存在しない。むしろパロディに対しては大変に冷たいと言わざるをえない。また、パロディが事実上、著作権法で容認されていると言われるアメリカ、フランスなども、こと広告については必ずしも肯定的に捉えていないようである。

そもそもパロディとは、①ベースとなる既存の著名作品等が明確に認識できき、②全く異なる内容が表現されていて、③風刺・滑稽を感じさせるように作り変えたもの、である。

　つまり、オリジナルとの混同を生じさせず、悪意やただ乗りがなく、どこか微笑ましいものでなければならない。

　とは言え、ここまではパロディとして許容できるけれども、これ以上はダメ、といった明確な基準があるわけでもないし、さらに許されるレベルのものかどうかはパロディされる側の主観的・感情的なものも影響してくる。おそらくパロディにおいて最も大切なことは、パロディされる側へのエチケットに配慮することであろう。パロディされる側が不快に思うような作品は笑えないし笑えない作品はパロディではない。

　また誰が見ても明らかなパロディだからといって法的に許されるということではない。**現状の日本の法体系においてパロディは形式的に、著作財産権（翻案権）、著作者人格権（同一性保持権・名誉声望保持権）、商標権の侵害、あるいは不正競争防止法への抵触を伴う可能性を持っている。**

　ならば、ここは一つ既存作品に礼を尽くすという意味でも「許諾を得る」というスタンスに立ちたい。風刺しようとする側が許諾を得るというのはあまりにも弱気では？という声も聞こえてきそうだが、特に広告関係者がビジネスとして手掛ける商品開発や広告企画という範疇では大きなリスクを残す訳には行かないし、ましてや敵を作ることが目的ではないはず。またファインアート等におけるパロディは「表現の自由」という観点からその手法を肯定される可能性もあるが、**そもそも広告等の営利目的の商業利用に関しては「表現の自由」もそれなりの制約を受けざるを得ないだろう。**

　したがって広告関連のパロディを実施する場合は許諾をキチンと得ることが必要であろう。そして万が一、許諾が得られない場合はそのアイデアは断念することも覚悟しておかなければならない。

Ⅷ. 使いたい素材への対応等

この章のポイント

　広告には顧客吸引力を持った素材が積極的に選択され、またそのような素材は何らかの権利や法律で保護されていることが多い。この章ではそんな素材を利用して広告制作を行う場合の具体的な対応や手順、および他の広告を参考にして新たな広告を作ろうとする場合の留意ポイント、また完成した広告について他者が模倣してきた場合の対応などについてまとめてみた。

1.　広告素材利用の手順と注意ポイント

(1) 使いたい素材をピックアップする

　前章まで触れてきたように、広告には「顧客吸引力」が問われ、そこに利用される広告素材は、様々な権利によって法的保護を受けることが多い。あるいは法的保護の対象にならないにもかかわらずグレーゾーン権利を主張してくる素材もある。また法規制や権利の問題とは別に、倫理上、使用を避けておいたほうがよいというケースもあろう。

　広告実務者において広告素材を利用する際の万全な対応というのは、とりあえずはこれらすべての可能性を鑑みることに他ならず、少なくとも広告の場合は出版業界等に比べて非常に慎重にならざるをえない。何故なら広告は広告主のためのマーケティングツールであり、万が一の際のクレームや不信感は広告主に向かうからである。しかもその場合は、**担当広告会社や制作会社の管理責任が問われ、広告主からの信用を失ったり、最悪の場合、取引が停止となったりすることもある。**

　このような側面があることがこの広告業界の特殊性であろう。そこでこの項では、使いたい素材、つまり広告の2階建構造における2階部分の権利を持った素材（あるいは持っているかもしれない素材）を利用して広告制作を行う場合の具体的な診断ポイントをフローチャート化してみた。

157

▼使いたい素材・診断チャート

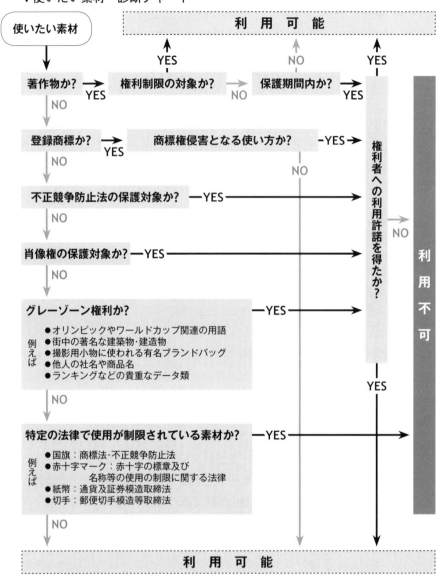

(2) その素材に関わる権利を判断する

■ 使いたい素材は著作物か

まず著作物性の判断をすることになる。繰り返しとなるが著作物とは「思想または感情を創作的に表現したものであって、文芸・学術・美術または音楽の範囲に属するもの」(著作権法第2条1項1号) と定義されている。

目の前にある素材が著作物かどうかを判断するにあたっては**「あるアイデアを創作的に表現したものかどうか」**が大きなポイントとなる。したがって理論上、上記の条件に当てはまらないものは「著作物」とはいえないことになり、著作権法で保護される対象ではないことになる。

一般的には、単に事実を列挙したもの、表現される前のアイデア (思いつきや構想・理論等)、人名 (キャラクター名含む)、商品名、小説・映画・番組のタイトル、キャッチコピーやスローガン、機械的に撮影された写真、レイアウトや割付、タイプフェイス、料理、工業製品のデザインなどは、著作物ではないとされている。しかし実際には、著作物か否かは一概にはいえないものが多く個別具体的に判断していかざるをえない。

■著作物であっても権利制限されている使い方なら自由に使える

仮に著作物であっても自由に使える場合がある。著作権法では一定の「例外的」な場合に著作権を制限して、著作権者等に許諾を得ることなく利用できることを定めている (第30条〜第47条の8)。

広告関連では、例えば、付随対象著作物の利用 (いわゆる写りこみ)、検討の過程における利用、引用、非営利目的の演奏、公開の美術の著作物の利用、展覧会の小冊子などへの掲載、インターネット・オークション等の商品紹介用画像の掲載のための複製、インターネット情報検索サービスにおける複製、などがあり、これらは無許諾で利用できる。

■著作物で保護期間を過ぎていれば自由に使える

著作物の保護期間は原則として著作者の死後50年。また法人著作は公表後50年、映画素材 (テレビCMも同様) は公表後70年である。保護期間が終了していれば自由に使用することが可能となる。

なお外国の著作物は戦時加算など保護期間の算定が複雑なので相当昔のものでなければ確認した方が安全であろう。

注意すべきは、保護期間が過ぎていても著作者人格権は残っているという

ことである。つまり、著作者の死後も、仮にその著作者が生存していたとすれば認めないであろう利用の仕方は禁じられている。したがって、著名な絵画の中に商品を合成したり、大幅なトリミングをしたりすることはもちろん、例えば著作権の切れた著名な絵画を風俗店のチラシに利用するなど、著作物の改変をしていなくとも著作者の名誉を傷つけるような使い方は禁止されている（著作権法第113条6項 名誉声望保持権）。

■著作物でなかった場合、他の権利はあるか

また仮に著作物でなかったとしても、通常、広告に利用したくなる素材というのは多くの場合、顧客吸引力を持っており、また顧客吸引力を持っているということは、商標権、肖像権、不正競争防止法の保護対象など、何らかの法的保護を受ける対象であることが多い。つまり著作権だけでなく、その他の権利も含んだ総合的な権利関係を検証する必要がある。

■商標権のある素材だった場合、商標権を侵害するような使い方か

ネットで簡易検索をかければその素材が登録商標かどうかは簡単にわかる（特許情報プラットフォーム「J-Plat Pat」）。登録されていれば商標権があるということになる。

商標権がある場合は、それと同一または類似した商標を、同一または類似の指定商品・サービスで使用して出所混同を招く可能性がある時、商標権侵害を問われることになる。ただし広告の場合、商標権侵害となるかどうかだけでなく、商標権を根拠にクレームがつくかどうか、というところまで想像力を働かせて考えるようにしたい。

■不正競争防止法上の保護対象か

誰でも知っている周知・著名な素材の場合、著作権や商標権、肖像権がなくとも不正競争防止法で保護される素材である可能性がある。しかし、その使い方が「商品表示や営業表示」でなければ抵触しない。

■肖像権の保護対象か

使いたい素材は、個人が特定できるものか。またタレント等の場合は、氏

160

名、似顔絵、サイン、シルエット、さらに「そっくりさん」など、その個人を想像し特定できるすべての要素を含むと考えておくべきである。

■グレーゾーン権利を持つ素材か

法的に特段の権利は持ちえないが、権利主張が予想される素材（グレーゾーン権利）がある。例えば、オリンピックやワールドカップ関連の用語、街中の著名な建築物・構造物、撮影用小道具に使われる有名ブランドバッグ、ノベルティで使われるブランド品、他人の社名や商品名、ランキング等の貴重なデータ等が想定される。

■特定の法律で使用が制限されている素材か

例えば、国旗（商標法、不正競争防止法、景品表示法）、赤十字（赤十字の標章及び名称等の使用の制限に関する法律）、紙幣（通貨及証券模造取締法）、切手（郵便切手類模造等取締法）などがある。

これらのものは使用規定等を慎重に確認する。場合によっては使用を断念し代替案を考えることも必要である。

■迷うようなら弁護士や弁理士に相談を

以上のような検証は、非常に重要なステップであると同時に微妙な専門的視点を必要とする。したがって、迷うようであれば思い込みによる判断をせず、知的財産権に強い弁護士など専門家のアドバイスを受けるようにし、それでも判断が付かないようなら許諾を取るようにする、許諾が取れなかった場合は潔く断念する、といった慎重な取り組みが必要である。

（3）権利処理は具体的にどのように行うか
■処理すべき著作財産権を特定する

著作権は権利の束と言われており、複製権、翻案権、公衆送信権など、著作物の利用態様に応じた様々な権利によって構成されている。したがって著作物を利用する場合は、その利用の仕方によって著作権（著作財産権）の中のどのような権利がかかわってくるのかを特定することが大切である。例えば写真やイラストレーション、既存の楽曲については以下のとおりである。

①写真、イラストレーション、文章など

　印刷物で使う場合は「複製権」が、またそのイラストをネット広告等でネット配信する場合は「複製権」と「公衆送信権」が働く。さらにそのイラストの改変や大幅なトリミング、コラージュなどが予定されている場合は「翻案権」と「著作者人格権（同一性保持権）」も加わることとなる。

②既存の楽曲

　市販の CD など既存の音源をテレビ CM に使う際は、まずその楽曲の「複製権（録音権）」と「公衆送信権（放送と配信に伴う権利）」、さらに著作隣接権として、歌手・演奏家等の「録音権・録画権」、レコード会社の「レコード製作者の権利（原盤権）」がかかわっている。

■ **著作者と著作権者を確認する**

　著作物利用についての許諾は一般的に著作者ではなく著作権者に対して行う。通常は著作者が著作権者であるが、著作権は譲渡できる故、著作者は必ずしも著作権者とは限らないので注意を要する。音楽は、ほとんどの作詞家・作曲家から権利譲渡された音楽出版社が著作権を保有しているし、映画は監督やプロデューサーではなく映画会社が元々著作権者となっている。

　出版物の中にある著作物については、その出版社に著作権者を問い合わせるか、© 表示（Copyright の略）があれば直接そこに確認する。また著作者が故人の場合で遺族が著作権者となっているケースや、全くの他人に著作権が譲渡されているというケースもある。

　どうしても著作権者が見つからない場合は、文化庁長官から裁定を受け、補償金を供託して利用するという方法がある。

　また、音楽を CM に使う場合、**著作者人格権の問題があるので、著作権者だけでなく著作者本人への許諾も必要となる。**その他の著作物でも、改変を伴う場合等、著作者人格権に関わる利用の仕方が想定されている場合も同様に著作者への許諾が必要となる。

　著作権以外の権利、例えば他人の登録商標を使いたい場合は、特許情報プラットフォーム「J-Plat Pat」で検索をかけ、商標権者を特定し交渉することになる。またタレント等の肖像を使いたい場合はそのタレントが所属する芸能プロダクション、不正競争防止法上で保護される著名な商品等表示機能を

持つ素材であれば、その素材を保有する企業の広報部門等へ直接問い合わせする。

■契約書を締結する

使いたい素材についてどのような権利が発生していて、その権利者は誰か、ということが確認できたら、権利者に対して了承を得るための交渉に入ることとなる。

著作物を利用する場合の交渉にあたっては、大きく分けて以下の2つの形態が考えられる。

①著作権を譲り受ける契約

新たに作成された著作物、あるいは既存の著作物の著作権を譲り受ける契約である。すべての著作権ではなく、著作権の中の特定の権利に限定した譲渡も可能である。利用する側にとっては最も確実で安心できる形態となるが、既存の著作物の場合は著作権者の同意が得られないことが多い。

②著作物の利用許諾を得る契約

著作権の譲渡ではなく、一定条件のもと、著作権者から著作物を利用することへの許諾を受ける。その際、独占的利用か非独占的利用か、広告主や商品の特定、権利の対象物、対価の額、使用期間、使用方法、使用媒体、使用するエリア、支払い方法等を明確化しておく。

譲渡契約の方が利用者側にとっては都合がよいが、その分、対価は当然高くなる。いずれの場合も合意した内容を契約書の形で残しておくことが重要である。詳細は第9章「広告の契約と契約書」を参照いただきたい。

なお、著作権以外の権利を持つ素材についても、基本的には「利用許諾契約」の形態をベースに契約書を締結しておいたほうがよい。

また法的権利を持たない一定の財産的価値のあるものを使用する場合は、権利使用料というよりも「協力謝礼金」として一定の金品を提供する、という配慮も必要であろう。

2. 他人の著作物を参考にする

(1) アイデアを参考にするだけなら問題はないが…

　他の著作物からヒントを得る、あるいは他の著作物が保有しているアイデアを借用するという程度であれば問題はない。

　著作権は表現されたものは保護しても、アイデア自体は保護しないからである。とはいえ、この「アイデア」がなかなか曲者であり、アイデアとは何か、また「表現」との境界線はどこにあるか、実際問題としてなかなか曖昧である。しかもこのことに加えて、**仮に司法の解釈としてはアイデア利用であっても、結果的に出来上がったものに対して一般人から見て類似したものが感得されれば、世論からは「盗作」とか「パクリ」とか言われる可能性は十分ある。広告では法的に問題がなくとも、一旦、盗作扱いを受けると致命的なものとなる。**

　広告制作に携わる者が創作活動を行うにあたっては、先人の成果に常に敬意を払うとともに、自らのオリジナリティに徹底的に拘(こだわ)るという心意気が大切である。したがってアイデア利用については慎重な対応を心がけていただきたい。

(2) 手がけた広告が偶然、他の広告に似てしまったら

　日本の場合、著作権は、商標権や意匠権のような登録制ではなく、その著作物が誕生した瞬間に自動的に発生するという「無方式主義」を採っている。

　そのため、類似した著作物が存在する可能性は否定できない。場合によっては複数存在することもありえる。また登録商標のようにデータベース化されたものがあってそれを検索することにより事前に類似したものを確認するということもできない。

　以上の結果、自分が創作した著作物が他人の著作物に、本当に偶然に似てしまうというケースは十分にありえることであり、このような場合は、双方の著作権を認めることとなる。

　その際にポイントとなるのが「依拠性」の有無である。**依拠性とは、他人の著作物の内容を知って、その他人の著作物の内容に基づいて自らの著作物を創作しているかどうかということである。**逆にいえば、他人の著作物の内

容を全く知らないで、たまたま似たような著作物を創り出した場合は、この「依拠性」は認められないことになる。そして「依拠性」が認められない場合は、類似があっても侵害行為が否定される。

有名な「ワン・レイニー・ナイト・イン・トーキョー事件（最高裁／1978年）」では、他人の著作物と類似したものを偶然に創作して著作権侵害で訴えられた事件だが、最終的に被告の「依拠性」が認められず著作権侵害が否定された。

依拠性の有無については、具体的には①創作の順序（侵害されたとする側が先に創作されていること）、②著作物の著名性（侵害されたとする側が誰もが知っている有名なものであれば侵害したとされる側が知っている可能性は高い）、③侵害したとされる側が侵害されたとする側の著作物に接する機会があったかどうか（例えばデッドコピーに近い状態、あるいは言語の著作物で誤植まで含めて同一である等、その著作物と直接的な接点がなければ成立しえない類似）、以上のような要素を総合的に勘案して判断されることが多い。

▶「ワン・レイニー・ナイト・イン・トーキョー」事件　（最高裁（一小）／1978年　9月7日判決・上告棄却）

　　上告人は、ハリー・ウオレン作曲「ザ・ブールバード・オブ・ブロークン・ドリームズ」（A曲）を管理する音楽出版社、被上告人は「ワン・レイニー・ナイト・イン・トーキョー」（B曲）の作曲者等である。上告人は、B曲がA曲の偽作であるとして、作曲家らに対し著作権侵害に基づく損害賠償を請求した。一審東京地裁は、A、B両楽曲の同一性を、旋律、和音、節奏、形式について詳細に比較した後、B楽曲の独創性を認定し、著作権侵害はないとした。二審東京高裁は、「複製」とは複製者が著作物の存在、内容を知っていることを前提としているから、既存の著作物の存在、内容を知らずに独自に作成した場合は、これを知らなかったことに過失があるかどうかを問題にするまでもなく、著作権の侵害にならない、として著作権侵害を否定した。

　　最高裁も、東京高裁と同様の理由を述べた上、作曲家が、B曲作曲前にA曲に接していたことはもちろん、A曲に接する機会があったことも推定しがたい、として、著作権侵害を否定した。　　（日本ユニ著作権センターWebサイトより）

(3) 特にプレゼン時に注意すべきこと

広告表現に関するプレゼンテーション時など、より完成度の高いカンプや

絵コンテが求められるのが常である。この完成度によってプレゼンの勝敗が決まってしまうことだってある。そして、これに対応しようとするあまり、既存の著作物（よくあるのが著名イラストレーターや著名カメラマンの作品等）を著作者に無断でダミー的に使用し、このプレゼンを受注した段階で初めて、当該イラストレーターやカメラマンにオリジナル制作をオファーする、というケースがある。その際、特に問題なく予定どおりことが運べば問題ないのだが、受注後にその著作者に改めて交渉したところ、予算的な問題や競合他社とのバッティングの問題等により断られてしまった場合は、大きなリスクが発生することとなる。しかもこのようなケースが意外に多い。

　受注後は、プレゼンテーションした企画に沿った形で実制作することになるわけなので、想定していた著作者に万が一断られてしまった場合は、諸々の条件をクリアできる別のイラストレーターやカメラマンに依頼するしかない。その時、プレゼンしたカンプ内のダミーを見せ、「こんな感じで描いてほしい」「こんな感じで撮影してほしい」と伝えることになってしまう。

　その結果として、当初のプレゼンで使用した著作物と似通ったものが別の著作者によって出来上がることになる。小手先の表現を変えたところで、本質的な部分で当初の著作物と類似した特徴を持っていれば（逆にそうでなければ広告主からプレゼン時の企画と違うじゃないかとクレームがついてしまう）、無断複製、あるいは翻案権や著作者人格権（同一性保持権）抵触ということで元の著作者から著作権侵害を主張される可能性がある。

　したがって、事前の確認を十分に行い、せめてプレゼンに使用した著作物の著作者にオーダーする、という最低基準は守りたい。官公庁系の競合プレゼンテーションなどでは数十社クラスの競合が当たり前となっており、受注できる確率を考慮すると、プレゼン前の段階で受注することを前提とした裏取りをすること自体が非現実的と反論があるかもしれない。しかし、せっかくプレゼン獲得できたのに、その段階で、にっちもさっちもいかなくなって困り果てるというのは避けたいものである。

3.　完成した広告が模倣されたら

■侵害したのは第三者か、広告主か

仮に当方が手がけ当方が権利者となる広告が第三者によって模倣された場合は、どのように考えたらよいか。まず侵害した側が第三者の企業や個人であった場合は、念のため、元になった広告の広告主にも報告し同意を得てから行動を起こすべきである。万が一、訴訟問題等になれば広告主の名も公開される可能性が生じるからである。

　一方、プレゼンしたビジュアルを広告主が勝手に利用した等、侵害した側が広告主であった場合は、その広告主との今後の関係性等も勘案しながら考えていく必要がある。

　しかし、いずれにしても模倣された場合には、一定の条件をクリアできれば著作権侵害としてそれなりの手は打てるだろう。

■どのような権利が侵害されているか

　まず模倣されたものは著作物か。著作物であった場合、その著作物における本質的な特徴の類似かどうか等を再確認する。著作権侵害が明確な場合は、当方は著作者または著作権者として複製権、公衆送信権、翻案権、著作者人格権などを主張できる。

　一方、登録された商標について、第三者が類似したものを類似した指定商品・サービスで使っていた場合は、商標権侵害の可能性が生じる。あるいは商標権侵害となりえなくとも周知・著名な表示なら、その表示を使う立場である広告主を通じて不正競争防止法違反を主張できる可能性がある。

　いずれにしても以上の権利を侵害された場合は、相手方に対し、差止請求、損害賠償請求、名誉回復請求などを行うことが可能となる。

■望むのは、相手の行動の停止か損害賠償か

　こちら側からの抗議の後、期待する効果は何なのか。初期段階で当方側の損害もさほど発生していないのなら、まずは侵害行為の中止を求めることになるだろうし、侵害して相当の時間が経過していて当方側に何らかの損害が発生している可能性があれば損害賠償、さらに相手方が不当に利益を得ているようなら不当利益返還請求を求め、また当方側の名誉や声望が毀損されているようなら謝罪広告等の名誉回復措置なども視野に入ってくる。いずれにせよ、どこを終点としてイメージするかを考えておく必要がある。

■先方への抗議、当事者間での交渉、話し合い

　まず、著作権侵害の事実、侵害行為の停止、損害賠償の請求、法的措置を辞さない等を記載した内容証明郵便を送り警告する。軽微なものやネット上での侵害なら電話やメールで対応する場合もある。先方に対して回答を求めるとともに、その期限も定めておく。

　相手方からの誠意ある回答があれば和解の交渉を行うが、誠意が感じられない場合等は民事調停や民事訴訟の申し立て、さらに必要性があれば刑事訴訟を行うことになる。

　話し合いがまとまれば和解に持っていくことを考える。和解契約書（示談書）には、著作権侵害の事実と態様、和解の内容・条件等を具体的に明記する。なお和解には、その侵害行為を終わらせる場合と、その侵害行為を当方が有償で認め、利用許諾契約として適法な利用とする場合がある。

　なお、以上のステップについては、専門的判断と経験を要するものであり、弁護士や弁理士等への相談を推奨したい。

　いずれにしても他人の権利を利用する場合は念のためにその権利を実際のものより大きく捉えておいたほうがよいが、自らの権利については、無駄な戦いを避ける意味でも正確に把握しておくべきである。例えばグラフィック系広告のデザインが「美術の著作物」とみなされる場合は限定されており、すべてのデザインが著作権で保護されるわけではない。したがって、もし自らのデザインが模倣されたら以上のことを踏まえて冷静に対応したい。

4.　大切なのは"しなやかな"実務対応力

(1) リスクへのイマジネーションと嗅覚が問われる

　我々が携わっている広告ビジネスは、当然のことではあるが広告主あってのもの。万が一、その広告に何かあった場合は広告主にクレームが入ることになる。また場合によってはメディアに叩かれ「炎上」することもある。仮に違法性がなかったとしてもクレームがついたりメディアで話題になったりした段階で広告主や広告商品そのものにマイナスイメージが付いてしまい、それを払拭するのには大変なコストと時間を必要とすることになる。

以上のことを考慮すると、それぞれの権利に対する法的チェックはもちろん、クレームがつくかどうかという観点からのチェックも重要となる。また広告の知的財産権においては白黒がはっきりさせられないグレーゾーンがいたるところに点在している。中でも肖像権や不正競争防止法に関連する領域は特にグレーゾーンが広く、グレーゾーンが広ければ広いほどクレームがつく可能性も多くなる。さらに「モノのパブリシティ権」も無視できない。2004年の最高裁判決で否定されたといっても相変わらずクレームの「火種」となっていることも事実である。

したがって広告実務に携わる者は、**このようなグレーゾーンに対しどこまで想いを馳せられるかが問われる。**またクレームにも正当なクレームと不当なクレームがあり、両者の境目を嗅ぎ分けられる"嗅覚"といったものも非常に大切である。

(2) 他人のものを借りたら感謝の気持ちを

日本人は「筋を通す」ことにこだわる傾向が強い。「筋」というものは非常に曖昧なものであり、また合法的かどうかということとも直接関係なく、持ち物を貸し借りしたり、誰かに何かを頼んだり頼まれたり、その他、様々な人間関係における重要な基準となる概念である。

例えば広告において他人のものを借りる場合も、ちょっとした「一言」が物事をスムースに遂行させる上で実はとても重要な役割を果たす。また妙なクレームを防止できる可能性もある。ならば、そのような一言は積極的に活用すべきではないだろうか。どうせ対価を払うのだから事務的に対応しても構わないと考えるのでなく、血の通った取引と考えたい。実務上の個々のシーンは最終的には人と人のコミュニケーションに収斂される。

いずれにしても「他人のものを借りる場合は、一言、感謝のコトバをかけよう。また、貸してもらったものは丁寧に使おう。そして最後にはお礼をしよう。」という精神が大切であろう。

(3) 時として不当なクレームに毅然と立ち向かうことも

しかし一方、広告は無難なだけではその存在価値はなく、リスクに対処しつつも新しいコミュニケーションテーマや手法にチャレンジしていかねばな

らない。もとより広告は、他の広告よりも目立つことが天命である。そして目立つということは大いなるアテンション効果が要求されるわけであって、なんのリスクもない無難な表現だけなら意味をなさない。

　つまり「おもしろくなければ広告ではない」という精神を忘れてはならない。したがって、**場合によっては広告主の同意を得た上で多少のクレームを覚悟の上で前進しなければならないこともあるだろうし**、悪質なクレームに対して毅然と向き合うことも必要だと思う。これからの広告実務者には、知的財産権全域に対する幅広い理解と嗅覚、リスクに対するイマジネーション、そして「しなやかな」実務対応力が求められている。

Ⅸ．広告の契約と契約書

この章のポイント

　広告制作には一般的に、広告主、広告会社、制作会社、フリーランスのクリエイター、スタイリストなどが関わり、また利用素材によってはイラストレーターやカメラマン、作詞・作曲家、さらに俳優や声優なども加わってくる。結果として権利関係が複雑化し、例えば誰が著作者なのか、誰が著作権者なのかを始め、いろいろなことが曖昧になりやすい。

　かつて広告業界では「口約束」が当然となっていた時代があった。しかし現在のようなデジタル・ネットワーク社会では、権利の問題はさらに複雑化し、それと共にリスクやチャンスロスも増大する。当然、契約書締結の重要度はますます高まることになる。

1.　契約書とは何か

(1) 契約は「口頭」でも成立する

　契約を行うためには契約書を取り交わさなければならないように思われているが、実は契約は口頭でも成立することになっており、契約書は必ずしも必要ではない。また契約書はこうでなければならないというルールがあるわけでもない。「**契約自由の原則**」には契約内容だけでなく契約方式の自由も含まれているのである。

　しかし、契約した相手が契約した内容を無視したり、契約どおりの約束を履行しなかったりした場合は、何らかの証拠に基づいて相手の責任を追及する必要性が生じることとなる。

　そのような意味で、やはり契約書は有効である。約束された事項に対する客観的な証明力を有し、ある種の切り札ともなる。また契約書は、そもそも契約書を作成するという行為を通じて、相手との間で何をどう約束すべきかの整理ができると同時に、重要な約束が曖昧となってしまうことを防御し、またその細部が再確認されることになる。いわば約束された事項に関するチェック機能を持つことにもなるのである。

(2) 契約書作成の基本。必ずクリアすべきことは

　強い客観性と証明力のある、より効果的な契約書を作成する上で、いくつかのポイントが存在する。

　社会通念上、「覚書」や「念書」というタイトルは、「契約書」というタイトルに比較して軽視される傾向があるので**可能な限り「契約書」とし、また「○○○の契約書」**等、何に関する契約書なのかを明確にした方が誤解も少なく、また後々の検索もかけやすくなる。

　ただし相手方の状況によっては「契約書」というタイトルだと、構えてしまって書面に残すこと自体に抵抗感を示す場合もあり、あえて「覚書」等のタイトルにする選択肢もあるので臨機応変に考えたい。**タイトルによって法的効力が変わるわけではない。**

　なお契約書作成上、忘れてはならない基本的事項は以下のとおりである。

- 契約の当事者を明確にすること
- 契約の趣旨や目的を明確にすること。特に著作権に関する契約の場合、譲渡契約なのか、利用許諾契約なのか等
- 契約の対象を正確に定義すること
- 双方の義務や権利を明確にすること。甲は乙に対しどんな権利を持ち、乙は甲に対しどのような義務を負うのか等
- 契約の成立時期、有効期間を明確にすること

(3) 契約書が無効となるのはどのようなケースか

　以下のようなケースでは、冒頭で触れた"契約自由の原則"が覆され、契約事項が無効となってしまう可能性がある。

■強行規定に反する取り決め

　法律の規定には、専門用語で「強行規定」と「任意規定」がある。「強行規定」とは強行法規ともいい、特定の規定に反する契約はすべて無効となってしまうという非常に力の強い規定であり、契約内容よりも法律上の規定が優先されるというものである。**例えば下請法の各種規定や著作権法の「著作者人格権の譲渡禁止規定」などが典型**であり、契約にあたっては注意を要する。

　一方、任意規定（任意法規）とはその名の通り、任意なので、公序良俗に反

172

しない限りは、仮にこれと反する契約であってもその契約は有効となる、つまり法律よりも契約が優先されるというものである。例えば、請負契約における報酬の支払時期は、当事者の合意によって、前払いとすることも後払いとすることもできる。

■内容が不明確で曖昧な条項

作成した条項が意味不明だったり、複数の解釈が成り立つような内容だったりした場合は、そもそも契約書になりえない。仮に後日、争いが生じても無効となってしまう可能性がある。**くれぐれも明確で誰が読んでも同じ解釈ができる、分かりやすい条項であることを心がけるべきである。**

また、「別途協議」などもよく使用される表現だが、極力なくしたほうがよいだろう。日本人はとかく"玉虫色"を好む傾向があるが、"玉虫色"でよいのならそもそも契約書を作成する必要性もないのだ。従って契約に関しては様々なファクターをできるだけ明確化させることを心がけたい。

■実現の可能性が著しく低い約束

どう考えても実現しそうもない約束、著しく困難な約束は、無効となる可能性が高い。客観的にみて実現可能な範囲での契約を留意すべきである。

■著しく不公平な契約

契約内容が、一方の当事者に対してのみ著しく有利で、逆に他方の当事者に不利である場合、民法の公序良俗違反に該当したり、独占禁止法の不公正取引や下請法違反となったりする可能性がある。

2. 契約書作成上の具体的ポイント

広告会社の立場を真ん中に置いて考えたとき、広告制作に関する契約書には、大きく分けて2種類ある。1つは、広告主と交わすもの、もう1つは制作会社やタレント事務所等の協力会社と交わすものである。さらにそれぞれについて、当方が作成し相手方に提示するものと、相手方が作成し当方に提示されるものがある。

いずれの場合も、契約書内にどのような事項が盛り込まれているべきか、またどのような言葉を使用するのが妥当なのかを十分に理解しておく必要があろう。このようなことを理解しないまま、やみくもに過去に使用した契約書を流用することや、相手方が作成した契約書を何の疑いもなくそのまま認めてしまうことは大きなリスクをともなうことになる。

広告制作に関する契約書は、主には継続的取引のための基本取引契約書、制作委託契約、著作権譲渡契約、著作物の利用許諾契約、タレント出演契約、キャラクターの商品化権許諾契約などがある。そしてそれぞれ契約書内で押さえるべきポイントも異なる。以下に具体的に触れていく。

(1) 基本取引契約書のポイント

広告主と広告会社、または広告会社と制作会社の継続的取引にかかわる契約については、すべての取引に共通する基本事項だけを集約したものを「基本取引契約書」として定めておき、個々の契約は「個別契約書」、あるいは発注書（申し込み）とそれに対応する請書等（承諾）によって成立させていくことが多い。ここではその基本取引契約書の作成ポイントについて説明する。

■ 基本取引契約と個別契約との関係を明らかにする

個別契約に記載のない事柄については基本取引契約が適用される。また個別契約は基本取引契約と異なる定めができることとし、仮に基本取引契約と個別契約で相反する定めがあった場合は個別契約が優先されることを明確にする、このように取り決めることが多い。

■ 対価の支払いに関する規定

個別契約における具体的な取引金額については甲乙間で協議の上、別途定めた料金表に基づいて決定されることが多い。その他、対価の請求方法、支払方式、支払いサイト等、請求から支払いに関する基本事項を定める。

■ 発生した著作権等の帰属先に関する規定

「著作権が乙（受託側）に発生した場合は、著作物の納入とともに甲（委託側）に移転される、また乙は著作者人格権の行使をしない。」という取り決めが

行われることが多い。甲乙の力関係の問題もあるが、安易に考えてはいけない規定である。

■機密保持に関する取り決め

個人情報を含むすべての機密情報の扱いに関する取り決めであるが、「本契約に係る機密の保持を目的として、別に定める『機密保持に関する契約書』を締結する。」とするケースもある。

■いざという時の決め事

取引が順調に推移している時は問題ないが、いざ争いなどが発生した場合に争点となる「契約解除条項」や「損害賠償条項」が重要となる。

なお、広告業界において「日本アドバタイザーズ協会（以前の日本広告主協会）」と「日本広告業協会」が一緒に作った「広告取引基本契約モデル（案）」という雛形があるので紹介しておきたい。

このモデル案は、実は 1998 年に当時の「日本広告主協会」によって最初の案が作られたのだが、その時はまさしく「発生した著作権は別段の定めがない限りは甲に帰属する」とされていた。つまりこの時は完全に広告主側の立場で作られてしまったのだろう。

しかしその後、2009 年、「日本広告業協会」も一緒になって作り直した新たなモデル案における記載は**「甲が、成果物について、甲に権利を帰属させることを希望する場合には、あらかじめ乙にその旨を明示するものとし、乙は誠意をもって実現に努め、その結果を個別契約に定めるものとする。」**という文言となり随分ソフトな言い方に変わっている。

ちなみに 2006 年、当時の「日本広告主協会」は会員広告主に対し「広告会社との基本取引契約締結に関する実態調査」というアンケート調査を行ったが、会員の広告主企業 287 社から回答のあった 116 社のうち、当該契約書を締結していると回答した企業はわずか 57 社（49.1％）であった。

以上のように広告業界における基本取引契約は必ずしも普及しているとはいえない状況である。

広告取引基本契約モデル（案）

○○○広告主（以下、甲という）と○○○広告会社（以下、乙という）とは、甲乙間の広告宣伝取引に関する基本的な事項について、次の通り契約を締結する。

第1章　総則

第1条【本契約の目的】
本契約は、甲乙間の広告宣伝取引に関し、甲および乙が信義にのっとり誠実にこれを実行し、公正に取引をすることを目的とする。

第2条【定義】
本契約において、広告宣伝取引とは、甲が乙に対して次の各号のいずれかに定める業務を依頼し、その対価を乙に支払うことをいう。
 （1）媒体を介して実施する宣伝広告（テレビ、ラジオ、新聞、雑誌、交通広告、電子メディアなど）およびカタログ等宣伝印刷物に関する企画・制作・運営
 （2）上記広告のための媒体の確保および出稿管理
 （3）展示会、博覧会、スポーツイベント、コンサートイベントその他各種イベントの企画ならびに実施運営
 （4）市場および広告に関する調査、情報収集・分析、研究開発、およびコンサルティング等のマーケティング業務
 （5）前各号に付帯関連して甲が乙に発注する一切の業務

第3条【本契約と個別契約との関係】
 1　本契約に定める事項は、本契約の有効期間中、広告宣伝取引に関して甲乙間で締結される個々の契約（以下、個別契約という）すべてについて適用されるものとする。
 2　前項の規定にかかわらず、個別契約において、本契約に定める各条項の

一部の適用を排除し、または本契約と異なる事項もしくは本契約の内容を補充する事項を定めることを妨げるものではない。本契約の各条項と異なる内容の個別契約を締結した場合には、当該個別契約が優先されるものとする。

第2章　個別契約

第4条【個別契約の成立】
1　個別契約は、発注年月日、依頼業務の件名、依頼業務の内容、数量、代金額、履行期などを記載した個別契約書を取り交わすか、もしくは甲より乙に同様の記載のある注文書を交付し、当該注文書に対する乙の注文請書を甲が受領したときに成立する。
2　前項の注文書および注文請書の発行は、電子メール等によって代替することができる。

第5条【個別契約の変更】
1　甲および乙が、前条により成立した個別契約の全部または一部をやむを得ず変更するときは、両者協議して行うこととする。
2　前項による個別契約の変更により、甲もしくは乙が損害を被った場合には、一方の申し出により、損害の補償につき両者協議することとする。

第3章　履行と報告

第6条【履行期】
1　履行期とは、個別契約を履行すべき確定期日（確定期間または確定期限）をいう。
2　乙は、個別契約に定める履行期に当該業務を履行し、広告制作物または個別契約の履行の結果創作された成果物（以下、成果物という）を甲に引き渡さなければならない。

第7条【報告および検査】

1 甲は、個別契約に関する乙の履行状況について、いつでも乙に対して報告を求めることができる。この場合、乙は、速やかに書面・電子メールまたは口頭で報告しなければならない。

2 甲は乙の報告内容に疑義のある場合には、乙に対し速やかにその旨通知し、履行状況を検査することができる。検査方法については事前に両者が協議し定めるものとする。ただし乙が甲の疑義に異議があるときは、遅滞無く甲に申し出て、両者協議の上解決するものとする。

3 個別契約に関する乙の業務が完了したときは、乙は甲の定める期間内に完了報告をしなければならない。

4 乙は、個別契約を履行期に完了することができないとき、またはそのおそれが生じたときは、直ちに甲に通知し、その対応について両者協議するものとする。

第8条【検収】

1 個別契約等で甲乙があらかじめ合意した仕様との不一致（以下、瑕疵という）があった場合には、甲は乙に対し乙の費用負担でその修補もしくは代替物の給付を求めることができる。また、その結果として甲に損害が生じた場合には、甲は乙にその賠償を求めることができる。

2 甲は乙による納品後○日以内にその検査を行い、結果を直ちに書面・電子メールまたは口頭にて乙に通知する。

3 前項の期間に甲からの通知がないときは、成果物は甲の検査に合格したものとみなす。ただし、隠れたる瑕疵があった場合には、商法第526条の規定に基づいて処理することに両者あらかじめ同意するものとする。

第4章　支払

第9条【対価】

1 個別契約の履行に伴う対価は、第4条で定めた代金額に基づき、両者協議の上決定する。

2 個別契約に定める業務に変更があったときは、両者協議の上、適切なる代金額を定めることとする。

第10条【請求】

乙は毎月末日をもって当該1ヵ月間の代金を締切り、○○日までに甲に請求する。

第11条【支払】

甲は請求月の△△日までに請求額を乙の指定する銀行口座へ振り込むことにより支払う。振込手数料は甲の負担とする。

第12条【遅延損害金】

甲が乙に対する金銭支払債務の履行を怠ったときは、甲は支払期日の翌日から完済の日まで、年□□%の割合による遅延損害金を乙に支払うものとする。

第5章　支給物および貸与物

第13条【支給物および貸与物の管理】

1　乙は、甲から支給または貸与された図面、仕様書、資料、商品等を善良な管理者の注意をもって管理するものとし、個別契約の履行の目的以外にはこれを使用してはならない。
2　乙は、個別契約の履行が完了したとき、その他甲から求められた場合、甲の指示に従い貸与物は速やかに甲に返却するものとし、支給物は廃棄するものとする。

第6章　使用権の確保

第14条【成果物の使用】

甲は、成果物を個別契約の定めに従って使用することができる。

第15条【成果物の権利処理等】

1　成果物の制作にあたり、第三者の著作権・肖像権その他の権利を使用する場合、乙は甲の広告宣伝活動に支障をきたさないよう、甲とあらかじ

め合意した内容に基づき、当該第三者との間で必要な権利処理を行う。

2 甲は、前項に基づき乙が行った権利処理の範囲内で成果物を使用するものとする。

3 乙は、本契約および個別契約を履行するに当たり、第三者の著作権・肖像権その他の権利を使用する場合に、その権利の侵害を理由とする紛争が生じたときは、甲の責に帰すべき事由がある場合を除き、乙において一切処理解決するものとする。

第16条【成果物の権利帰属】

甲が、成果物について、甲に権利を帰属させることを希望する場合には、あらかじめ乙にその旨を明示するものとし、乙は誠意をもって実現に努め、その結果を個別契約に定めるものとする。

第17条【成果物の編集・複製等】

甲は、成果物を編集・加工・複製しようとする場合（他の素材と組み合わせて使用する場合等も含む）、これを乙に委託するものとする。ただし、個別契約に別途定める場合は、この限りではない。

第18条【成果物の保管・管理】

甲は、成果物の保管・管理を乙に委託する場合の詳細については、別途両者協議して定めるものとする。

第7章　再委託、権利の譲渡

第19条【再委託】

1 乙は、乙の責任において本契約または個別契約に基づく業務の全部または一部を第三者に再委託することができる。

2 前項の場合、乙は当該再委託先に本契約と同等の義務を遵守させる義務を負うものとする。また乙は前項の場合においても、本契約および個別契約で負う責任を免れることはできない。

第20条【権利の譲渡等】

甲および乙は、相手方の事前の書面による承諾を得なければ、次の行為をすることができない。

（1）本契約または個別契約に基づく債務の全部または一部を第三者に履行させること。ただし前条の場合を除く。

（2）本契約または個別契約に基づく金銭債権その他の債権の全部または一部を第三者に譲渡し、担保に供しまたはその処分をすること。

第8章　契約の終了

第21条【有効期間】

1　本契約の有効期間は、本契約の締結日から起算し満○年間とし、期間満了の3ヵ月前までに甲乙のいずれかからも契約終了または契約内容の変更等別段の意思表示がないときには、本契約は同一条件でさらに○年間継続するものとし、以後もこの例による。

2　本契約が終了した場合といえども、本契約の有効期間中に締結された個別契約が存続している場合は、当該個別契約の効力およびこれに適用される本契約の定めは、当該個別契約の存続期間中有効とする。

第22条【解約】

1　甲または乙は、相手方に本契約および個別契約に違反する行為がある場合、相当の期間を定めてその是正を書面にて催告し、相手方がかかる違反を是正しない場合は、直ちに本契約および個別契約の全部または一部を解約することができるものとする。

2　甲または乙は、相手方に次の一にでも該当する事由が生じた場合には、催告することなしに直ちに本契約および個別契約を解約することができるものとする。

（1）仮差押、差押もしくは競売の申立て、破産手続開始、民事再生手続開始、もしくは会社更生手続開始の申立てがあったとき、または清算に入ったとき。

（2）租税公課を滞納して保全差押を受けたとき。

(3) 支払いを停止したとき、もしくは手形または小切手の不渡りを発生させたとき。

(4) 手形交換所の取引停止処分があったとき。

(5) 信用に不安が生じ、または事業に重大な変化が生じたとき。

(6) 本契約および個別契約に基づく債務の履行が困難と認められるとき。

(7) 本契約および個別契約の履行に関し、役員、使用人もしくは代理人が不正の行為をしたとき。

(8) 正常な取引を行えず、または正常な営業ができない事由が生じたとき。

第23条【暴排条項】

1 甲、乙は、相手方が以下の各号のいずれかに該当した場合は、何らの催告を要しないで本契約および個別契約の全部を解除できる。

(1) 暴力団、暴力団員、暴力団関係者、その他反社会的勢力（以下、「暴力団等」という）である場合。

(2) 代表者、責任者、または実質的に経営権を有する者が暴力団等である場合、または暴力団等への資金提供を行う等、密接な交際のある場合。

(3) 自らまたは第三者を利用して、他方当事者に対して、自身が暴力団等である旨を伝え、または、関係者が暴力団等である旨を伝えた場合。

(4) 自らまたは第三者を利用して、他方当事者に対して、詐術、暴力的行為または脅迫的言辞を用いた場合。

(5) 自らまたは第三者を利用して、他方当事者の名誉や信用等を毀損し、または毀損するおそれがある行為をした場合。

(6) 自らまたは第三者を利用して、他方当事者の業務を妨害した場合、または妨害するおそれのある行為をした場合。

2 甲および乙は前項の規定により本契約を解除した場合は、相手方に損害が生じても、これを一切賠償しない。

第24条【契約終了後の措置】

1 事由のいかんを問わず本契約が終了した場合、乙は甲に対して直ちに第13条に定める貸与物ならびに甲が指定する制作関連資料を返還しなければならない。

182

2 事由のいかんを問わず本契約が終了した場合、甲は乙と別途合意することにより、仕掛品に係る権利を取得することができる。

第25条【存続条項】
第14条（成果物の使用）、第15条（成果物の権利処理等）、第18条（成果物の保管・管理）、第27条（秘密保持）、第32条（管轄裁判所）の規定は、本契約が終了した後もその効力を存続する。

第9章　雑則

第26条【法令等の遵守】
1 甲および乙は、本契約および個別契約の締結、履行に際し、法令および監督官庁の指導等を遵守し、公序良俗に従わなければならない。
2 乙は、本契約および個別契約の内容が前項に抵触しまたはそのおそれがあるときは、その内容を甲に通知し、甲乙協議のうえ、適切な措置を講ずるものとする。

第27条【秘密保持】
1 甲および乙は、事前に相手方の書面による承諾を得なければ、本契約および個別契約に関して知った相手方の秘密を開示してはならない。
2 甲および乙は、本契約および個別契約の履行に関与した第三者に対しても前項の義務を負わせなければならない。
3 次の各号の一に該当する業務上の情報は、第1項に規定する秘密に含まれないものとする。
（1）相手方からの提供を受ける前から保有していた情報。
（2）自己の責に帰することのできない事由により公知となった情報。
（3）正当に第三者から知得した情報。
（4）甲または乙が成果物を利用することに伴い、必然的に公知となった情報。

第28条【危険負担】

甲乙のいずれの責にも帰すことができない事由によって、甲に引き渡す前に生じた成果物の滅失、毀損等の損害については乙の負担とし、引き渡し後に生じた損害については甲の負担とする。ただしその損害の発生時までに、本契約および個別契約の履行のために乙が要した費用の取扱いについては、両者協議して定めるものとする。

第29条【損害賠償】
甲または乙は、本契約および個別契約の不履行、または履行に付随した行為により、相手方に損害（合理的な範囲の弁護士費用を含む）を被らせたときは、これを賠償するものとする。

第30条【通知義務】
甲または乙は、次の事項が発生した場合は公表後速やかに相手方に通知する。
（1）住所もしくは本店その他の営業所の所在地、氏名、名称もしくは商号、代表者または代表者の届出印の変更。
（2）合併、増資、減資、解散、営業の全部または一部の譲渡または貸与その他資産もしくは事業の状態に著しい変動をきたすおそれのある一切の行為。
（3）前項に定める事項のほか、甲が要求した事項につき、乙は甲に対して報告するものとする。

第31条【協議解決】
本契約および個別契約について定めのない事項および疑義のある事項は、両者協議して解決するものとする。

第32条【管轄裁判所】
本契約および個別契約に関する一切の紛争については、○○地方裁判所を第一審の専属的合意裁判所とする。

本契約締結の証として本書2通を作成し、甲乙各自記名捺印のうえ、各1

通を保有する。

　　　　年　　　月　　　日

　　　　　　　　　　　　　　甲（広告主）：

　　　　　　　　　　　　　　　　住所

　　　　　　　　　　　　　　　　社名

　　　　　　　　　　　　　　　　契約当事者名

　　　　　　　　　　　　　　乙（広告会社）：

　　　　　　　　　　　　　　　　住所

　　　　　　　　　　　　　　　　社名

　　　　　　　　　　　　　　　　契約当事者名

(2) 著作権譲渡契約と著作物利用許諾契約の使い分け

　広告取引において、例えばイラストレーションなどの著作物を広告に利用したい時、どのような場合に著作権譲渡契約とし、どのような場合に著作物の利用許諾契約とするべきか、という問題がある。分かり易く言えば著作物を「いただく」か、それとも「借りる」か、ということである。これは、その著作物について、これから先、どのような利用計画をたてるかということに関わってくる。

　通常、単発の新聞広告用など、1回限りの利用であれば単純な利用許諾でよいだろうが、例えばメディア統合型の広告キャンペーンなどで様々なメディアやWeb、パンフレット等のSPツールに幅広く利用されるキービジュアルなどの場合は、著作権譲渡契約を結んでしまったほうが効率的であろう。

　もっともその著作者の意思もかかわってくる。例えば著作者側で最初から譲渡する意思がない等、必ずしもこちらの希望どおりにならないケースもある。また当然、利用許諾契約よりも譲渡契約のほうが対価も高くなることから予算的な問題もあろう。しかし、一応、こちらの希望を明確に伝え、交渉してみることは重要なことである。

　なお、オリジナルのイラストレーションを新規にイラストレーターに制作

してもらう場合は、まず制作委託契約があり、その上でそのイラストレーションを著作権譲渡契約で利用するか、利用許諾で利用するかという形となる。

(3) 著作権譲渡契約のポイント

ここではイラストレーターやカメラマンが所有する著作物の著作権を譲り受けることについての契約を想定する。例えば彼らが所有する未発表の作品を広告キャンペーンのキービジュアルとして利用したい等のケースである。

契約書作成上のポイントは以下のとおりである。

■譲渡対象著作物を明確化する

別紙目録等を用いるか、契約書内で書き込むか、どちらでもよいが、必ず明確に特定するようにしよう。

■譲渡対象となる著作権の範囲を明確化する

複製権だけを譲渡してもらうことも可能だが、基本的には著作権のすべての権利を譲渡してもらう方が後々安心である。ただし単に「すべての著作権を譲渡する」と書くだけでは「翻案権」や「二次的著作物の原著作者の権利」が含まれなくなるので「すべての著作権（著作権法第27条、同第28条に定める権利を含む）を譲渡する」と記載する必要がある。また譲渡にあたって、地域や期間を限定させることも可能。たとえば日本国内で〇〇〇〇年〇月〇日までというような形である。

■著作者人格権に関する条件を明確化する

著作権法上、財産権としての著作権は譲渡できても著作者人格権は譲渡できず、この著作者人格権は一身専属的に著作者に帰属する。そしてこの権利には公表権、氏名表示権、同一性保持権などがある。

この著作者人格権に関する条件を明確化させることとは、主に同一性保持権の問題（その著作物を改変したい場合は必ず著作者の許諾を得なければならない）をはっきりさせるということである。

はっきりさせるということの一つは、著作権法に乗っ取って「（著作者人格

権は著作者に残っているので) 改変等の場合は必ず著作者に許諾を得ること」
を契約書内に明記させることである。そしてもう一つは、この著作者人格権
を行使しない約束を交わすことである。広告実務上では後者のタイプが圧倒
的に多い。

そしてこの場合、譲渡する側がイラストレーターやカメラマンなどのよう
に、著作者と著作権者が同一であればシンプルであり問題ないが、イラスト
レーターやカメラマンから著作権譲渡された制作会社との譲渡契約の場合は、
著作者と著作権者は同一ではない。著作者はイラストレーターやカメラマン
で、著作権者は制作会社ということになる。

このようなケースでは「乙 (制作会社) は、当該著作物の著作者が乙以外の
者であるときは、当該著作者が著作者人格権を行使しないように必要な措置
をとるものとする。」等としておくのが望ましい。

■対価の支払いを明確化する

譲渡に対する対価であることをはっきり打ち出し、支払い条件等も明確化
させる。

(4) 著作物利用許諾契約のポイント

ここではイラストレーターやカメラマンが所有する著作物を借り受けるこ
とについての契約を想定している。例えば著名なイラストレーターや写真家
が所有している未発表の作品を、カレンダー制作単体用に利用したいなどの
ケースである。

契約書作成上のポイントは以下のとおりである。

■利用条件を明確にする

利用許諾の場合は、利用するにあたっての具体的条件 (著作物の特定、利用
する期間や回数、利用エリア、独占的利用か非独占的利用か等) を明確にし、これ
らをもれなく記載すること。また広告主や当方の実績紹介としての会社案内、
Web サイト等への利用も付加しておこう。

この中で特に重要なのは、独占か非独占かということである。広告利用の
場合は競合の問題があるので、ほとんどが独占的利用となる。

■類似著作物作成への禁止をうたう

　当該著作物の独占的利用許諾を行った場合であっても、その利用期間中に著作者が当該著作物に類似した著作物を作成し競合他社等がそれを利用してしまうと、当方にとっては大きな損害に繋がる可能性がある。そこで類似著作物作成への規制を記載しておく必要性がある。

■対価の支払いを明確化する

　利用許諾に対する対価であることをはっきり打ち出し、支払い条件等も明確化させる。

(5) 著作物制作委託契約のポイント

　既存の著作物ではなく、イラストレーターやカメラマンに新規の著作物制作を委託する場合の契約書は、以下のどちらかとなる。
- 「制作委託及び著作権譲渡」契約
- 「制作委託及び著作物利用許諾」契約

　つまり新規に制作委託を行い、完成された著作物の著作権を「買い取ってしまう」契約とするか（譲渡）、それとも「利用する」だけの契約とするか、の問題となる。

■「制作委託及び著作権譲渡」契約

　ここでは、あるまとまったキャンペーン等のために、イラストレーターやカメラマン、また制作会社等に対して著作物の制作委託を行い、完成された成果物の著作権は当方に譲渡してもらうこと（著作権法第27条・第28条を含む）、さらに成果物を当方側で自由に改変できるようにするために「著作者人格権の不行使条項」を付加する、という場合を想定している。

　この場合は、契約内容は基本的に2つのステップがあり、①制作委託契約と②成果物（著作物）の権利譲渡契約である。しかし全体の流れとしては①の制作委託契約に②が包含される形となる。

　契約書作成上のポイントは以下のとおりである。

①委託業務を特定しクオリティ管理に関する権利を明確化する

既に存在している著作物に関する契約書の場合は問題ないのだが、これから制作委託する場合はまず、発注側が期待する成果物が約束されるよう、契約書内で、例えばその広告に関する企画書などを引用し可能な限りその成果物の輪郭とレベルを明らかにしておく必要がある。また企画に合致した作業がスムースに進行しているかどうかを発注した側が随時チェックできること、またその結果、企画意図に合致しないと判断した場合は修正を求めることができる、という点を押さえておく必要があろう。

②制作スケジュールの遵守と報告義務を明確化する

　予定されているスケジュールを遵守させ、万が一予定どおりに進行しない可能性がでてきた場合は速やかに発注者側に報告し指示を仰ぐことを約束させたい。

③納品された成果物の検査・瑕疵・修正の明確化

　納品された成果物に万が一の瑕疵（何らかの不都合）があった場合の、交換、修正、あるいは代金の減額等、瑕疵の度合いに対応した責任について明確化しておこう。

④著作権の帰属先を明確化する

　著作権の帰属先がどちらにあるか、つまり譲渡か利用許諾かについては必ず明確化しなければならない。この場合は譲渡契約となるので、委託側に移転することを明記する。

⑤著作者人格権に関する条件を明確化する

　著作権法上、著作物の改変などに伴う権利である著作者人格権は、譲渡できず、著作者であるアーティストや制作会社に残るので、改変などの際には必ずその原著作者への許諾が必要となるが、この権利の不行使条項を付加することによって実質的には著作者人格権も含めた譲渡となり、改変などが一応自由にできることになる。

⑥対価の対象を明確化する

　ここでは委託された制作業務だけではなく、その成果物としての著作物の著作権譲渡の対価も明記する。なお、制作費で○○○円、著作権譲渡料として○○○円というように分けて記載したほうが下請法上も適切であると同時に、印紙税については節税効果が期待できる（詳細は **Q85** を参照）。

⑦機密保持に関する義務を明確化する

IX｜広告の契約と契約書

189

制作業務上、知り得た広告主や当方に関するすべての情報に関する機密保持を約束するための条項を記載する。別途、包括的な「機密保持契約」を締結する場合は「本契約に係る機密の保持を目的として、別に定める『機密保持に関する契約書』を締結する。」等の表現となろう。

■「制作委託及び著作物利用許諾」契約

　このタイプではイラストレーションや写真撮影を新規に制作委託し、その成果物の著作権は著作者（イラストレーターやカメラマン）に帰属したままの状態で、その著作物の利用を許諾してもらうという場合を想定している。

　契約内容は2つのステップがあり、①制作委託契約と②成果物（著作物）の利用許諾契約である。しかし先ほどの譲渡契約の場合同様、全体の流れとしては①の制作委託契約に②が包含される形となる。

　契約書作成上のポイントは以下のとおりである。

①委託業務を特定し、クオリティ管理に関する権利を明確化する

②制作スケジュールの遵守と報告義務を明確化する

③納品された成果物の検査・瑕疵・修正の明確化

④著作権の帰属先を明確化する

⑤機密保持に関する義務を明確化する

　これらは「制作委託及び著作権譲渡」契約の場合と同様である。

⑥著作者人格権に関する条件を明確化する

　改変などの際には必ずその原著作者への許諾が必要となる。このことを明記しておこう。

⑦対価の対象を明確化する

　ここでは委託された制作業務だけではなく、その成果物としての著作物の利用許諾の対価も明記する。なお、譲渡契約の場合と同様、制作費で○○○円、著作物の利用許諾料として○○○円というように分けて記載したほうが下請法上も適切であると同時に、印紙税については節税効果が期待できる（詳細は **Q85** 参照）。

(6) 完成した著作物に関する著作権共有化契約のポイント

　制作会社に委託した著作物に関する著作権は当方にまるごと譲渡してもら

うことが理想だが、コスト的な事情等で制作会社からの譲渡がされない時は
どう考えたらよいだろう。

　方法として2つある。1つはそもそもの制作作業を当方と制作会社とで分
担し、当方側で何らかのラフスケッチを作成する等のプロセスを通じて「共
同著作物」とすることである。この場合は当方も著作者となり自動的に制作
会社との間の「共有著作権」を保有することができる。

　もう1つの方法は制作会社に通常の制作委託をし、その成果物の権利を半
分だけ譲渡してもらうということである。その結果、1つ目の方法と同様に
共有著作権を保有することができる。つまり譲渡契約の1バリエーションと
いうことになる。

(7) タレント出演契約のポイント

　タレント契約の場合は、広告主と当方で交わすもの、当方とタレント事務
所で交わすもの、またその三者全体で交わすものを含め、主には3種類ある
(場合によってはタレント事務所とタレントが別々となって4者契約ということもあ
る)。それぞれが何を約束したのかが一目瞭然でわかるようなものを心がけ、
まず確認事項をピックアップしてみることが最初のステップとなる。

　作成上のポイントは以下のとおりである。

■契約の目的を明確化する

　どの企業のどのような商品の広告なのか、また広告の種類や範囲等を特定
し、明確化させる。

■契約の有効期間を明確化する

　そのタレントを使用するのは、いつからいつまでなのかなどを明確化させ
る。

■契約金と出演料の支払い方法を明確化する

　年間契約料でいくら、出演料でいくらかなど、具体的に何に対する対価な
のか、また対価の支払い方法などを明確化させる。

■制作物の使用範囲を明確化する

ここでは、広告の範囲だけでなく、広告主や当方の実績紹介としての会社案内、Webサイト等への使用も付加しておくべきである。

■出演に関する制約事項を明確化する

競合他社への出演等を制限しておく。

■事故の賠償を明確化する

不慮の事故における賠償の有無等を明確化させる。

■タレント事務所の権限保証と契約期間中の所属変更について

そのタレント事務所がそのタレント使用に関する権限を独占的に所有していることの保証、また万が一、契約期間中にそのタレントの所属変更があった場合の保証などを明確化させる。

3. デザイナー自ら作成できる簡単契約書

(1) 相手と約束したことを書面にする習慣を

特に営業現場からもっとも多く上がってくる要望は「正式なものでなくていいから簡単な契約書、もしくは覚書の雛形はないか」である。あまり長文でいかにも弁護士がかかわって作りました、というような正式なものにしてしまうと相手が構えてしまって「契約書なしでいきましょう」などということになったり、また相手方がチェック→修正して再度当方に渡され、当方でさらにそれを検証したり…などとやっているうちにいつの間にか2～3ヶ月が経過。契約書を締結する本来のタイミングを逃してしまい「さかのぼり契約」などという結果にもなりかねない。

確かにこのような要望自体は適切ではない。本来、時間がかかってもよいから法令に遵守し、かつ自社のリスクヘッジに繋がるようなものを作成すべきである。ところが、それが大変なので必要最小限のものにしたい、というのは不謹慎でもあり弁護士などに相談したら怒られそうである。

だからといって、何もしないまま足踏みをしてしまい口頭レベルで玉虫色

の約束だけして仕事が完了。トラブルが起こってから慌てふためく、という
ことになるよりも、**現場がよく理解できている当事者、例えばデザイナー自
身が自分の知恵と言葉を駆使しながら作成できる簡単契約書作成方法がある
のなら、それは肯定すべきではないだろうか。**

そこで以上のような視点から最低限必要なことだけをまとめた「A4・1枚
契約書」、及び印紙税のかからない「メール覚書」など、実行可能で、かつそ
れなりの効力を伴った契約の仕方を提案してみたい。

(2) 簡単契約書「A4・1枚契約術」

ここでは、どうしても必要なことだけを記載する**「A4・1枚」でまとめら
れる契約術を紹介したい。**広告制作に関連が深くまた重要度の高い「著作権
譲渡契約」「著作物利用許諾契約」「肖像利用に関する覚書」の３種について、
簡単契約書の見本を作成してみた。いずれも、継続的取引に伴う「基本取引
契約」、また包括的な「機密保持契約」等が別途締結されていない完結型（独
立型）契約書を前提としている。

決して万全とまではいえないが、契約目的に基づいて優先順位を整理し、
シンプルだがそれなりのリスクヘッジも可能なものとなっている。このよう
なものをベースとして必要な条項を加筆修正したうえで活用していただきた
い。

■ 著作権譲渡契約書

広告会社が、制作会社から著作権の譲渡を受ける場合の簡単契約書につい
て「ひな型」を作成してみた。なおここでは制作会社が著作者及び著作権者
であることを前提としている。

○○○○○○○に関する著作権譲渡契約書

○○○○○○○（以下「甲」という）と○○○○○○○（以下「乙」という）と
は、乙が著作者として著作権を有する著作物「○○○○○○○」（以下「本著
作物」という）の著作権譲渡に関し、次のとおり契約を締結する。

第1条（著作権の譲渡）
乙は甲に対し、本著作物に関する全ての著作権（著作権法第 27 条、第 28 条に定める権利を含む）を譲渡する。

第2条（著作者人格権）
乙は甲に対して、著作者人格権を行使しないものとする。

第3条（保証）
乙は甲に対し、本著作物が第三者の著作権等、いかなる権利も侵害しないことを保証する。

第4条（本著作物の納入）
1. 乙は甲に対し、○○○○年○○月○○日までに、本著作物を収録した○○ディスクを甲宛に納入するものとする。
2. 甲に納入された本著作物の収録媒体の所有権は、納入時に甲に移転するものとする。

第5条（対価）
甲は乙に対し、本著作物の著作権譲渡の対価として、金○○○○○○（消費税を除く）を、○○○○年○○月○○日までに支払う。

第6条（秘密保持）
乙は本契約に関して知り得た情報を一切他に漏洩してはならない。

第7条（契約解除）
当事者の一方が本契約の条項に違反した時は、他方当事者は何らの催告もせず直ちに本契約を解除し、また被った損害の賠償を請求することができる。

第8条（協議）
本契約に定めのない事項については、甲乙協議の上、定めるものとする。

本契約締結の証として、本書2通を作成し、甲乙記名捺印の上、各1通を
保有する。

〇〇〇〇年〇〇月〇〇日

甲　〇〇〇〇〇〇〇〇〇〇〇〇〇〇〇〇〇
　　〇〇〇〇〇〇〇〇〇

乙　〇〇〇〇〇〇〇〇〇〇〇〇〇〇〇〇〇
　　〇〇〇〇〇〇〇〇〇

■著作物利用許諾契約書

　次に広告会社が制作会社から著作物の利用許諾を受ける場合の簡単契約書
について見本を作成してみた。なおここでは制作会社が著作者及び著作権者
であることを前提としている。

〇〇〇〇〇〇に関する利用許諾契約書

〇〇〇〇〇（以下「甲」という）と〇〇〇〇〇〇（以下「乙」という）とは、乙
が著作者として著作権を有する著作物「〇〇〇〇〇〇」（以下「本著作物」とい
う）の利用に関し、次のとおり契約を締結する。

第1条（利用許諾）
乙は甲に対し、本著作物について、以下の条件に基づく利用を許諾する。
- 〇〇〇〇〇〇〇〇〇〇〇〇〇〇〇〇〇〇〇〇〇〇〇〇〇〇〇〇〇〇〇
- 〇〇〇〇〇〇〇〇〇〇〇〇〇〇〇〇〇〇〇〇〇〇〇〇〇〇〇〇〇〇〇

第2条（著作者人格権）
甲が本著作物の内容・表現等に変更を加える場合は、事前に乙の承諾を必要

とする。

第3条（保証）
乙は甲に対し、本著作物が第三者の著作権等、いかなる権利も侵害しないことを保証する。

第4条（本著作物の納入）
1. 乙は甲に対し、○○○○年○○月○○日までに、本著作物を収録した○○ディスクを甲宛に納入するものとする。
2. 甲に納入された本著作物の収録媒体の所有権は、納入時に甲に移転するものとする。

第5条（対価）
甲は乙に対し、本著作物の利用許諾の対価として、金○○○○○○（消費税を除く）を、○○○○年○○月○○日までに支払う。

第6条（有効期間）
本契約の有効期間は○○○○年○○月○○日から○○○とする。

第7条（秘密保持）
乙は本契約に関して知り得た情報を一切他に漏洩してはならない。

第8条（契約解除）
当事者の一方が本契約の条項に違反した時は、他方当事者は何らの催告もせず直ちに本契約を解除し、また被った損害の賠償を請求することができる。

第9条（協議）
本契約に定めのない事項については、甲乙協議の上、定めるものとする。

本契約締結の証として、本書2通を作成し、甲乙記名捺印の上、各1通を保有する。

○○○○年○○月○○日

甲 ○○○○○○○○○○○○○○○○○
　　○○○○○○○○○

乙 ○○○○○○○○○○○○○○○○○
　　○○○○○○○○○

■ **肖像利用に関する覚書**

　撮影時の通行人など、他人の肖像を利用する際の簡易利用許諾である。このようなレベルのものであっても書面になって残っているかどうかでトラブル頻度がかなり削減できる。覚書上の概念としては肖像権の利用ではなく「個人情報の利用」としている。注意すべきポイントとしては、権利者が未成年であった場合は本人だけではなく親の許諾も必要となるということである。

　なおこのような場合、相手方の権利保護だけでなく、当方（広告主も含む）の機密情報の保護という観点から別途、守秘義務契約を交わすこともある。

個人情報（写真・動画）利用に関する許諾覚書

　　　　　　　　　　　　　　　　　　　　　　　　年　　　月　　　日

　　　　　　　　　　申請者

　　　　　　　　　　（住所）○○○○○○○○○○○○○○○

　　　　　　　　　　（社名）○○○○○○○○

_____　殿

弊社では_____を制作するにあたり、貴殿を撮影させていただき、当ツールに使用させていただきたく、お願

い申し上げます。

●使用目的 _____

_____

_____

●使用する個人情報 _____

_____

●使用期間 　　年　　月　　日〜　　年　　月　　日

●使用地域の限定　　特になし

●使用媒体・ツール等

※以上の目的・条件を遵守し、目的外使用はいたしません。万が一、目的・条件等が変更になる場合は、貴殿と協議のうえ、再度覚書を取り交わします。

※個人情報の管理については、個人情報保護法に準拠し、万全の体制をとります。

※当覚書を2通用意し、当事者それぞれが管理・保管するものとします。

- -

個人情報利用許諾書

_____年　　月　　日

○○○○○○○○殿

私、_____（年齢：_____）の個人情報（写真・動画）使用について許諾いたします。

住所_____

氏名_____印

＊なお、貴殿が未成年の場合、保護者の方の署名・捺印をお願いします。

4. 契約書と印紙の関係

(1) 契約書の効力と印紙の関係は

　勘違いされることが多いが、契約書に印紙が貼ってあるかどうかは契約書の効力にはまったく関係ない。収入印紙とは国に支払う印紙税であり、「印紙税法」という法律に定められている。

　印紙税法で定められている課税文書を作成する時には、1通ごとに印紙税を収めなければならないことになっている。その具体的方法が、それぞれの契約書に必要な金額の印紙を貼り消印するということである。

　したがって印紙貼付の有無は印紙税法上の問題でしかなく、そのことと契約の有効性は関係ない。つまり必要な印紙が貼ってなかった場合でも契約書の効力は何も変わらない。ただし印紙が必要とされる文書であるにもかかわらず貼っていない場合は印紙税法違反となり、本来貼らなければならなかった印紙代の3倍の金額（本来の印紙税に200%を加えた金額）を過怠税（罰金）として払わなければならなくなるので注意が必要である。

　なお、印紙を貼る必要のある文書か、そうでない文書か、貼る場合はいくらの印紙が必要となるか等は、やや複雑な話となるので詳しくは国税庁のWebサイト等を参照していただきたい。

　以下に、広告に関連の深い契約書について印紙税との関係を整理した。

■ 著作権譲渡契約書

　無体財産権の譲渡契約書等は「第1号文書」となり、譲渡金額に応じて200円から60万円までの印紙が必要となる。

■ 制作委託契約書、タレント出演契約書など

　その他、イベント実施運営、広告塔の工事請負等のための契約書は印紙税法でいう「第2号文書」（請負に関する契約書）となり、取引額に応じて200円から60万円までの印紙が必要となる。

■ 業務委託基本取引契約書

　継続的取引のための業務委託基本取引契約書は「第7号文書」となり、一

律 4,000 円の印紙が必要となる。広告取引基本契約書、取引基本契約書等々、呼称は様々であるが、要するに個々の契約に共通する基本的な事項を予め決めておこうという契約書であり、有効期限が切れる前に双方から申し出がない場合は同一内容で更新され以後も同様とする等の自動更新条項が記載されている。

■著作物利用許諾書、コンサル契約書、機密保持契約書

これらは印紙税法の「非課税文書」となり、印紙は不要である。

なお、上記の契約が同一の契約書内に複数混在している場合は、それぞれの契約ごとの金額を記載することによって節税が図れる可能性が高いので、ぜひそのようにしよう（ **Q85** を参照）。

(2) 印紙税のかからないメール契約術

我が国では名刺の裏に書かれた「覚書」にさえ印紙が必要となるが、インターネットの世界では一切印紙は必要ない。これは印紙税というものがあくまでも課税文書にかかるものであり、課税文書は「紙で作成された文書」をいうからである。もともと印紙税法が策定された当時は、電子メールやPDF ファイルを電子的に保管するような方法は想定されていなかったので当然のことではある。

つまりメールのやり取りによって成立された契約については、そのメールデータが一定の契約書としてみなされるが、紙ではないので印紙税の対象とはならないということである。ただし、メールをプリントした状態で保管していれば、それは既に「紙」であり通常の契約書同様に課税対象となる。またメールの場合は当然、署名・捺印などはできない。従って申し込みと承諾が確認可能な甲乙間の送受信メールのデータを残しておくことが法的には重要なポイントとなろう。

個別契約等の場合などはこの方法を積極的に使用したい。なお、下請法が要求する 3 条書面、つまり発注書の交付などもメールでの運用が進んでいる。ただしメールでの運用を行うためには、書面又は電磁的方法で事前に下請事業者から承認を得ている必要がある（詳しくは **Q97** を参照）。

Ⅹ．本格的ネット時代の広告と著作権

この章のポイント

　　これまで見てきたように、広告の知的財産権は非常に複雑であるが、現時点では古典的メディア広告をベースに体系的に理解することは可能である。しかし今後、本格的なデジタル・ネットワーク社会を迎え、インターネット上のコミュニケーションやプロモーションがすべてのベースとなり、リアルメディアはそれを補うツールであるという関係性になってくると、どこかで発想の大きな転換をしていかねばならない。

　　この章では、今後の広告取引はどのような方向に向かうか。本格的デジタル・ネットワーク社会はどうなっていくのか。互いの関係はどう進化するのか、そして著作権との関連はどうなっていくのか、そんな観点から言及してみたい。

1.　広告取引は請負契約へ

(1) 請負契約とは何か

　広告主と広告会社との間の取引については、現在は請負契約として認識されている。請負に対立する概念は委任であり、かつて広告会社の主たる業務が「広告の取次ぎ」であった頃は委任に近い契約内容であった。

　委任契約とは、民法上、当事者の一方が法律行為をすることを相手方に委託し、相手方がこれを承諾することによって成立する契約である（民法第643条）。しかし実際には法律行為に限定されず事務の委託にも準用される（民法第656条「準委任」）ことから、広く「事務的業務の委託」も「準委任」とされている。つまり結果よりも行為に対して報酬が支払われる契約であり、例えば広告出稿の手配だけを行い実際の出稿結果への責任は求められていないという場合や、市場調査、コンサル契約などの場合も「準委任契約」ということになる。

　ところが、商品開発から市場導入、ブランド戦略、コミュニケーションプランの設計、キャンペーン構築、そしてそれらの手段としてのメディア展開

等、広告会社のスタンスが変わり、守備範囲が広がるとともに広告取引に結果責任が要求されるようになってくると、自ずと「請負」契約としての色彩を帯びるようになった。

公正取引委員会なども広告制作等に関しては明確に請負契約とみなしており、また印紙税法上も「広告契約書」、つまり、広告会社が広告主と取り交わす書面等は基本的に「請負に関する契約書（第2号文書）」と規定されている。

ちなみに**請負契約とは、当事者の一方（請負人）がある仕事の完成を約束し、相手方（注文者）がその仕事の結果に対して報酬を支払うことを約束することによって成立する契約**であり（民法第632条）、広告契約書に置き換えると、例えば「広告会社は、広告出稿やテレビCMの放送等を行うことを約束し、広告主はその出稿や放送等の実施に対して一定の金額を支払うことを約束する」ということである。そして広告契約が請負契約であることが当然となればなるほど、その中心的存在である広告会社の社会的責任も大きくなってくる。

ここに広告取引が請負契約であることに関連した判例がある。

(2) 広告会社の責任が問われた「広告主vs広告会社」事件

広告制作は通常、広告主⇒広告会社⇒制作会社⇒フリーランスクリエイターという流れで進められることが多い。この中で広告会社は著作物の権利処理について、いったいどこまでの義務と責任を負うのか。

「イラストの無断転用事件（東京地裁／2008年）」では、イラストの企画開発を行った広告会社の権利処理に関する包括的責任が問われ、最終的にその広告会社には何と3,000万円を超える損害賠償が請求された。

この悲劇の概要は以下のとおりである。

登場人物は、Ⓐ広告主（カー用品メーカー）、Ⓑ広告会社（看板や交通広告に強い中堅広告会社）、Ⓒ制作会社、Ⓓイラストレーターの4者である。

悲劇の始まりは1993年まで遡る。ⒶがⒷに、ある製品の雑誌広告及びリーフレットの制作を委託した。Ⓑは制作会社であるⒸに再委託しⒸはⒹにイラストを発注した。この段階で何ら著作権に関する取り決めは行われていない。従って著作権はⒹにある。その後、イラストは無事納品されⒹには25万円の制作費が支払われた。

そしておよそ 10 年後、Ⓓはたまたま立ち寄ったカー用品店で、自分の作品がカラーリングなどを勝手に変えられ複数製品のパッケージやリーフレットに無断利用されていることを知る。当初は単に広告用イラストでしかなかったが、好評を博し、その後、広告主の判断でキャラクター展開されていったらしい。

　著作権侵害として、ⒹはまずⒸにクレームをつけるが埒があかず、その後もⒶによるバリエーション展開は拡大を重ねていった。ついに耐えかねたⒹは 2004 年、Ⓐへの使用差し止め及び損害賠償請求を東京地裁に提訴。翌年、イラストの使用中止と、ⒶがⒹに 1,200 万の賠償金を支払うことで和解が成立した。

　しかし悲劇はまだ続いた。今度はⒶがⒷに対し損害賠償請求をすることとなる。ⒶがⒹに損害賠償を支払ったことはⒷの怠慢に起因するとして、Ⓑに対し債務不履行（及び不法行為）による損害賠償責任を追及したのだ。

　その判決は冒頭に触れたとおりである。

（3）広告会社の義務と責任

　この事案に関して特徴的なことはⒶⒷⒸともに著作権の帰属先等についてあまりにも曖昧なまま無頓着に事を進めていたということである。

　東京地裁は特に広告会社であるⒷに対し、そもそも、著作権上の問題が生じないよう権利処理する義務と、広告主の被害拡大を防止する義務を負っていたにもかかわらず、それらが履行されたとは到底いえないとし、重大な債務不履行を認定したのだ。確かにⒶとの取引経緯を振り返れば、事実上Ⓑはの無断利用を黙認し同調していたと思わざるをえない。

　広告会社たるもの、権利の問題が曖昧だとしたら率先して明確にすべきだろうし、広告主が法的に問題のありそうなことを勝手にやろうとしたら全力をもってそれを阻止しなければならない。この判決はそんなことを、我々に突きつけているのだ。

　そしてこれは、広告取引が今や立派な請負契約となっていることを踏まえ、その中心的存在である広告会社の社会的責任が問われた非常に象徴的な事案と考える。

　この事案のような場合、広告会社はイラストレーターに対して、①著作権

法第 27 条（翻訳権、翻案権等）及び第 28 条（二次的著作物の利用に関する原著作者の権利）を含むすべての著作権を譲渡する、②著作者人格権を行使しない、以上のことを交渉するべきであろう。そして大切なことは譲渡に伴う対価についてキチンと話し合い、明確にすることである。ただし譲渡先は広告会社とするか広告主とするかは営業戦略上の判断となろう。

　万が一、費用面等の問題で譲渡が難しいならば、せめて独占的利用許諾契約として利用範囲・条件等を詳細に詰め、また追加制作や改変などの場合は元のイラストレーターに必ず発注する、とすればよい。

　また当初は利用許諾契約で、しばらく様子を見てキャラクター展開の実効性が見込めるようならば、譲渡契約に切り替えるという手法もあろう。

　以上のように対象商品のプロモーション全域を見渡した中で、最善と思われる権利処理を模索し、それを広告主に提案し続けていくことが、請負契約における広告会社の基本的役割ではないだろうか。

2.　ネット社会と広告

（1）ネット広告がテレビ広告を上回るのは時間の問題

　電通が発表する「日本の広告費」によれば、1996 年にはわずか 16 億円であった日本のネット広告費は 2004 年にラジオの広告費を抜き、2007 年には雑誌の広告費を抜いた。さらに 2009 年には新聞をも抜き、2016 年にはネット広告媒体費だけで 1 兆円を超え、これによりテレビ広告に次ぐ第 2 位の媒体として確かな地位を築き上げた。日本の広告費総額が 6 兆円強、テレビ広告費が 2 兆弱なので、ネット広告費の 1 兆円というのはいかに大きいものであるかがわかる。

　特筆すべきは、SNS の躍進に伴い動画ニーズが拡大したこと、そしてネット広告市場の牽引役が PC 中心型からモバイル中心型に移行してきていること、さらに、高度なアドテクノロジーとリアルタイム入札によって広告の最適化を自動的に行う「運用型ネット広告」へのシフトが進んでいることである。そしてこの加速はまだまだ止まらず、ネット広告がテレビ広告市場を超えるのも時間の問題と言われている。

204

(2) リアルとWeb、放送と通信の共存

2011年、地上デジタル放送がスタートし、これを機に放送と通信の融合が加速した。端末のマルチデバイス化、ネットのブロードバンド化、サービスのプラットフォーム化などが進み、放送と通信を取り巻く環境は大きく変化していった。今やネット上には放送事業者以外による多種多様な動画配信サービス（インターネットテレビ）が乱立し、それぞれしのぎを削っている。

広告主にとって当初はリアルメディアの補完メディアに過ぎなかったインターネットメディアが、今や、マーケティング＆コミュニケーションにおける重要なベーシックツールとなってきていることは明らかであり、そんな構造の中で広告は今後どう進化していくのか。

広告主が自らの経営目標達成のために予算を捻出し「広告接触した消費者に態度変容を喚起させ購買行動まで繋げていくための何らかの施策」を「広告」と呼ぶのであれば、広告は今後も間違いなく生き残っていくだろう。だが、その顔付きと性格は大きく変貌していくのではないだろうか。

そして放送と通信のさらなる融合に伴い、広告もリアルとネットの共存・統合がますます加速、新たなタイプの広告が出現するだろう。新聞・雑誌広告の低迷に対して安定的なシェアを誇るテレビメディアとネットとの相乗効果を期待した「テレビスポット×運用型動画連動」のメディアプランニングニーズが高まっているが、これは当然の帰結である。

(3) 広告は「招かれざる客」から「招かれる客」へ

リアルメディアでは、接することのできる時間や空間に限界がある。それ故に「広告の枠」という概念が成り立っていた。消費者は広告と接することと引き換えに自分の興味関心のあるコンテンツを享受できる。乱暴な言い方をすれば、広告を消費者に一方的に押し付けることができていたからこそ、コンテンツと広告が別々のものであっても広告には一定の存在価値があったのだ。

つまり消費者にとって広告は、「招かれざる客」であるにもかかわらず広告は自らの機能をそれなりに果たせていたことになる。しかし今、ネット上では、**消費者はスマホを使いこなしつつ好きな時に好きな所で好きなようにコンテンツを楽しめる。消費者は能動的に「情報」を求める一方で、広告を**

能動的に拒否することもできるのである。

　いわば「招かれざる客」である広告は、そのままでは文字通り「招かれざる客」になってしまう可能性がある。

　そうなってくると、コンテンツ同様、広告も能動的に選択してもらい積極的に親しんでもらえるような存在になれないのか、という考え方が浮上してくる。ネット上で広告が話題になり、SNS を通じてシェアされたり拡散されたりすることによって、その効果を最大化させる。いわば広告のコンテンツ化である。

　笑わせる、泣かせる、ためになる、そんなインターフェイスを持つ広告コンテンツこそが本来の広告目的を達成できる。つまり本格的なデジタル・ネットワーク社会においては、かつて「招かれざる客」であった広告は「招かれる客」に変貌しなければ生き残れなくなる、今、そんな新たなターニングポイントを迎えつつあるのかもしれない。

（4）高まりつつあるネットメディアへの不信感

　ネットメディアでは、リアルメディアに比べて規制がなく自由であることが最大のメリットであると言われてきた。しかし昨今は自由であることの代償が問題となっている。つまりネットメディアへの様々な不信感である。フェイクニュースや誹謗中傷で溢れたメディア、著作権侵害すれすれ、もしくは明らかに著作権侵害しながら他人のコンテンツを寄せ集めただけのメディア、インターネット空間において、そんなメディアが増大しつつあり、このことが大きな問題となっている。いわば自由であることを放置してきたが故のダークサイドが、ここにきてクローズアップされ始めたのだ。

　先ほど触れたように、これからの広告は「招かれざる客」から「招かれる客」に変貌を遂げなければならない。そこに向けた一つの形なのだろうか。広告であることを隠した広告、メディア発の客観的な情報であるかのように装った広告が消費者からの不信感を募らせている。

　一時期、ネイティブアドやステマ（ステルスマーケティング）という概念が様々な議論を呼んだが、これらはいずれも、「広告の顔をしていない広告」をいう。いわば広告と非広告の境界線を曖昧にするものであって、消費者が広告だと思わずに広告を読んでしまうことによって、消費者を欺く、あるい

は騙す行為に繋がるのではないかと言われている。

　消費者庁は景品表示法のガイドライン「インターネット消費者取引に係る広告表示に関する景品表示法上の問題点及び留意事項」の中で、事業者が口コミ情報をコントロールし、その事業者の商品やサービスについて、実際のものまたは競争事業者のものよりも著しく優良または有利であると一般消費者に誤認される場合は、景品表示法上の不当表示として問題となるとしている。

　また電通は2016年、ネット広告の掲載に関する不正行為があったことを発表した。その内容はネット上に表示されるバナー広告や動画広告などのサービスに関する広告掲載期間のズレ、広告未掲出、運用レポートの虚偽報告、過剰請求などである。その後、世界的にも「インターネットメディアと広告の透明性」について問題視されることになった。

(5) キュレーションメディアに対する反省をどう生かすか

　2016年、キュレーションメディア問題が話題となった。そもそもキュレーションメディアとは何か。一般的には「ある特定の価値観にもとづいて情報を収集・発信するメディア」と定義されており、いわばインターネット上の雑誌メディアである。ちなみにキュレーションはラテン語で「世話役」を意味する。

　このキュレーションメディアで比較的多いのが、ユーザーが情報を切り取って記事を作成し投稿するタイプである。テーマによっては読者を集めやすく、アフィリエイト広告も簡単に設置できることから最近は乱立している。

　仕組みとしては既存の記事から新たな記事を作り出すものであるが、そもそも情報の正確性をチェックする機能がないことに加えて、既存の情報や記事を切り貼りして新たな記事を作るため、元の記事に対する著作権侵害（複製権・翻案権侵害）になる可能性が高く、このことが大きな問題となった。ネット空間においては、一方的な情報伝達ではなく、ユーザーが情報にアクセスして、その情報を自由に編集・加工できるというインタラクティブ性こそが大きな魅力である。その結果、簡単に複製ができるだけでなくユーザーによる改変が当たり前のことになり、もとの著作者の利益をどのように保護していくべきかが課題となってくる。

この事件の後、クラウドソーシングの大手、クラウドワークス、ランサーズの2社は、企業がライター等に依頼するときに守るべき指針を公表。第三者の文章や写真を無断で転用したり、一部を書き換えてオリジナルに見せかけたりする仕事の依頼を禁止し、違反すると会員登録を解除することもあるとして警鐘を鳴らした。

キュレーションメディアを巡る出来事はネットメディアやネット広告の本質的な問題を包含しているように思う。そしてこの問題を解決するのには使う側のリテラシーのレベルだけでなく、各メディアそして各メディアに関わる者が、自らが提供する情報に対してキチンと責任をもってチェックし、正確で適切な情報提供を行っていくことへの強いプロフェッショナル意識を持つことが重要である。

(6) 広告に関わる人材への適切なコンプライアンス教育を

2017年、大阪大学知的財産センターが「デザインの創作活動の特性に応じた実践的な知的財産権制度の知識修得の在り方に関する調査研究報告書」をまとめた。この中で、企業やデザイン事務所等が、自社で勤務するデザイナーに対して行う知的財産権教育の実態（内容、方法、講義時間、レベル等）へのヒアリング調査の結果が報告されている。

それによると、デザイナーに向けた体系的な知的財産権教育はほとんど実施されていないようである。その理由として、デザイナーにはデザイン創作に専念してほしいということ、そして特に大企業においては、何かあった場合は知的財産権の専門部署が対応できる、ということが挙げられる。

しかしその結果、その企業から独立したデザイナーは、いきなり知的財産権や契約をめぐる様々な問題に直面することになってしまい、そこからは独学でこれらの知識を学ばなければならなくなる、という指摘もあった。

このような傾向は広告業界にも当然あって、何かあれば顧問弁護士等に相談すればよいので、デザイナーに対しては、とにかくいいものを創ってもらいたい、というスタンスがある。また特に大手広告会社などは社内に立派な法務部門を抱えており、日々、実務における相談が可能となっている。さらに担当営業やクリエイティブ部門の責任者がリスクマネジメント力を持っていれば、いざという時は彼らに相談すれば何とかなるという考え方もあるの

かもしれない。

しかし、以上の対応実態は、何か紛争などがあった場合の「対処法務」レベルであって、未然にそのようなことが起こらないようにする「予防法務」、あるいは経営と直結する「戦略法務」についてはまだまだ手薄であると言わざるをえない。

今後の本格的デジタル・ネットワーク社会においては、広告コンテンツを実際に制作する者自らが、日々の発想のベースやちょっとした判断のさじ加減の中に著作権や知的財産権等への知見をスピーディに、かつフレキシブルに活かしていくことが強く求められるのではないだろうか。

いくら優秀な弁護士や法務担当者であっても、クリエイター一人ひとりの思考の襞までは入ってはいけない。またクリエイティブアイデアを考える際にも、何ができないかを知ることは、何ができるか、何をすべきかの範囲と道標をイメージできることにも繋がる。**要するに著作権等の知的財産権に関する知見を、単なるリスクマネジメントではなく、戦うための武器として自ら有効活用できるかどうかがポイントである。**

そこで重要となってくるのが特にネット上の著作権を中心とした知的財産権に関するさらなる意識喚起と啓蒙活動であろう。これをコミュニケーションビジネスに関わるすべてのクリエイターに行わなければならない。もっとも知的財産権の専門家になる必要はないのであってあくまでも基本的な知識レベルでよい。問題はこの知識の使い道であり、先ほど触れたように自らの武器として活用できるかどうかである。

3. そろそろ整理したい広告の著作権者

(1)一貫しない広告の著作権者

最後に、今後の本格的デジタル・ネットワーク社会における新たな広告の役割を踏まえつつ、広告自体の著作権者(「2階建構造」の1階部分)をどう考えるか、という問題について一つの検証をしたい。

第5章の「広告の著作者と著作権者」の章で述べたように、一般的にはその著作物を作成した者が著作権者となるが、広告の場合、2つのイレギュラーな要素がある。

1つは職務著作、つまりその広告を創作したデザイナー等が特定の法人と雇用関係にあった場合はその法人が著作権者になる。つまりグラフィック系の広告制作において、**広告会社や制作会社が著作権者となるケースが多い**ということである。

2つ目は長年に亘って曖昧なままやり過ごしてきたテレビCM（ネット上の動画も同様）の著作権問題について、2012年の「カーニバル判決」において**「テレビCMの著作権者は広告主である」**と一応の決着がつけられたことである。

以上のことから、広告の著作権者は、グラフィック系広告の場合は一般的に「フリーランスデザイナー」もしくは「広告会社や制作会社」、テレビCM系広告の場合は「広告主」という3つのパターンがあることになる。

問題は、同じ広告コンテンツでありながらグラフィック系とテレビCM系で、その著作権の帰属先が大きく異なっているということである。このことが広告の著作権における矛盾と混乱を作り出している。

(2) 広告の著作権者を広告主に

■カーニバル判決を機に考えたいこと

「カーニバル判決」ではテレビCMの著作権者は広告主であるとされた。個人的には、この判決は大変適切なものであったと考える。しかし現状では、この判決が広告業界における新たなルールとして日々の取引に必ずしも反映されているわけではない。

そこで、この判決を改めて業界の統一認識とし、さらにここにグラフィック系広告も含めて考えることはできないのか。つまり、**広告のタイプを問わず「広告主を著作権者とする」**ことを明確化し、**これを業界のデフォルトルールにできないか**、ということを改めて検証してみたい。

■広告は広告主のマーケティングツールである

まず大切なことは、第2章で述べたように、広告は本来、広告主のマーケティングツールであり、その社会的責任も最終的には広告主にある。つまり広告は、広告主が自社のマーケティング活動のために自在に使えなければ意味がないし、だからこそ広告主は、その広告に対する全責任を背負うことに

なる。

　そして広告会社や制作会社は広告主のマーケティング活動を代行し協力しているに過ぎず、その構図の中に媒体コミッションや企画フィーなど、彼らの収益ソースも成立しているのである。

　以上のことから、広告の著作権者を広告主とすることには十分な合理性があると考えられるだろう。

■デフォルトルールで曖昧な領域を明確にする

　一つの課題は、グラフィック系広告の場合、どのようなデザインなら著作物（美術の著作物もしくは編集著作物）としてみなされるか、この基準が必ずしも明確でないことである。著作物でないのなら著作権も著作権者もありえないのである。

　そこでとりあえずデフォルト上はすべてのデザインを「著作物」として扱っておくことも一つの知恵であろう。明らかに著作物性がないと判断される場合は双方の合意のもと、これを覆せばよい。また広告の著作権の2階部分、つまり広告素材についても、このデフォルトの適用としたいが、素材によってはどうしても譲渡ができないものもある（例えばストックフォト等）。そこでこれらについては、別途、利用許諾契約とすることになろう。

　このように**デフォルトルールが存在することによって、その適用が難しい場合は別の定めを取り決めることとなるので、従来曖昧な状態におかれていた諸問題が明確化される効果がある。**

　以上のようなルール作りによって、広告主は自社の広告を自らのマーケティングツールとして自在に活用しやすくなり、同時にこの業界の権利帰属に関する混乱の回避にも繋がるものと思われる。

(3) CMの著作権問題は実は経済問題である

■CM制作会社にとって著作権は重要な経営ツール

　かねてより著作権を広告主に帰属させることに対して強く反対してきたのはCM制作会社であった。広告主が著作権者になるということは広告主が複製権を持つことであり、CM制作会社が従来受託していたプリント業務（著作権法上は複製権の行使）が他社に流れてしまう可能性があることが一つの理

由である。

　プリント業務とは、CM放送のために原盤から放送局分の磁気テープをコピーする作業をいい、この作業への対価が制作会社の収益に大きく貢献していた。またこの業務が見込めていたからこそ初回CM制作費の値引き交渉にも融通を効かせてきたという経緯もあろう。

　メディアのコミッションで大きな収益ソースが確保できる広告会社と違い、クリエイティブのフィーを中心に経営を成立させている制作会社にしてみれば著作権の帰属先問題は、同時に金銭的・経済的問題であり一歩間違えば死活問題なのである。

■著作権譲渡に伴う「対価」がポイント

　しかし逆の見方をすれば、仮に著作権を広告主に手離すことになっても、その広告主から十分な制作費が提示され、契約書でプリントやCM改変の作業も引き続き自社が受託できることが約束されていれば制作会社は問題視しないかもしれない。またグラフィック系制作会社も同様に印刷物に関する訂正増刷の受託等が引き続き約束されていれば著作権には拘らないのではないだろうか。

　以上の状況を鑑みると、広告主を著作権者とするためには、制作会社にとって適正な利益が担保されるような環境を整備することが重要である。

　そのためにはまず、「著作権の譲渡」に伴う適正な対価の支払いを義務化・定着化させることがポイントとなる。グラフィック系広告の場合、著作者・著作権者はその著作物を実際に創作した者である。したがって著作権を広告主に帰属させるためには、彼らから「著作権を譲渡してもらう」というステップを伴うこととなる。ところが現状の商慣習ではここが曖昧である。広告主等と締結される基本取引契約書等で「発生した著作権は委託側に帰属する」と記載されていることが多いが、譲渡やその対価については触れられていない。その結果、なし崩し的に、無償で権利が移転されている場合がほとんどである。

　そこで著作者は広告主に対して「第27条、第28条を含むすべての著作権を譲渡し、著作者人格権を行使しない。」を約束する一方、広告主は著作者に対して、譲渡に伴う対価の支払いを約束する。そしてこのことを双方が契

約書にキチンと記載することが重要である。なお具体的な対価の考え方については業界団体が中心となって何らかの基準を作っていく必要があろう。

■CMの著作権は"原始的に"広告主に

　著作権の譲渡を考える時、実は最も問題となるのはテレビ CM なのである。「カーニバル判決」において着目すべきは「映画の著作物」の著作権者である「(映画の製作に) 発意と責任を有する者」を、テレビ CM においては「広告主」としたことである。

　つまり、テレビ CM の著作権は"原始的に"(発生した段階で自動的に) 広告主に帰属する、のであって**著作者からの「譲渡」による結果ではない。そして譲渡ではないのだから当然、「譲渡料 (対価)」は発生しない。**このことがグラフィック系広告の場合と大きく異なるのである。

■完全オンライン送稿でプリントがなくなる

　CM 制作会社にとって、もう一つ大きな問題がある。2017 年 10 月よりテレビ CM 素材の完全オンライン送稿がスタートした。それによって、これまでのデジタルテープによる納品という形態がなくなることになり、結果的に、従来、収益の一部を占めていたプリント業務が消滅。CM 制作会社の収益はさらに厳しいものになっていくことが予想される。

　CM 制作会社は、従来、初回 CM 制作費について後々の改変やプリント業務を見越して広告会社からの値引き交渉に応じてきたとすれば、これからはその制作費をより適正なものにしていかなければならない。また今後は、**長年に亘ってテレビ CM を専門的に手掛けてきた実績とノウハウを活かし、テレビ CM 以外の新たな動画コンテンツの開発など、その守備範囲を戦略的に拡大していかざるを得ないだろう。**

(4) 業界全体の新たなルールづくりを

　以上見てきたように、広告における著作権者を広告主とすることはグラフィック系制作会社よりも CM 制作会社にとっての問題が大きいかもしれない。また現状、有効な救済手段を見つけることも難しい。

　当然、グラフィック系広告における譲渡対価の義務化を始め CM 制作料金

の見直し等、業界関連団体が一つになって協議し新たな道筋を作っていかなければならないだろう。

　また今後の本格的なデジタル・ネットワーク社会における広告は、その輪郭が拡大化、曖昧化していくことは明らかである。ネット上の広告コンテンツという観点からみれば、いずれはグラフィック系広告や動画広告等の区分けも意味をなさないことになり、その権利処理についても単一のコンテンツとして扱われることになるであろう。

　そんな新たな時代の広告の著作権には、もっとフレキシブルでダイナミックな運用基準が必要となる。従来のように著作権法や知的財産権法が定めた規定やルールの隙間を縫いながら解釈・運用していくだけではなく、日本広告業協会 (JAAA) や日本アドバタイザーズ協会 (JAA) が中心となって、より能動的に広告業界全体の商慣習を見直す、さらに必要に応じて法規制そのものを改訂すべく文化庁等に働きかける、そんな「大技」がそろそろ求められてくるのではないだろうか。

Ⅺ.こんな時、どう考えどう対応する？

Q&A 100

　このコーナーでは、企画をプレゼンする時、グラフィック広告を制作する時、キャッチコピーやボディコピーを開発する時、タレントやモデルを起用する時等々、広告ビジネスの様々な実務シーンに起こりうるトラブル事例や相談事例を紹介する。

　したがって関係する法規制や権利の詳細説明よりも、実務担当者がそれぞれのシーン、そしてそれぞれの立場において具体的に何をどうするべきか、という現実的かつ実践的な対処の方法を示すことを優先した。また、他の頁や他のQ＆Aに目を通さずに済むよう可能な限り各Q＆A完結型とした。

　広告実務の多くは通常、広告主⇒広告会社⇒制作会社⇒フリーランスクリエイターという流れで進行される。本Q＆Aではこの中で主に広告会社と制作会社の立場を中心に構成してある。また制作会社については①広告主からダイレクトに広告業務を委託されるケース、②広告会社から委託されるケース、③他の制作会社から委託されるケース、逆に④他の制作会社やフリーランスクリエイター等に委託するケース、と４種類あるが、①④の場合は広告会社の立場として解釈いただければと思う。

シーン **1** プレゼンテーション

プレゼンしたアイデアを無断使用された場合は?

Q1 テレビCMの絵コンテをプレゼンしたらボツとなりました。ところがその後、そのCMアイデア（七夕の日に宇宙人と地底人が結婚するというもの）がそのまま反映されたCMがオンエアされました。アイデアが勝手に使われたことに対しクレームをつけることはできるでしょうか?

A 結論的に言えば、その絵コンテをそのまま映像化したのであればともかく、アイデアのみが使われたということであれば、単なるアイデアは著作物ではないので著作権侵害を主張することは難しいでしょう。

テレビCMは通常、映画の著作物とみなされますが、テレビCMのアイデア自体は著作物ではないので著作権は発生しません。勝手に使われたのが「七夕の日に宇宙人と地底人が結婚する」という着想（アイデア）だけであれば著作権侵害にはなりません。しかし、勝手に使われたのがアイデアだけではなく、プレゼンした絵コンテに描かれた具体的なシーン（ビジュアル化されたもの）であれば、絵コンテの「絵」の部分の二次的著作物と解釈でき、著作権の中の翻案権等の侵害に値します。例えば、そこに登場する宇宙人や地底人の姿形や身体の動きなど視覚的な要素が絵コンテに表現されたものと類似している場合などが該当します。

しかし仮に翻案権侵害とまでは言えなかったとしても、ビジネスマナーという観点からは許される問題ではありませんので、今後、このようなことはしないでいただきたい旨、クライアントに対して丁重にかつ毅然と申し上げましょう。

ただし、あまりにも悪質な場合は民法上の「不法行為」あるいは独占禁止法上の「優越的地位の濫用」に相当する可能性が生じ、法的措置を講じることも可能です。弁護士などに相談してみましょう。

企画書は著作物か?

Q2 私はフリーランスのプランナーです。広告会社から企画書作成を依頼されましたが、納入後、広告会社が勝手に改変しクライアントにプレゼンしてしまいました。苦情を言ったところ「企画自体は自社が行い、お宅には企画書の作成を頼んだだけなので、著作権は自社にある」と言われました。本当にそうなのでしょうか?

A プレゼン時に使用される企画書は通常は著作物と考えられ、その著作権は企画書を実際に作成したプランナーにあると思われます。従ってそれを広告会社が勝手に改変し公表した場合は著作権侵害となります。

企画書は言語や図形の著作物を含み、さらにその全体は編集著作物に該当する可能性があります。そしてそれを実際に作成したプランナーが著作者であり著作権を持つことになるでしょう。企画や考え方を提示しただけの広告会社には著作権はありません。

従って、いくらプレゼン直前で時間がなかったとしても勝手に改変することは著作者が持つ複製権や翻案権、さらに著作者人格権（同一性保持権）の侵害とみなされます。法的根拠をもとにクレームをつけてもよいかもしれません。ただし、いまだに企画書が著作物であるという認識がなかったり、著作物であったとしてもその著作権は企画書を作成した者ではなく企画をした者に帰属すると勘違いしていたりする人が多いのも事実です。そうではないことをキチンと伝えましょう。

また確信犯として、このようなことが常態化していたり、強引に行われていたりしていた場合は下請法に抵触する可能性もあります。クレームをつけても改善されないようであれば公正取引委員会などに相談してみましょう。

打ち合わせ資料として著作物を利用できる?

Q3 広告原稿に関するちょっとした打ち合わせの際、写真部分のダミーとしてネット上の画像や雑誌の写真、ストックフォトなどを勝手に使うことは問題になりますか?あくまでもクライアントの担当者個人に考え方を伝えるための、1回限りの打ち合わせ用資料なのですが。

A いくら打ち合わせ用で限られた者にしか公開されないとしても、取引上での利用であることは間違いなく、著作権法で著作物の自由利用が許されている「私的利用(家族や友人数人の範囲での利用)」とはみなされないでしょう。従ってこれらの素材に著作物性があった場合に、それらを勝手に使用すれば当然複製権の侵害となります。

このような慣習は広告業界では一般化しており、とっても難しい問題です。著作権違反は親告罪ですので著作権者にわかりさえしなければ問題ないわけであり、かつ質問にあるような使い方をした場合に著作権者にわかってしまう確率は確かに非常に小さいものです。しかし、だからといってその確率がゼロということではありません。また提案したラフ原稿がクライアントの社内で一人歩きし結果的に多くの人の目に触れる可能性もあります。以上のことを自己責任で判断するしかないでしょう。

なお、ストックフォト等では、プレゼン用の使用料が別途設定されており、しかもさほど高額ではないので、キチンと所定の手続きを踏んだ上で利用されることをお勧めします。

既存の写真をプレゼンテーションする場合は?

Q4 カレンダーのプレゼンテーションで、あるカメラマンが撮影した既存の写真を使おうと思います。このような場合はプレゼンまでであれば許諾なしで使用できると聞きましたが本当でしょうか?

A 2012年の著作権法改正で、「(著作物の)検討の過程における利用」は一定の条件付きで自由にできることになりました。

例えばある写真についてプレゼン通過後に正式に許諾を得て使う予定がある場合は、その写真を許諾なしでプレゼンに利用できるということになります。

　ただし、プレゼン通過後にそのカメラマンに正式に利用許諾を取ろうとしたら予算的な問題等で拒否されるということもあるかもしれません。そうなると企画が振り出しに戻ってしまいクライアントにも迷惑がかかるし当社側の信頼も失墜する可能性もあります。

　したがって実務上は、プレゼン前の段階で一通りのことを説明し許諾を得ておくことが望ましいでしょう。

　また、このケースとは違い、例えばある著名カメラマンを起用し新たに写真撮影してもらうプランをプレゼンする時、そのダミーとしてネットなどから完成イメージに似た他のカメラマンが撮影した写真を勝手に使うということは従来通り許されません。その場合はダミーとして使われた写真の著作権（複製権）を侵害することになります。十分に注意しましょう。

会社の上司は企画書に勝手に手を入れることができる?

Q5　広告会社でプランナーをしていますが、先日、プレゼン用に作成した企画書を部長が勝手に修正しました。いくら部長といえどもそこまでの権限はあるのでしょうか。企画書の著作権は私になるのでは?

　A　この企画書が著作物だった場合、会社の業務で制作する著作物は一般的に「職務著作」とみなされ、「会社」が著作者及び著作権者となります。従って社内の指揮命令系統上の上司である部長が修正することは問題ないことになります。

　企画書の中に使われている写真やイラスト等のパーツは外部委託されることはあっても、文章を中心とした企画書本体については一般的にそのプレゼンを行う広告会社あるいは制作会社が自ら作成することが多いと思います。そしてその広告会社や制作会社と、実質的な雇用関係にある社員が作成した著作物は、通常「職務著作」となり、著作者・著作権者は社員個人ではなく法人、つまりその会社となります。

　従って会社における指揮命令系統の中にある上司が部下の作成したものに

修正を加えることは特段問題ないといえます。

　逆にいえば、仮にその企画書が社内ではなく外部のフリーランスのプランナーなどに作成させた場合の著作権はそのプランナーにあるので、部長は勝手に修正することはできない、ということになります。

プレゼン後、イラストレーターをチェンジした場合の問題は?

Q6 　当社は広告会社です。著名なイラストレーターを起用した広告展開をプレゼンしたところ採用されました。その後でイラストレーターに交渉したところ、予算が合わず断られてしまいました。今更、企画を変更するわけにもいかないので、別のイラストレーターによく似た作品を描いてもらうつもりです。この場合、どんなリスクがあるでしょうか?

A 　別のイラストレーターに作成してもらったイラストが元のイラストレーターのものと類似していた場合は、複製権や翻案権等、また著作者人格権 (同一性保持権) の侵害として元のイラストレーターからクレームがつく可能性が高いでしょう。従ってクライアントに相談し別のイラストレーターに完全にオリジナルな作品を描いてもらうことをお勧めします。

　2012年の著作権法改正で、「(著作物の) 検討の過程における利用」が自由にできることになりました。従ってプレゼン通過後に著作者への許諾を得る予定があれば、プレゼンまでは許諾なしで使えるようになりました。

　しかし一方で、このケースのように、プレゼンが通ったのに予算的な問題でイラストレーターからの許諾が得られず企画を変更せざるを得なくなるなど、結果としてクライアントに迷惑がかかるということもあります。

　従って実務上は、プレゼン前に、起用予定のイラストレーターに対して従来通り予算や展開の仕方について説明し許諾を得ておくことが望ましいといえます。あるいはプレゼン時にクライアントに対し、プレゼン後に諸事情により許諾が得られない可能性があることをキチンと説明しておくことです。

　いずれにしても今回のような場合、とりあえずはクライアントに丁重に説明し了解を得たうえで、別のイラストレーターに完全なオリジナルを制作してもらうことが最善の方法です。

といっても成り行き上、どうしてもそうできない場合は、タッチや色調のみ似せるようにしましょう。絵画やイラストにおいて同一性や類似性を判断される物差しは、主に「フォルムと構図」です。タッチや色調がどうであれフォルムや構図が同じであれば著作権侵害となる可能性があるし、逆にタッチや色調が似通っていてもフォルムと構図が大きく違っていればそれは別の著作物ということになるわけです。

　もっともイラストにもよるでしょう。タッチや色調に大きな特徴を持つ作品の場合は、そのことが構図自体にも大きな影響を及ぼし、フォルムや構図とタッチや色調を別々に配慮すること自体が難しい、ということもありえるでしょう。仮にそれができたとしても、タッチや色調のみを中途半端に他人のものを模倣するわけですので、作品全体のクオリティは「推して知るべし」でしょう。

プレゼン準備のため雑誌記事を個人的にコピーできる?

Q7　プレゼン準備のため会社にあった雑誌の中から担当クライアントに関する記事を個人的にコピーしました。会議で使ったり関係者に配布したりするわけでなく、あくまでも私的使用なので問題はないですね。

A　個人的にということですが、その目的はプレゼン準備、つまり業務であってプレゼンに使えば「私的使用」に該当しません。したがって勝手にコピーすることはできないということになります。

　著作権法第30条では「私的使用のための複製」は自由にできるということになっています。しかしこの私的使用とは「家庭や家庭に準ずる範囲内」とされていて相当狭い範囲をいい、さらに重要なことは、仕事や業務のためのコピーは含まれないということです。この場合、いくら個人的なコピーであっても、その目的が業務の場合は認められないことになるので注意が必要です。

XI　こんな時、どう考えどう対応する? Q&A100

221

シーン2　グラフィック広告のデザイン

広告デザインは著作権、意匠権どちらが保護しやすい?

Q8　デザインが持つ権利には著作権と意匠権があると聞きましたが、広告のデザインはどちらで保護されると考えたらいいのでしょうか?

A　簡単に言ってしまえば、見て楽しむ要素を持ったデザインなら著作権で保護され、機能と結びついたデザインなら意匠権で保護されるということになります。広告デザインも場合によっては著作権の保護対象と考えられるでしょう。

例えば広告デザインに使用されている写真やイラストなどは、それ単体で、ほとんどのものに著作物性が認められ著作権で保護されるでしょう。

しかし、その広告全体のデザインについては、必ずしもすべてのものが著作権で保護されるわけではありません。例えば、あまりにもありふれたデザインや単なるレイアウトでしかないデザインなどは著作物とみなされません。ところが絵画に近い鑑賞性のあるデザインであれば「美術の著作物」として著作権で保護される場合があります (第4章参照)。

一方、意匠権で保護されるデザインとは、具体的な物品と結びついた工業的に量産されるものでなければなりません。そして何よりも特許庁に意匠登録されていることが前提となります。したがって、通常の広告デザインに意匠権があることは、まずありえないでしょう。

パッケージデザインなどでは、意匠登録され意匠権を持つものもあります。そして、そのデザインの中に著作物が1つの素材として使われている場合は、著作権、意匠権、両方の保護対象になる場合もあります。

レイアウトの模倣は自由にできる?

Q9　レイアウトや割付方法は著作物ではないので、それを真似ても違法ではないと聞きました。そこで、ある有名な雑誌が使用しているユニークなレイアウトを模倣したいと思います。当然、そこで配置されることになる写真などはオリジナルのものです。この場合、何か問題はありますか?

A 素材に一定の類似性があったり、そのレイアウトを見た時に元の有名な雑誌と混同する可能性があったりした場合は、編集著作権の侵害、あるいは不正競争防止法に抵触する可能性は否定できません。

確かにレイアウトは著作物ではないのでこれを模倣したからといってただちに著作権侵害とはなりません。また写真等の素材はすべてオリジナルとのことですので、素材自体が異なっており通常は編集著作権の侵害にも該当しないと考えられます。しかしその素材にも一定の類似性が認められる場合は編集著作権侵害を主張される可能性もあります。「**永禄建設事件**（東京高裁／1995年）」では、東京高裁は「確かに素材自体は異なるがそのイメージには一定以上の類似性があり、さらにホワイトスペースのアレンジについても同一頁の同一箇所に使用されている等、両者間には編集著作物としての実質上の同一性が認められる。」としました。

さらにその有名な雑誌との誤認混同の可能性が生じた場合、あるいはその雑誌のレイアウトが長年かけて築き上げてきた名声に値し、それにフリーライドしているとみなされた場合は、不正競争防止法への抵触または民法上の不法行為としてクレームがつく可能性も否定できません。慎重に考えたいところです。

アートディレクターはどのような権利を持つか?

> **Q10** 私はフリーランスのアートディレクターとして、コピーライターと共にポスターのアイデアを出し、モデルやカメラマンを手配し、それらをポスター内に効果的にアレンジし、スケジュール管理やコスト管理を行いました。私にはどのような著作権が主張できますか?

A 広告業務で大変重要な作業となる、企画やアイデアを出すこと、そしてディレクション、コーディネーション、進行管理、費用負担、これらの行為には著作物性はないので著作権は持ちません。

企画やアイデアを基にして、文章、写真、イラスト、チャートなどの著作物を実際に創作した者だけが著作者であり著作権を持ちます。

つまり、ディレクターやプロデューサー、コーディネーター、広告主など、

広告制作の方向性を指示したり、何かを手配したり、進行管理したり、スケジュールを管理したり、費用を負担したりした者は、著作者ではなく原則的に著作権を持たない、ということになるわけです。ただし、アートディレクターであっても、デザイナーと一緒にデザインをし、そのデザインに著作物性があった場合は、デザイナーとの共有著作権を持つことになるでしょう。

著作権（著作財産権）は契約により譲渡が可能ですから、何らかの事情により譲渡されていた場合は譲り受けた人間が著作権者となります。またテレビCM等の動画広告は例外的にクライアントが著作権者となるという知財高裁の判例があるので注意してください。

広告デザインの著作物性は?

> **Q11** 私はデザイナーです。ポスターに使われているイラストや写真などは、ほとんどのものに著作権があるのに、ポスター全体のデザインには著作権がないことが多いと聞きました。ではどんなデザインだったら著作権があるのでしょうか?

A ポスターの素材がどうであれ、そのポスター全体のまとめ方が、一枚の絵画のような「鑑賞性」がある場合、そのポスターのデザインは「美術の著作物」とみなされる可能性があります。

逆にそのポスターの素材として、いくら芸術性の高い絵画が使われていてもポスター全体のデザインがその絵画を単にレイアウトしただけのものなら、そのデザインに著作物性があるとはいえないと思われます。

またそのポスターが、イラストや写真などを使用しておらず、文字や罫線などのみで成立したタイポグラフィカルなデザインであったとしても、そのまとめ方に一定の鑑賞性があり、絵画に近いものなら「美術の著作物」とみなされる可能性はあります。参考になる判例はあまり多くはないのですが、①「商業広告事件 (大阪地裁／ 1985 年)」、②「医学書の表紙デザイン類似事件 (東京地裁／ 2010 年)」、③「ワイナリー案内看板の著作物性事件 (知財高裁／ 2014 年)」などがあります (すべて第 4 章参照)。①と②では原告デザインの著作物性が肯定され、③では否定されています。この境界線をイメージす

るとなんとなく見えてくるものがあるかもしれません。

　しかし、くれぐれも誤解していただきたくないことは、デザインに著作物性があるかないかということとそのデザインのクオリティとはまったく関係ないということです。著作物の類型として「美術の著作物」というものがあって、そこに該当するかしないかというだけのことで、仮に「美術の著作物」とみなされないデザインであっても素晴らしいデザインはいくらでもあります。

| シーン **3** | **イラストレーション・写真** |

トリミングは著作権侵害となるか?

Q12 著作権が譲渡された写真であっても、著しいトリミングや文字のせ (ぬき) を行う場合は、カメラマンに確認しないといけないと聞きましたが本当なのでしょうか?何のために譲渡してもらったのかわかりません。

A トリミングや文字のせ (文字ぬき) の度合いにもよりますが、場合によっては問題があるかもしれません。仮に著作権は譲渡されていても、その作品の持ち味を変化させてしまうような著しいトリミングや文字のせ (文字ぬき) を行って、著作者にとって不本意な改変になった場合、著作者人格権 (同一性保持権) の侵害を主張される可能性があります。

　原則的に著作権 (財産権) は譲渡できても著作者人格権は譲渡できないことになっており、この質問にあるような「著作者にとって不本意となるような行為を勝手にさせない権利」こそが、この著作者人格権の精神なのです。

　したがって著作権が譲渡された後も、カメラマンは質問にあるような改変を拒否できる権利を持っていることになりますので許諾は必要となるでしょう。ただし、最低限のトリミングや文字のせなど、著作物の特性やその利用目的などを勘案して、やむを得ない場合は許されることになっています。

　第3章で紹介した「**大学パンフレットのイラスト事件 (大阪地裁/ 2013年)**」では、自分のイラストに対してキャッチコピーやハートのマークを付け加えられたイラストレーターが著作者人格権の侵害を主張しましたが、大阪地裁は、その程度の改変は許諾の範囲内であるとしました。

　実務上、どうしても改変の自由も当方側で持っておきたいということであれば、権利譲渡契約書に「著作権法第27条 (翻訳権、翻案権等)、第28条 (二次的著作物の利用に関する原著作者の権利) を含むすべての著作権を譲渡する」を加え、そして「著作者人格権を行使しない」という特約を結んでおくことによって、事実上、ほぼすべての改変が可能となります。

　また広告では時としてオリジナルの著作物を利用するよりも、著作権の切れている著名な著作物を利用したほうが効果的、というケースもあります。

その際、オリジナリティを出そうとするあまり、一部分の大幅なアップや部分的に色をガラッと変えたり、別素材を重ね合わせたり、といった方法をとりたくなるケースがあります。

その程度にもよりますが、著作権法上は、保護期間の過ぎた著作物であっても、著作者が仮に生存していたならば了承しないであろう利用の仕方については認められないことになっているので注意を要します。著作者人格権そのものは著作者の死とともに消滅するのですが、死後においても著作者人格権の侵害行為をしてはならないとされているからです（著作権法第60条）。

したがって使い方によっては遺族などからクレームがつく可能性がゼロではありません。つまり、著作権切れの著作物でも原則的には元の作品そのものとして利用することが望ましいでしょう。

著名絵画でも著作権切れなら安売りチラシに使用できる？

Q13 いくら著名な絵画であっても著作権が切れてさえいれば自由に利用することができるということですが、安売りチラシやティッシュ広告などに使うことも可能なのでしょうか？

A 著作権の切れた絵画を広告などに利用する時、改変などを行わずにそのまま使う場合であっても、著作者の名誉や声望を害する利用の仕方は、やはり著作者人格権に抵触する可能性があり、遺族や代理人等からクレームがつくことも考えられます（名誉声望保持権 著作権法第113条6項）。

著作者人格権への抵触ですが、著作者の意に反して改変する場合などはもちろん（同一性保持権）、元の絵画のまま使う場合であっても著作者が仮に生存していたとすれば了承しないであろう利用の仕方なども該当します（名誉声望保持権）。

具体的にはどういうことかというと、たとえば気品あるクラシック音楽をストリップショウのBGMに使用したり、アカデミックな絵画を店頭POPや特売チラシに使用したりというようなケースです。またパロディ的利用も含まれてきます。

ただしこのあたりの基準は必ずしも明確ではなく、時代性を含めて考慮す

べきものとされており、ある程度はフレキシブルに考えて構わないとされて
います。

著作権切れの絵画は出版物からスキャニングして使えるか?

Q14 広告素材として著作権の切れた絵画を利用したいのですが、実物の複写
をする代わりに画集などの出版物からスキャニングするか、あるいは他人の
Web サイトからダウンロードして広告に使おうと思っています。何か問題は
あるでしょうか?

A 結論的に言えば、その絵画だけを使用するのであれば何の権利侵害も成立し
ません。自由に使用できるでしょう。

　通常、絵画や版画、イラスト等の平面作品を広告などに使用するためには
一旦「写真撮り」され(いわゆる複写)、その後、デジタルデータに置き換え
られることになります。そしてこの場合の写真は平面のものを機械的に撮影
するだけのことであり「写真の著作物」としての権利が働くことはありませ
ん。またその写真をデジタル化した場合、いくら手間ひまがかかったとして
も「デジタル化権」のようなものも認められておりません。

　従って、出版物や他人の Web サイト等にアップされている絵画に含まれ
る権利は、あくまでもその絵画の著作権のみということになり、保護期間が
過ぎて著作権がなくなっているのであれば、それらの出版物からスキャニン
グして使っても、他人の Web サイトからダウンロードして使っても、何ら
問題はないことになります。

　ただし、写真集でも Web でもそうですが、その作品だけでなく周辺の文
章も含んだ使用や、作品が含まれる出版物や Web のページ全体を使用すると、
言語の著作権や編集著作権を侵害する可能性が生じますので注意が必要です。

　またその作品が平面ではなく彫刻やオブジェ等の立体モノ、またはレリー
フなどの半立体モノであった場合は、それを写真撮影する際に、アングルの
問題、あるいは光と影の問題等、一定の創作性が係わることになり、いわゆ
る「写真の著作物」としての権利が働くことになりますので注意してくださ
い。

腕のよいカメラマンの複写なら写真の著作物か?

Q15 腕のよい一流カメラマンに委託し、広告に使用するイラストの原画を複写してもらいました。この写真も「写真の著作物」となるのでしょうか?

A カメラマンの腕の良し悪しは関係ありません。誰が撮影したとしても、複写の写真は「写真の著作物」にならないとされています。

単なる複写(平面の撮影)は、あくまでも被写体を忠実に撮影することが優先されており、また機械的な撮影であり、誰が撮影しても基本的には同一です。つまりそこには創作性は働いておらず、著作物の要件である「思想または感情を創作的に表現したもの」には該当しません。

ただしイラストレーション(絵画)であっても半立体作品や、オブジェや彫刻等の立体的美術作品等については陰影の問題があり、ライティングやアングルに関する創意工夫が要求される故、それらを撮影した写真は著作物とみなされるでしょう。そして被写体が持つ権利処理と共に、写真の著作物としての権利処理が必要となりますので注意が必要です。

クライアントの新聞記事なら自由に使える?

Q16 クライアントに関する新聞記事を切り抜いて、そのクライアントの新聞広告のメインビジュアルとして使用したいのですが、そのクライアントに関する情報なので当然自由に使えると考えてよいのでしょうか?

A 自由に使うことはできません。新聞記事の著作権は新聞社にあるので、このような場合は新聞社への許諾が必要となります。

新聞広告などで、その新聞にかつて記事として取り上げられたクライアント情報をそのままメインのビジュアル素材として利用するケースがあります。火事、交通事故等、単純な事実を伝達している記事には著作物性はないとされますが、企業を分析・評価している記事等、きっかけは取材された事実情報であろうともその記事の書き方の中にその記者個人の思想や感情(固有の切り口や論理展開など)が存在する場合は、言語の著作物となり新聞社への利

用許諾が必要です。また実際の広告原稿に利用する場合に限らず、参考情報としてプレゼン用の企画書に貼付する新聞・雑誌の記事などもまったく同様です（ただし「引用」に相当すれば問題ありません）。

なお通常、新聞記事は、新聞社の社員が職務上作成するものであり、この場合は新聞社という法人が著作者・著作権者となります。

写真をイラスト化した場合、著作権侵害となるか？

Q17 雑誌に掲載されている写真を見本にしてオリジナルのイラストをイラストレーターに描かせ、それを広告に使いたいのですが、他人のイラストを盗用するわけではないので問題はないですよね？

A イラスト化の度合いにもよりますが、原則的には、複製になるので元になった写真を撮影したカメラマンへの許諾を得ておいたほうがよいでしょう。

イラストレーションの新規制作を指示する際など、特定の写真を選び「このような構図で」と、イラストレーターにオーダーするケースがあります。しかし元になる写真には、構図や陰影の作り方等、著作者であるカメラマンの創作性が存在しており、これをトレースしたイラストは元の著作物（この場合は写真）の改変であり、翻案権や二次的著作物の権利、著作者人格権（同一性保持権）に抵触する可能性があります。

また完全なトレースではなく、その写真を参考にしたレベルであっても、元の写真がそこに感得できるのであればトレースと同じです。

コラージュは著作物か？著作権侵害か？

Q18 雑誌や他人の Web サイトに使用されている写真を組み合わせて、全体としてはまったく別のビジュアル作品に仕立て上げ、クライアントの Web サイトに利用したいと思います。どのような問題があるのでしょうか？

A コラージュ作品としての著作権が発生し、その権利はコラージュ作品を創作した者に帰属しますが、元の写真の著作権がなくなるわけではないので、元の写

真の著作権の処理をしなければなりません。

　コラージュ作品は確かに新たな著作物であり、これを制作した者の著作権が発生しますが、一方、コラージュ作品は元の写真を踏み台とした二次的著作物であって、元の写真の著作権がなくなるわけではありません。つまり元の写真の著作権はこのコラージュ作品の中で脈々と生きていることになります。

　したがって、この権利処理をするためには元の写真の複製権や翻案権、二次的著作物の権利、さらに著作者人格権（同一性保持権）等に関する許諾をもらわなければなりません。

　一方、複数の写真を組み合わせた結果、元の写真の面影がまったくなくなり、完全に新しい創作物がそこに誕生したのであれば、著作権はその作品を制作した者にのみ発生するといえます（もっともその場合はもはやコラージュとは言わないでしょうが）。

イラストを動画にする場合の権利処理は？

Q19 通常のイラストを譲渡してもらい、将来的にはネット上でCG加工して動画にしたい。そんな場合の権利処理はどのようなことに留意すべきでしょうか？

A 譲渡契約を行う契約書に「著作権法第27条、第28条に定める権利を含むすべての著作権を譲渡する」、さらに「著作者は著作者人格権を行使しない」と記載することがまずポイントとなります。

　例えば特定のイラストをキービジュアルとして様々なアプリケーションに展開したい場合などは、イラストレーターとの合意さえ得られれば、すべての著作権を譲渡してもらい、こちらで自由に手を加える状態となっていた方が望ましいでしょう。

　ただし契約書に単に「すべての著作権を譲渡する」と書くだけでは万全ではありません。実はこのような場合は、「翻訳権、翻案権等（著作権法第27条）」や「二次的著作物の利用に関する原著作者の権利（著作権法第28条）」という、将来的なCG加工などを問題なく行えるための権利譲渡について、改

231

めて明記しなければならないことになっています。

　著作権法第61条2項では「著作権を譲渡する契約において、第27条又は第28条に規定する権利が譲渡の目的として**特掲**されていないときは、これらの権利は、譲渡した者に留保されたものと推定する。」と規定されているからです。要するに「すべての著作権を譲渡する」と書いただけでは、もとの著作物を改変する権利やもとの著作物に対する二次的著作物を創作する権利まで譲渡されたことにはならないということです。逆にいえば、この第27条、第28条も含んだ譲渡であることを明記すれば、すべての著作権を譲渡してもらったということになります。

　それともう一つは著作者人格権の問題があります。著作権法上、財産権としての著作権は譲渡できても、公表権、氏名表示権、同一性保持権などを含む著作者人格権は譲渡できないことになっています。ところが改変は著作者人格権の中の同一性保持権にも抵触する可能性があります。

　そこで「著作者人格権の不行使特約」を追加しておくのが望ましいでしょう。これは、著作者人格権は譲渡されず著作者に残っている状態だが、その権利は行使しませんという約束事です。

絵画の所有権と著作権。どう違う?

Q20　あるクライアントが著名な絵画を購入しました（著作権は切れていません）。クライアントは自分の所有物なので自由に広告利用できなければおかしいと考えているようですが、本当にそうなのでしょうか?

A　自由に使用することはできません。著作物をモノとして所有していることと、その著作物の著作権を持っていることは意味がまったく違います。仮に高額なお金を払って買い取った著作物であっても、その著作権まで買い取ったわけではありません。必ず著作権者への許諾が必要となります。もちろん著作権切れの場合は問題なく利用できます。

　これは著作権と所有権との混同問題としてよく話題になるケースです。**「顔真卿自書建中告身帖事件（最高裁／1984年）」**は、著作権の消滅した美術品の所有者がその美術品の写真を収録して出版した出版社に差し止め請求を

した事件ですが、最高裁判決では「著作権の消滅後、第三者が有体物としての現作品に何ら触れることなく複製を作成した場合は、現作品の所有権を侵害したことにはならない」とされました。つまり所有権が侵害されたといえるためには有体物の利用が要件となり、本件は有体物ではなく無体物としての著作物の利用に他ならず、従って所有権の侵害にはなりえないという判決でした。

そしてこのことを逆にいえば、モノを所有しているからといって、そのモノに含まれた著作権を自由に利用できるわけではないということになります。ただし著作権法第45条では著作権と所有権との調整を図るため、「美術の著作物もしくは写真の著作物の原作品の所有者又はその同意を得た者は、これらの著作物をその原作品により公に展示することができる。」として、美術や写真の原作品が譲渡された場合の所有者による展示（屋外の場所に恒常的に設置する場合は除く）は例外的に認めています。

グラフィック広告に歌詞だけを使用する。この権利処理は?

Q21 グラフィック広告に音楽の歌詞だけを使いたいと思います。この場合、どのような権利処理が必要でしょうか?歌詞だけなのだから音楽著作物を利用することにならないのでは?

A 歌詞だけを使う場合も楽曲の広告利用と同様、音楽著作物の利用とみなされます。JASRAC等著作権管理団体への確認が必要です。

音楽著作物には「楽曲」と「歌詞」があり、グラフィック広告に歌詞や楽曲の楽譜を掲載するような場合も、音楽著作物としての権利処理が必要となります。詳しくはJASRAC等に確認しましょう。いずれにしても著作者人格権の問題が生じるので著作者への許諾が必要です。したがってその楽曲の著作権者である音楽出版社から、または直接、作詞家からの利用許諾が必要となります。

仕事で使ったイラストを個人的に使えるか?

Q22 イラストレーターに依頼した作品が個人的に気に入ったので、コピーを取って個人の年賀状に使ったり、自分の部屋の壁に貼ったりすることは許されますか?

A 個人の年賀状に使うことは、通常、著作権法第30条にある「私的使用のための複製なら自由に使える」という範囲を超えてしまうと思われるのでできません。しかし自分の部屋の壁に貼る程度なら問題ないでしょう。

　著作権法で自由に使うことが認められている私的使用とは「家庭や家庭に準ずる範囲内」とされていて相当狭い範囲をいい、仮に"個人の"年賀状であったとしても通常は友人・知人宛てに送られるものであって、「家庭や家庭に準ずる範囲内」を超えるものとなってしまい許される範囲を超えるでしょう。

　しかしコピーして自分の部屋の壁に貼る程度であれば「家庭や家庭に準ずる範囲」と解釈できるので問題ないと思われます。ただし理論的には、自分の部屋に友人・知人を招待するような場合は壁に貼ってあるイラストを剝がさなければならないことになるでしょう。

イラストや写真の法的類似性は?

Q23 イラストや写真は類似しているものが結構多いと思いますが、単に似ているというレベルではなく法律上の著作権侵害となるレベルはどのあたりにあるのでしょうか?

A 法的に問題となる類似、とりわけ著作権侵害となるためには①著作物性、②依拠性、③同一性・類似性の3つの要件があって、この3つがすべて揃った場合に著作権侵害が成立することになります(詳細は第2章を参照)。

　ちょっと詳しく説明しますと、まず「著作物性」、これは先行作品が著作物かどうかということです。そもそも著作物でないなら著作権侵害にはなりえないわけです。次に「依拠性」ですが、後行作品が先行作品を参考にして

創ったものかどうかということです。実際に依拠したかという主観の問題ではなく、先行作品を見ることができる状態にあったか、という客観的な情報から判断されることになります。そして３つ目は「同一性・類似性」です。先行作品と後行作品に本質的な特徴の類似があるかどうかということです。以上の３つの要件すべてが揃わなければ著作権侵害は成立しません。

　イラストや写真の場合は、著作物性や依拠性よりも「類似性」が問題となることが多いようです。しかし些末な部分の類似やアイデアや手法が単に類似しているのではなく本質的な特徴の類似でなければなりません。そしてこの本質的特徴というのはそのイラストや写真によって当然異なってきます。

　しかしイラストの場合でいうと、一般的には、①作風や画風、タッチは手法であって著作物ではないので、これらが類似しても著作権侵害には当たらない、②フォルムや構図が本質的特徴になりやすい、③人間や動物のキャラクターに近いイラストレーションの場合は、その本質的特徴を顔の作りや表情に求める傾向がある、ということはいえそうです。

　いずれにしても非常にデリケートな判断が必要とされるので、実務上、判断が難しいので弁護士等、専門家の見解を聴く習慣を持ちましょう。

フリー素材って?

Q24 よく、写真、イラスト、動画などの「フリー素材」という言葉を聞きますが、無料で使える素材のことですか?

A 無料で使える素材という意味も含まれていますが、それ以外に著作権がフリーとか、ロイヤリティがフリーとか、いろいろな意味が混在していることが多いので注意が必要です。

　まず、著作権がフリーというのは、著作権がないということですが、これは著作権（財産権）が放棄されている場合や、著作権の保護期間が満了している場合、つまりパブリックドメインとなった素材を言っています。

　次にロイヤリティフリーとは、本来なら使う都度、発生する著作権使用料（ロイヤリティ）が無料になっているということです。これは著作権が放棄されているわけではなく、また最初から無料で使えるというものでもありませ

ん。一般的には、一度その画像データ等を購入すれば、利用許諾された範囲内なら何度でも繰り返し使うことができるという意味で使われることが多いようです。いずれにしてもフリーとは言ってもいろいろ制約があるので利用許諾の文言をよく読んでおくべきでしょう。実際には「ロイヤリティフリー」や「無料という意味でのフリー」と明確に区別されずに使用されていることも多く、個別に確認する必要があるでしょう。

　また、最初から無料で使える素材であっても、商用利用は有料であったり、あるいは出典表示が必要だったりと、利用条件は提供元ごとに異なりますので注意が必要です。

シーン4	キャッチコピー・ボディコピー

オリンピックというコトバは広告利用できるか?

Q25 「オリンピック応援フェア」など、公式スポンサー以外の企業が広告で「オリンピック」というフレーズを使用することは一切禁止されていると聞きましたが、実際のところどうなのでしょうか?

A 実際にオリンピックやワールドカップなどのフレーズの広告利用は、公式スポンサー以外は認められておりません。

　特にこのようなスポーツイベントの開催に関連させて、セールスキャンペーンのタイトルで「オリンピック応援セール」としたり、いわゆるコンテストやコンクールのタイトルに「○○○オリンピック」などとしたりすることによって一定の効果が期待できるでしょう。しかしJOC（日本オリンピック委員会）等は公式スポンサー以外の企業が広告でオリンピックというフレーズ、あるいはこれを想起させるフレーズの使用を「アンブッシュ・マーケティング（便乗広告）」として禁止しています。

　この話の法的根拠は著作権法ではなく商標権や不正競争防止法です。JOCやIOC（国際オリンピック委員会）などは、数多くの商品・サービスに関して「オリンピック」はもちろん、「がんばれ！ニッポン！」、「TOKYO 2020」等、オリンピックに関連する文字商標を登録しています。従って公式スポンサー以外の企業がこれらと同じか、もしくはよく似た商標を商品に付して宣伝広告した場合は商標権侵害となる可能性があります。

　また不正競争防止法では、自分の商品等表示として他人の著名な商品等表示と同一もしくは類似したものを使用した場合は「不正競争」に該当するとしており、公式スポンサー以外の企業がオリンピック関連のフレーズを安易に使うと、使用の差し止めや損害賠償責任を問われたりする可能性があります。

　とは言え、このような用語を使うことに対して、ちょっと過敏になりすぎている傾向があることは否定できません。商標的使用でなければ商標権侵害は成立しないし、商品表示や営業表示でなければ不正競争防止法には抵触し

XI　こんな時、どう考えどう対応する？ Q&A100

ない、つまり、自分の商品やサービスの名称として使う、あるいはそれとセットで使うなどの使い方でない限り違法性はないはずです。

さらに記述的使用、つまり単にオリンピックという競技を指し示すために、これらの言葉を使うことも違法ではないはずです。例えばボディコピー中などで「○○○○年の○○○○オリンピックの年に○○○○がありました」や「○○○○年のオリンピック開催地の○○○○で○○○○が誕生した」などの言い方は可能だと思われます。

しかしJOCでは、いかなる使い方であっても勝手に判断せずに、念のため、問い合わせをしてほしいとしています。

キャッチコピーに他社のキャラクター名は使えるか?

Q26 広告のキャッチコピーに、例えば「カールおじさんもびっくり」等、他人のキャラクター名を使った場合、商標権侵害になるのでしょうか?

A 商標権の侵害といえるためには、そのキャラクター名が商標登録されていること、そしてそのキャラクター名が元の商品のキャラクターのように見えてしまう(出所混同がある)ことが要件となりますが、**不正競争防止法にも注意が必要です。**

そのキャラクター名が商標登録されている場合であっても、相手方の「商標を利用」することと、その「商標を侵害」することは必ずしもイコールではありません。商標権の侵害となるためには、通常はその広告で扱っている商品と他社キャラクターとの間に出所の混同がなければなりません。例えば他社のキャラクター名が登録されている指定商品・サービスと、この広告商品の指定商品・サービスとの間に同一性・類似性があって(例えばどちらも菓子類)、その結果、他社のキャラクター名を出すことによって、あたかもこの広告の商品がその他社メーカーの名前で販売されているような印象を与えるなどのケースです。逆にいえば単にキャラクター名を出すだけなら商標権の侵害とはならないでしょう。

しかし不正競争防止法の問題は考えておく必要があります。このキャラクター名が「カールおじさん」をはじめ「ドコモダケ」「不二家のペコちゃん・

ポコちゃん」など、誰でもが知っていてかつ特定企業を想起させるキャラクター名の場合はその企業における「商品等表示」とみなされ、出所混同の範囲が商標法に比べて非常に広く解釈されるので、不正競争防止法が禁止する周知表示混同惹起行為または著名表示冒用行為を根拠としたクレームがつく可能性は否定できません。

PR誌にも「引用」は認められる?

Q27 クライアントのPR誌を編集中ですが、記事の中に他人の著作物を引用したい箇所があります。このような営利目的の販促物であっても「引用の自由」は認められるものでしょうか?

A 営利を目的としたPR誌であっても、以下の条件を満たせば「引用」は成立します。

「引用」とは、自分の著作物中に他人の著作物を紹介、参照、論評することをいい、「公正な慣行に合致するものであり、報道、批評、研究その他の引用の目的上正当な範囲内で行われるものでなければならない。」とされています(著作権法第32条1項)。通常、営利色の濃い広告物への引用は「公正な慣行に合致」するものとは言い難いとは思いますが、PR誌等の記事やコラムであれば認められる可能性はあります。ただし、そのためには以下の要件を満たしていなければなりません。

①引用したい著作物が公表されたものであること
②公正な慣行に合致していること
③正当な範囲内で行われていること
④引用部分と自分の著作物が明瞭に区別されていること
⑤自分の著作物が「主」、引用される著作物が「従」であること
⑥引用することに必然性があること
⑦出所を明示すること

④は、例えば引用する文章の文字あるいは背景に色をつける、斜体にする、括弧や枠で囲むなどの分類が必要です。さらに引用した文章等を勝手に改変

することは許されません。

　⑤については、質と量の両面で考えなければなりません。つまり自分が書く文章の方が量的に多くなくても、少なくとも質的に自分の文章が主でなくてはならないということになります。

　⑦は、書籍であれば、著者名、出典名などを明示し、ネット上の記事なら、その記事のサイト名を明記し必要に応じて URL を表示します。

　いずれにしても適法な引用であれば著作権者の許諾は不要です。よく「無断引用を禁止します」「この引用は著作権者の許可を得ています」等の表記がありますが、あまり適切ではありません。

シーン **5** 一般人・タレント・スポーツ選手などを起用する

広告映像の中の一般人。その権利処理は?

Q28 CMの背景にどうしても一般人が写ってしまう場合、どの程度までなら許諾なしで使用できるでしょうか?また映っているのが1人ではなく複数なら肖像権の問題はないという意見を聞きましたが本当ですか?

A 写っているのが1人だけであろうと複数であろうと、一般的に個人を特定できるような写り方でさえなければ許諾は必要ないと考えられます。

　肖像権の問題は肖像権法という法律が存在しないこともあって解釈が非常に難しいといわれています。特に広告においては典型的グレーゾーンとなっています。

　さて通常、肖像権を侵害しているかどうかの基準は、特定の個人が認識できるかどうか、ということになります。

　しかし果たして、特定個人を認識させるものは「顔」だけでしょうか。実は米国であった裁判に「人は顔が識別できなくても同一化できる」とし、髪型、身体の骨格や輪郭、独特のポーズ、姿勢などについて、例えば配偶者など、その人物に親しい者がみて、その人物を特定できたのなら肖像権侵害していることになる、という判例がありました。

　いずれにしても広告に写ってしまった一般人で、特定個人が認識できる場合には、確実な許諾を取ることが重要です。また未成年の場合は親の許諾を取ることを忘れてはなりません。

　実務上は群集シーンといえども有償のエキストラなどを利用するのが無難と思われます（ただしその場合、守秘義務契約は必ず結んでおきましょう）。また、既存の映像を使用しなければならず、その映像内に群集などが写っている場合は、識別できないようにCG処理をする等の対策が必要となるでしょう。特にストックフォトなどの場合は、通常、写真の著作権は処理されていても被写体の肖像権までは処理されていないのが一般的です。なお、写真に手を加えるにあたってはカメラマンの著作者人格権（同一性保持権）に触れることになるのでこちらの許諾も必要となります。

XI　こんな時、どう考えどう対応する? Q&A100

いずれにしても、一般人の持つ肖像権については「個人情報保護法」を追い風に、今後、ますます主張されることが多くなるので慎重な配慮が必要です。

公人や著名な故人の肖像権処理は?

Q29 政治家や皇室には肖像権がない、というのは本当ですか。また著名な故人(レジェンド)の写真についてはどう考えたらよいでしょうか?

A まず、政治家や皇室のような「公人」には肖像権がないという説は間違いです。公人であっても肖像権は働きます。

政治家については、確かに公的活動が多いため一般人に比べると多少の制約はあるとされていますが、全くの私生活を撮影し公表した場合には肖像権(人格的権利)の侵害に問われる可能性は十分にありますし、ましてや広告に使用するということであれば必ず本人の許諾が必要となります。

次に皇族関係者については、原則的に「コマーシャリズムの匂いのする場所に皇族関係者や関連物を出すことは差し控えていただきたい」(宮内庁)との要望があると聞きます。広告での使用は避けるべきでしょう。

また、既に亡くなってしまった映画俳優などの著名な故人は CM オンエア中にトラブルやスキャンダルを起こすこともなく、最近は好んで起用されることが多いようですが、故人のパブリシティ権については法律もないので様々な議論があります。

いずれにしても遺族や代理人等が確認できる場合は許諾を得ておくべきです。現実的な問題として、特に以下のような場合には注意が必要です。

①その故人の肖像権を営利目的でマネジメントしている遺族や代理人がいる。

②過去に遺族や代理人が肖像権侵害としてクレームを出した事例等がある。

③死後相当年数(例えば50年)以上経過していない。

このような場合には必ず許諾を得ておきましょう。

タレントの氏名、声、署名、似顔絵は?

Q30 予算的な問題で、タレントの顔写真の代わりに、似顔絵または「そっくりさん」を使おうと思いますが、どのような問題がありますか?

A これらの素材もすべてタレントのパブリシティ権に含まれるものと考えておくべきでしょう。したがって許諾をとるべきと思われます。

氏名、声、署名、似顔絵、そっくりさん、また特徴的なシルエット、仕草、ポーズなど、顔写真以外の素材であってもそのタレントを特定できるものは十分な顧客吸引力を持ち、これが大きな経済的価値を有すると考えられます。

それ故にタレントにはこれらのものに対価を得て広告などに利用させる財産的権利 (パブリシティの権利) が認められるのです。したがってそのタレントへの許諾が必要です。なお、似顔絵の場合は「美術の著作物」でもあるのでイラストレーターや漫画家など、その似顔絵の作者への許諾も必要となります。

キャラクターの権利と声優の権利の関係は?

Q31 ラジオ CM で、例えば「ちびまる子ちゃん」のような著名なアニメの声優に「ちびまる子」というキャラ名を出さない形で、ちびまる子ちゃん風に話してもらうことは可能でしょうか?

A この問題は非常に微妙です。声優への許諾はもちろん、念のため原作者への許諾もとっておいたほうが良いでしょう。

「ちびまるこ子ちゃん」という呼称にはもともと著作物性はないし、ラジオ CM ですから「ちびまる子ちゃん」のビジュアルも露出しません。また特定のストーリーが示されるわけでもありません。従って著作権上の問題はなさそうです。

しかし明らかに「ちびまる子ちゃん」という著名キャラクターの観念を活かしたところにこの表現のギミックがある以上、このキャラクターへの一定の依存があることは確かです。法的に問題なかったとしても何らかのクレー

ムがつく可能性はあります。

　他方、声優個人が持つ実演家の権利があります。テレビ漫画「ちびまる子ちゃん」が有する周知のキャラクター性において多くの部分を占めているのは、まさしく声優である「TARAKO」氏が創作したもの、つまり著作隣接権の実演家の権利である、という考え方があります。しかし「TARAKO」氏本人に出演してもらうわけですので当人への権利処理は当然なされるでしょうから何ら問題はありません。

　つまり、このようなケースでは、「TARAKO」氏との合意はもちろん、キャラクターへの依存がある以上、原作者である「さくらプロダクション」の許諾も得ておいたほうがよいでしょう。

推薦広告の"ウソ"はどこまで認められる?

Q32　著名なスポーツ選手による推薦広告（雑誌広告）を企画しています。彼のコトバとして「私も毎日使っています」というコピーを使用しますが、実際のところ、本当に使っているかどうかはわかりません。でも広告ですから問題ありませんよね？

A　推薦広告という広告手法自体には何ら問題はありません。しかし推薦している内容に虚偽があったり事実と異なっていたりした場合は、一般消費者に対する優良誤認や有利誤認と考えられ、不当表示に該当し景品表示法違反となる可能性があります。

　例えば、理想的な体形を持つ著名スポーツ選手が健康器具の広告に登場し、実際にはその健康器具を使ったことがないにもかかわらず、毎日使っているような発言をした場合、一般の消費者に対して実際の商品よりも優良であるかのような誤認を与えることに繋がり、不当表示とみなされる可能性が高いでしょう。

　例えば以下のようなものは不当表示とみなされます。

　　①推薦者は実際にはその商品を使ったことがないのにもかかわらず「私も毎日使用しています」などと言わせる。

　　②推薦者が実際には推薦などしていないのに推薦しているかのように表

示する。

③推薦者がその商品に関するメリットとデメリットの両方を言っていたにもかかわらず、メリット部分だけを引用して表示する。

④推薦者の肩書きなどを事実に反して使用する。

　ちなみに米国ではFTC法（連邦取引委員会法）に「商業における不公平な競争方法及び欺瞞又は欺瞞的な行為又は慣行は違反とする。」という規定があります。そしてこの規定の運用上、タレントなどが広告に登場した場合はその広告商品の愛用者とみなされ、もし、実際にはそうでないことが判明した場合は、その広告の欺瞞性が問題となります。

　これに比べれば日本の場合はまだ緩やかということになるでしょう。

その商品の愛用者としてのタレントの権利は?

Q33　タレントのAさんはある商品の愛用者として有名です。そこでその商品の雑誌広告で「あのAさんも愛用している」と強調したいのですが、あくまでも事実なのだから問題ないですよね?また許諾も不要ですよね。

A　そのタレントが実際に愛用していることが仮に多くの人間も知っている事実であったとしても、そのタレントに無断で広告使用した場合はパブリシティ権の侵害、場合によっては名誉毀損で訴えられる可能性があります。

　多くの人間が知っている事実を広告で伝えること自体は不当表示にはなりません。ただしAさんのパブリシティ権の問題はあります。写真を使用せずに氏名だけを使用した場合も同様です。ただし扱い方が、質問にあるような「強調」（例えばキャッチコピーとして扱う）ではなく、説明文の中などで一つの話題として紹介するという程度であれば必ずしも許諾は必要ないかもしれません。

　しかしいずれにしてもAさん本人に事情を説明し、扱い方等も含めて許諾をキチンと取っておいたほうが安心であることはいうまでもありません。

タレント写真の修整は自由にできるか?

Q34 ポスター用に撮影したタレント写真を見たら小ジワやシミが気になりました。そこで事務所には連絡を入れずに画像修正を施しました。この場合、何かの問題はありますか?

A このような場合はタレント事務所とカメラマンに許諾をとる必要があると思われます。

　小ジワやシミといってもその本人にとってはチャームポイントであったり、ある種のアイデンティティーであったりする可能性もあります。無断で修正を行うと、場合によってはタレントのパブリシティ権の侵害が生じるかもしれません。さらに写真を修正するということですので、写真の権利者(カメラマン)に対する翻案権や著作者人格権(同一性保持権)の処理も必要です。従って両者への確認と了承をとるべきでしょう。

タレント出演契約で後から加わったネット利用の権利は?

Q35 長年継続起用しているタレントと当初取り交わした契約書の「利用媒体の範囲」には、オール媒体とあったので、その当時には存在しなかった Web への使用も含まれると勝手に解釈しました。問題はありますか?

A 勝手で都合のよい解釈になってしまうと思われます。タレント事務所に相談しましょう。

　オール媒体の意味も当然、時代とともに変わっていくでしょう。特に Web への露出は非常に重要でタレントによっては強く拒否してくる可能性もあります。

　従って、通常、契約書の中にうたわれているような「協議解決(本契約に定めのない事項または本契約の解釈に疑義が生じた事項については、甲乙協議の上解決するものとする…)」の問題としてキチンと処理すべきでしょう。

シーン 6	**スチール・CMの撮影**

広告映像の背景にある他社製品は?

Q36 対象商品をメインとした広告写真の背景に、メーカー名等が何となくわかる形で他社商品が写っています。これは商標権侵害など、クレームの対象とならないでしょうか?

A そこに写っている他社商品がどのようなもので、またどのような写り方をしているかによって異なってくるとは思いますが、例えばその広告と直接関係のない商品が単に演出上の小道具として広告写真の背景に何気なく写っているという程度なら問題ないでしょう。

しかし、例えば他社商品がメインの扱いになっていて、あたかもこの広告の商品がその他社メーカーと関連しているような印象を与えるなど、その広告で売ろうとしている商品の出所が混同されるような場合は、商標権や不正競争防止法の問題が生じる可能性があります。

いずれにしても、グレーゾーンの広いテーマとなります。広告業界ではこのような場合は、一応、許諾を得ておくという慣習があります。

小道具の一つに有名ブランド品は使えるか?

Q37 物撮り写真に高級感を出すため撮影用小物の一つに有名ブランド品を配置しようと思いますが、許諾なしで使用すると問題がありますか?

A 有名ブランドの持つ名声にフリーライド（ただ乗り）しているような扱い方の場合、不正競争防止法が禁止している「著名表示冒用行為」に該当する可能性もあります。有名ブランドはこのような使い方について許諾制、もしくは完全に禁止としているところもあるので、注意が必要です。

広告写真の前景に目立つように扱われる場合はともかく、映像の背景の小道具の一つに使用されている程度なら、一般的には「著名表示冒用行為」にはなりえないと思われます。

XI こんな時、どう考えどう対応する？Q&A100

247

とは言え念のため、ブランドが特定できないようなアングルを選ぶ、撮影後にCG処理でぼかす、そもそもこのような著名ブランドの使用を避ける、どうしても使いたい場合は許諾を得る等、広告業界では必要以上に慎重になることが多いことも事実です。

風景写真の中の建物、街並みに働く権利は?

Q38 例えば不動産広告で周辺環境を紹介する時とか、モデル撮影の背景等で、写真の中に建物や街並みなどが写ってしまうことが多いのですが、撮影の際にどこまで留意すればいいのでしょうか?

A 広告と知的財産権の関係の中では典型的なグレーゾーンの問題です。著名な建築物などではクレームがつく場合もありますが、あくまでも背景の一部としての利用であって、敷地外から撮ったものであればその主張は通らないはずです。

街路・公園等やビルの外壁など屋外に恒常的に設置されている美術の著作物や建築の著作物は原則的には自由に撮影できます(著作権法第46条)。

しかし「東京スカイツリー」や「都庁」など著名な建築物、また神社仏閣などの写真は使い方によってはクレームが付いたり使用料を請求されたりする可能性はあります。

その根拠は不正競争防止法や「モノのパブリシティ権」などです。不正競争防止法では他人の著名な表示にフリーライド(ただ乗り)することを禁じており、例えば誰でも知っている著名な建築物の写真等をその広告のメイン素材として使ったりすれば、この法律に抵触する可能性はあります。一方、「モノのパブリシティ権」とは顧客吸引力のあるモノの映像等を有償で利用許諾するという慣習です。実はこの権利、2004年の最高裁判決によって否定されているのですが、明確な法律が存在しないこともあって今だに主張されるケースがあることも事実です。

もっともこのような素材も、あくまでもビル郡の中の一つ、あるいはモデルの背景の一つとして写っているという程度ならまず問題ないでしょう。

また風景や街並みは著作権や不正競争防止法上の問題はありません。しかし街並みの中にあるマンションのベランダに洗濯物が干してあったところ、

248

その住人からプライバシーの侵害でクレームがついたという事例はあります。個人の住まいにかかわるもの、またナンバープレートが識別できるクルマなどは写さない、もしくはわからないように修正する、あるいは事前許諾を取っておく、という対応が必要でしょう。

　看板やビルボード、大型ビジョンなどは注意が必要です。これらには通常のグラフィック系広告同様、様々な権利物が含まれていることが多いと考えられます。背景の一部であっても、その看板の内容が明確に視認できる場合、また、それを強調するような使い方をした場合には、看板内の各素材の持つ権利（商標権・著作権・肖像権等）の所有者に許諾を得ておいたほうがよいでしょう。

　いずれにしても広告実務では、法的に問題ないかどうかだけではなく、クレームがつくかどうか、という観点からのチェックも必要となります。特にアウトドアでの撮影については被写体に関して細心の注意を払うこと、判断ができない場合は先方の許諾を取る。これが鉄則です。そして法的に問題ないとわかっていても他人のものを使わせてもらうことは事実ですので、権利使用料ということでなく撮影協力に対する謝礼という意味あいから一定の金品を考慮することも場合によっては必要でしょう。

東京スカイツリーはメインビジュアルにできるか？

Q39　著作権に詳しい人間から、街中に公開された著作物は自由に広告利用できると聞きました。そこで東京スカイツリーの写真を広告のメインビジュアルに使いたいと思いますが、可能でしょうか？

A　著作権法上、確かに広告利用は可能ですが、質問にあるように広告でメインビジュアルとして利用する場合はちょっと事情が異なってきます。

「東京スカイツリー」が、仮に著作物だとしても「屋外に恒常的に設置されている美術の著作物や建築の著作物は原則的には自由に使用できる（著作権法第46条）」とされていて、普通に風景写真の一部に使用したり広告等にその画像を使用したりすることは可能です。

　ところがこれを広告のメインビジュアルとして使うということになると、

顧客誘引力のある建造物に対するある種のキャラクター的利用とみなされ不正競争防止法上の他人の名声へのフリーライドに抵触するとクレームを受ける可能性が高まります。

このような使い方をする場合は、所有者に問い合わせをし、必要に応じて権利の使用料を支払う等の処理を行いましょう。

家具を広告写真のビジュアルに使えるか?

Q40 見る人が見れば判るが、普通の人にはただの家具にしか見えないという、著名デザイナーによる家具を広告素材として使いたいのですが、どのような配慮が必要でしょうか?

A 仮に有名デザイナーによる家具であっても量産されているものであれば通常は著作物ではないと思われます。また周知性や著名性がなければ不正競争防止法上の問題も生じないでしょう。

ただし「見る人が見れば判るのだが、その方面に知識のない人にとってはただの物」というのが「周知」というレベルに該当するかどうかが問題です。周知とは「需要者の間に広く認識されている」ことをいい、一地域で、又は特定の取引者・需要者の間で知られているだけでも一応該当します。そしてその場合は不正競争防止法が禁止する行為「周知表示混同惹起行為」とみなされる可能性も否定できません。弁護士等、専門家の判断を仰ぎたいものです。

また、仮にこの広告商品がオフィス機器等の場合で、かつその家具のメーカー名などの商標（登録商標）が表示されている場合で、その広告商品があたかもその家具メーカーの商品のように見える場合は出所混同が生じ、商標権の侵害とみなされる可能性もあります。

Tシャツの中のキャラクターの権利は?

Q41 CMのエキストラとして仕込んだ一般人が、超有名キャラクターのTシャツを着てきました。どうするべきでしょうか?

A CMのように営利目的の映像内で、例えばミッキーマウスのTシャツを着た モデルが撮影された場合、著作権者から複製権の侵害ということでクレームがつ く可能性はあるでしょう。

　CM撮影時のリスクとしては初歩的な問題といえましょう。そのTシャツ の絵柄が写らないようなアングルで撮影するか、その場で別のコスチューム と交換する等の対策を講じましょう。

　一方、著作権法第30条の2では、写真や映像を撮影する際に、たまたま 写りこんでしまった著作物については複製権の侵害にならないとされていま す。ただし、この場合の写りこみは軽微なものであることが必要です。オン エア後、よく見てみたらそのような著作物が写っていて、万が一クレームが ついたら弁明としてこの著作権法第30条の2は有効に使えるかもしれませ ん。

ストックフォトの落とし穴とは?

Q42 最近はフォトライブラリーのストックフォトを使用するケースが多く なってきました。ストックフォトについてはどのようなことに注意したらよい ですか?

A 昨今は、予算的問題、時間的問題などで新規撮影などを行う代わりにフォト ライブラリー等からストックフォトを借りることが多くなってきました。またス トックフォトそのもののクオリティも非常に高まっています。そしてその分だけ 様々なトラブルも増大しており、下記に注意すべきポイントを整理してみました。 またネット上でロイヤリティーフリーの写真やイラストなども同様の注意が必要 です。

①手続き忘れによる契約外使用をめぐるトラブル

　まず、比較的ありがちなことは使用範囲と期間に関する契約外使用です。 これは故意に行われているというよりも「うっかり」というケースが多いと 思われます。特に広告会社の立場としてはフォトライブラリーと直接取引す る場合と制作会社を経由する場合がありますが、いずれの場合もその使用範 囲、使用期間にはくれぐれも注意を払いましょう。

また雑誌広告等において比較的イージーに在版流用等が行われていたりしますが、もしその原稿の中にストックフォトが使用されていれば、当然のこととして契約外使用の問題が発生してしまうことにもなります。従ってこの問題は制作担当者のみならず、社内の営業や媒体、さらにはクライアントをも含めたコンセンサスづくりが課題でもあります。

②新規の写真撮影に対する見本として使用した場合のトラブル

　次に実務上ありがちなことは、ストックフォトを見せながらカメラマンに対して「こんな感じで撮影してください」的な指示をしてしまうことです。ストックフォトを見本にして似通った写真を撮影すると、その写真は結果的に元のストックフォトの複製権や翻案権の侵害となるおそれがあります。くれぐれも注意しましょう。ストックフォトを見本にイラストを描き起こすなどの場合も同様となります。

③被写体の権利、特に著作権や肖像権に関するトラブル

　ストックフォトの中に写っている被写体の権利処理に関するトラブルです。通常、我々がストックフォトに対して使用料を支払っているのはその写真を撮影したカメラマンへの著作物利用許諾の対価のみであって、それ以外の被写体に関わる肖像権、著作権、商標権などの使用料は含まれておりません。

　従って登場人物等の肖像権、そこに写っているポスターの著作権、あるいは看板に使用されているマークの商標権等の権利については未処理となっていることが一般的です。従ってこれらの素材が明確に感得できる場合は適切な権利処理が必要です。ライブラリー側に別途相談するか、あるいは自ら行うかしなければなりません。

　それとちょっと角度は異なりますがこのようなトラブルもあります。あるクライアントの商品カタログを作る際にストックフォトを利用しました。ところが同一クライアントでテレビ CM を制作することとなり、完成した 15 秒 CM の中に 1 秒間ほど、商品カタログ 3 種類の表紙が画面にアップで並ぶシーンが含まれていました。

　その後、このストックフォトのライブラリーから契約外使用ということでクレームがつきました。ここで主張された契約外使用とは、契約対象の写真

が商品カタログだけでなくテレビ CM にも使われているではないか、ということです。カタログの写り方の程度にもよりますが、このケースの場合は画面の中にアップで写っていた故に「写真そのものを二次使用した」とみなされたわけです。

　教訓として、表現物①の中に表現物②が紹介される場合において、表現物②用に使用許諾されている著作物は結局のところ表現物①の中でも使用されていることになってしまう、という可能性があるということです。例えば新聞広告で「詳しい内容はこの小冊子をご覧ください」としてイラストや写真の入った小冊子の表紙を大きく紹介するケース、さらには、書籍広告で書籍の表紙写真を紹介するケースなど、それぞれ注意が必要ということになります。

　各フォトライブラリーは様々なメディア（Web を含む）や世の中に流通している印刷物に目を光らせています。そして無断使用（契約外使用）、不正使用等については容赦なくクライアントにクレームをつけてくることもあり、十分な注意が必要となります。

　なお、いずれも必ずしもストックフォトに限ったことではなく、スチール撮影を委託したカメラマンとの間にも存在する利用許諾にも通ずる問題です。

シーン **7**　キャラクター・アニメ・ゲームの開発

キャラクターを保護できる万全な権利は?

Q43　新たなキャラクターを開発し、中長期的で総合的な展開を考えています。どのような権利を取得しておいたらいいですか?

A　複数の権利を取得することにより、一つのキャラクターを異なる側面からより強固に保護する形が理想です。

　まず、もとの絵が持つ「美術の著作物」の権利をベースに、そのネーミングやロゴタイプ、さらに、元の絵について商標登録し「商標権」を取得します。著作権は相対権、商標権は絶対権です。つまり著作権では、もとの絵とよく似たキャラクターを使用している者がいたとしても「盗作ではなく、たまたま似ているだけだ」と証明されてしまえば、権利侵害を排除できません。ところが商標権の場合は、よく似たキャラクターを使用している者に対して使用禁止などの措置を請求することができます。

　次にぬいぐるみ化を想定し意匠登録して「意匠権」を取得します。その上で、できるだけ露出を多くして注目を浴び有名になることによって「不正競争防止法」による保護を受ける対象となる、そんな形が望ましいでしょう。

　また長期的な展開を考えれば「商標権」が特に重要です。著作権の保護期間は原則著作者の死後50年、法人著作にいたっては公表後50年しかありませんが、商標権は10年ごとの更新を行うことによって半永久的に権利を保持できます。

キャラクターの手足を動かす権利は?

Q44　既に開発済のキャラクターイラストを使ってネット広告を制作する際、イラストレーターの許可を取らずに、Web制作会社で3D化させ手足を動かしました。問題はありますか?

A　元のイラストレーションには著作権があるので、そのイラストを加工しよう

254

とする場合は、まず元のイラストを作った著作者が持つ複製権、翻案権および著作者人格権などをクリアする必要があるでしょう。

　元のイラストを、別の者がCGでアニメ化したり、3D化させたり、手足を動かした場合は、元のイラストに対する「二次的著作物」が創作されたことになり、元のイラストの著作者とそれに手を加えたもう一人の著作者との両方の権利を処理する必要が生じてきます。

アニメやゲームには著作権はあるのか?

Q45 アニメ作品やゲームソフトには著作権はありますか。あるとすればどのような権利なのでしょうか?

A アニメ作品には、映画、美術、音楽の著作権と声優の著作隣接権、ゲームソフトの場合は以上の権利に加え、さらにプログラムの著作権も含まれていて非常に複雑です。

　まずアニメ作品ですが、映画の効果に類似する視聴覚的効果を生じさせる方法で表現されていて、かつモノに固定されていることから基本的に「映画の著作物」とされています。また同時に、元となるマンガの原作などの著作権(美術の著作物)が働いている場合が多く、その原作に対する二次的著作物でもあります。

　また作品中には音楽の著作権や声優の著作隣接権も絡んでいます。さらに映画の著作物ということから、製作委員会という形で出資者であるスポンサーやテレビ局、出版社、広告会社なども著作権者として関わってくるので権利関係が大変複雑です。

　ゲームソフトについては「映画の著作物」であると同時に「プログラムの著作物」でもあります。さらにそこに美術や音楽の著作物が関わり、従ってそれぞれの権利と、場合によっては声優の著作隣接権なども加わり、アニメ作品の場合同様、非常に複雑です。

シーン8 テレビCMの企画・制作

CMのアイデア利用はどこまでOK?

Q46 著作権法上、他のCMのアイデアを借用するだけなら問題ないと聞いています。ここでいうアイデアとは具体的に何なのか、また許される範囲というのは具体的にどこまでですか?

A アイデア利用と翻案権侵害の境界線がどこにあるか、がポイントです。

著作権法は「表現」を保護してもアイデアは保護しない、といわれています。従って理論上は他の著作物が持つアイデアだけを模倣して別の著作物を作る行為は違法ではないことになります。

以上は原理原則としてよくいわれていることですが、今ひとつ、具体性がありません。小説などの場合、既存の小説のあらすじをデッドコピーすると翻案権の侵害となるケースがありますがテレビCMなどの場合はどうなのでしょう。どこまでが「アイデア利用」であり、どこから先が「翻案権侵害」となるのでしょうか。

これは非常に難しい問題であり、またテレビCMの翻案権侵害の判例などもありません。ただしテレビCMは「映画の著作物」といわれており、同じく「映画の著作物」として翻案権侵害が争われた「大河ドラマ"武蔵"類似事件」を紹介します(詳細は第4章を参照)。

原告側が主張したのは、例えば豪雨の中で武蔵が地面に突き立てた刀を抜く場面などはアイデアではなく具体的表現そのものであり、これが「七人の侍」と類似しており翻案権侵害に相当する、そしてこのようなシーンが計11箇所に存在する、というものでした。

ところが東京地裁、知財高裁、そして最高裁も、いずれの類似点もアイデアの域を出ず、「原作(七人の侍)の持つ表現上の本質的な特徴を感得することはできない」としてこの請求を棄却しました。

この判例によって、映画の著作物におけるアイデアの領域は相当に広い、ということが再認識され、このことは同じく映画の著作物であるテレビCMにおいても一つの道標にはなります。

しかし、だからといって他社の CM を安易に模倣すると、仮に翻案権侵害にはならなかったとしても「どこかで見たような CM」といわれる可能性は高いでしょう。広告人としては、いかなる場合も"オリジナルを創ること"にこだわり続けたいものです。

生CMで、キャラ制作したイラストレーターの氏名表示権は?

Q47 著名イラストレーター制作のキャラクターが登場する家計簿ソフトがあります。この商品を PR するテレビの生 CM の中で、そのイラストレーターの氏名を出してしまいました。本人許諾を得ていないのですがパブリシティ権の問題は発生するのでしょうか?ちなみにパッケージにはそのイラストレーターの氏名は表示されています。

A この場合、パブリシティ権の問題は発生しませんので安心して使ってください。

その商品の広告宣伝用にイラストレーターの氏名を使用しているわけではなく、その商品の一つの特性としてそのイラストレーター作成のキャラクターが存在しており、その商品特性を説明する際に必然的にイラストレーターの氏名が紹介されているに過ぎません。よってパブリシティ権等の問題は発生しないと思われます。

ニュースのようなCMは許される?

Q48 視聴者へのアテンション効果を高めるため、一見、ニュースのようなテレビ CM を企画しています。著作権や肖像権、その他、何らかの権利関係の問題はあるのでしょうか?

A 民放連(日本民間放送連盟)の放送基準第 126 条で「(CM は)ニュースと混同されやすい表現をしてはならない」、さらに第 92 条では「(CM は)広告放送であることを明らかにしなければならない」と規定されています。

ニュースは放送局にとっては聖域であり、これと混同されるような CM の

オンエアは禁止されています。またそれだけでなく CM 中に「ニュース」というフレーズを使用することすら禁止している局もあります。

しかしながら昨今では、番組、ニュース、CM の各垣根が低くなっており、その意味ではこのニュースもどきの CM も、徐々に緩和傾向にあるようではありますが、要注意であることは変わりません。

サウンドロゴは著作物?

Q49 クライアントから、テレビ CM 用に制作したサウンドロゴを買い取りたいという要望が届きました。さて、サウンドロゴには著作権は働くのでしょうか?

A サウンドロゴが「音楽の著作物」に該当するかどうかは議論の余地もありそうですが、著作物として捉えておいてよいかと思います。

サウンドロゴとは企業が自社の企業名やブランド名にメロディ、音声、効果音などをつけてアピールするもので、数秒程度の時間で企業名やブランド名を記憶に留めてもらう有効な手法です。

以前、このサウンドロゴを無断利用されたとして、ある音楽家が住友生命に損害賠償請求をした事案がありました。結局、和解となりましたが、サウンドロゴの著作物性については明確な結論は出ておりません。どちらかというとサウンドロゴは様々な制約の中で成立するものであり、著作権法がいう「思想または感情を創作的に表現したもの」には基本的に馴染みづらいものであると同時に、視覚的なロゴタイプ同様、著作権というよりも商標権で保護すべきものなのではと思われます。

ちなみに 2015 年、商標法が改正され、「動き」「色彩」などと共に「音」も単体で商標登録が認められることとなりました。

いずれにせよ、この事案以降、広告業界としては著作物としての対応をするケースが多くなってきているようです。

CMの振り付けやポーズに何らかの権利はあるか?

Q50 とても印象的な振り付けのダンスを目玉にしたCMを企画中ですが、CMの演出の中で、振り付けやポーズに対する著作権は発生するのでしょうか?

A 著作権法第10条1項で著作物の例示があり、その中に「舞踊又は無言劇の著作物」というものがあります。つまり「振り付けやポーズ」については一定の著作物性が肯定されており、程度にもよりますが他のCMが使用している振り付けやポーズを安易に模倣すると著作権侵害となる可能性があります。

最終的には和解となりましたが、以前、米国のあるヨガ創設者が、自分が考案したヨガのポーズを無断で使用されたとして、ヨガスタジオとヨガ講師を訴えようとしたという事案がありました。「振り付けやポーズ」については一応、著作物であるという前提で対処したほうがよいでしょう。

さらにCM等で使用される「振り付けやポーズ」で、多くの消費者が知っていて、かつ特定の企業や商品と密接に結びついているものの場合は商品表示や営業表示に該当し、不正競争防止法上で保護される可能性もあります。

CMで著名キャラの扮装をさせるだけならOK?

Q51 テレビCMで、「いろいろな商品バリエーションがある」という商品特性をアピールする方法として、出演者にスーパーマンやバットマンなど、様々なキャラクターの扮装をさせることは可能でしょうか?扮装だけであり、全体としては特定のキャラクターイメージに偏らない演出になっています。

A これらは視覚的なキャラクターであり、それとわかる扮装をさせることは漫画や映画のビジュアルに対する複製権、翻案権等の侵害、不正競争防止法違反となる可能性があるので避けておいたほうがよいでしょう。

漫画や映画に登場するキャラクターの容姿については、ビジュアライズされている以上、原作が漫画か映画かにかかわりなく、「美術の著作物」と認められ、そのキャラクターに似通った縫いぐるみやお面を使用することは著

作物の複製に相当すると考えられます。したがってテレビCM全体に特定の
キャラクター色がつかなかったとしても、個々の著作物の著作権侵害に問わ
れる可能性が生じますので許諾が必要となるでしょう。

逆に、シャーロックホームズ、鞍馬天狗、坊ちゃんなど、小説のキャラク
ターであればビジュアル化されておらず自由に扮装させることは可能である
と思われます。

CMの屋外ロケ中にたまたま収録されてしまった音楽は?

Q52 屋外でCMの撮影をしていたら、たまたまスーパーから流れてくる音楽
が入ってしまいました。これは音楽の著作物の利用になってしまいますか?

A この程度の「録り込み」であれば、著作権制限の中の「付随対象著作物の利
用」に相当し問題なく利用できるでしょう。

2012年の著作権法改正で、一定の条件付きで「写り込み」が適法となりま
した。例えば写真撮影の際、被写体の背景にポスターや絵画などの著作物が
小さく写り込んだ場合の他、屋外で映像撮影中に街頭で流れていた音楽がた
またま録り込まれてしまった場合なども対象となります。

ただし適法となるためには①分離困難性、②軽微性、③著作権者の利益を
不当に害しない、という要件をクリアしなければならないとされています。
つまり①たまたま、②全体の中で小さな割合で、③著作権者の著作物の利用
市場を侵食しないように、という範囲の録り込まれ方でなければならないこ
とになります。

つまり逆にいうと、常識的に見てその著作物の表現上の特徴が感じられる
場合には著作物の利用になり、これを許諾なしでやると複製権や公衆送信権
の侵害となるということです。

シーン 9 　商品のネーミング・ロゴ、会社名の開発

国旗をベースにシンボルマークはつくれるか?

Q53 クライアントのイタリアンレストランから、イタリア国旗をモチーフとしたシンボルマークを作りたいという相談がありましたが、問題はありますか?

A 不正競争防止法や商標法では、外国国旗を商標として使用することが禁止されています。どうしても使いたい場合は関係機関からの許諾を受ける必要があります。

　しかし商標としての使い方でなければ問題はないので、デザインや装飾として広告素材等で使うことは可能です。ただし、その商品やサービスが外国政府関与のもとに提供されていると誤認をさせる使い方や商品の原産地を誤認させるような使い方は禁じられています。

　さらに使用する意図が明確かつ健全であること、国の尊厳を傷つけるような使い方をしないこと、変形させないこと、また複数国の国旗を使う場合はその順序や組み合わせに注意すること、以上のことに配慮をしましょう。当然、パロディ使用は避けておいたほうがよいでしょう。

　判断に迷うようであれば当該国の大使館に問い合わせてみましょう。

同一商標が海外にあった場合は?

Q54 国内で登録された商標をネット上で使用中、海外に同一の商標が存在していた場合、その商標権はどうなりますか?

A 海外に同一商標があっても商標権の侵害にはならないでしょう。

　商標権は、特許権や意匠権同様、属地主義で運用されています。つまり商標登録はその国内のみで審査され、また登録された商標はあくまでも登録した国内でのみ保護されることになります。

　したがって日本国内で登録された商標とまったく同一の商標が他国で存在

しているということは十分にありえることになります。

ところでインターネットには国境がないので、日本の商標が扱われている日本の Web サイトには世界中からアクセスでき、そのような現象は国ごとにありえることになります。

その結果、A 国と B 国で仮に同一の登録商標があった場合は相互に商標権を侵害し合う関係となってしまいます。

2001 年、このような状況を鑑み WIPO（世界知的所有権機関）はネット上の商標に関する紛争処理のガイドライン「インターネット上の商標及びその他の標識に係る工業所有権の保護に関する共同勧告」を発表しました。

このガイドラインの主な内容は以下のとおりです。

　　①インターネット上における標識の使用を特定国における使用と認める
　　　か否かについては、「商業的効果」の有無によって判断する。
　　②インターネット上の標識の使用者に、事前に世界的なサーチ義務を負
　　　わせることは当該標識の使用者に過度の負担を課すこととなり不適当
　　　であるとの前提のもと、「通知と抵触の回避」手続を規定する。
　　③サイバースクワッティングのようなバッドフェイスによる使用の場合を
　　　除き国の領域を超える差止命令を禁止する。

このガイドラインから考慮すれば、例えば国内のネットショップが日本語のサイトを活用し日本国内で商売をしようとしている場合、仮に海外に同一の商標があったとしても商標権の侵害にはならないことになります。

一方、そのネットショップが英訳したサイトを用意し、例えば米国を相手に販売をしようとする場合は、まずその商標について米国での商標調査を行い商標権侵害がないことを確認する必要があります。

そしてその上で販売を予定しない国における商標権侵害が発生しないよう、英語以外の言語によるページは作らず、またサイト上にも販売地域が米国に限定されていることを明記する必要があるでしょう。

262

社名登記の際、注意すべきことは?

Q55 会社法の改正で、社名の登記が全国区になったと聞きました。今までは気にしなかったのですが、同一名称の会社が権利を主張してくることはあるのでしょうか?

A その通りです。特に安易に有名な企業名と類似した商号（会社名）を登記したりすると、不正競争防止法で訴えられる可能性があります。事前の調査や確認を慎重に行いましょう。

2005年の会社法及びこれに関連する法改正で、商号の規定が変わりました。それまであった「類似商号規制」、つまり同じ市町村区内で、同一事業による、同一または類似した商号を登記することはできないという規制が撤廃されました（ただし従来同様、同一商号を同一住所に登記することはできません）。ということで法改正後は会社設立に際して、事前の類似商号調査は行わなくてもよいことになりました。

しかしこの規制緩和については、登記段階での規制がなくなっただけであり民事的な権利侵害の問題は別の問題と考えたほうがよさそうです。既に同一市町村区内にある同一事業で同一または類似した商号、さらに全国区で有名な商号と同一または類似した商号を使用しようとする場合は、不正競争防止法を根拠に権利侵害を主張される可能性は十分にあります。

少なくとも前者の場合はその会社を管轄している法務局（登記所）で商号調査を行い、また後者についてはどこかで聞いたことのあるような周知・著名な社名とよく似たものは使わない等、自助努力によるリスク管理をしましょう。小まめにネット検索を試みることも有効な方法です。

ネーミングの際、注意すべきことは?

Q56 ノベルティのネーミング、キャンペーン名やスローガン等、非常に短いフレーズを開発する時に注意することは?

A シンプルな表現である分だけ、同一または類似したものが存在する可能性が

高いと考えられ、またノベルティのネーミングなどは通常の商品名として商標登録されている可能性もあります。ネット検索や商標調査（J-PlatPat 等）で小まめに確認する習慣をつけましょう。

　これらのものに共通するのは、いかにシンプルに、いかに印象的に、伝えたいポイントが訴求できるか、ということです。

　その結果、極端にいえば単にコトバとコトバを羅列しただけの、いわば「表現」に至らない骨格のみのフレーズになってしまうことが多いようです。したがって基本的には著作物にはなりえないでしょう。ただし短いスローガンのようなものでも俳句や短歌に準じる創作性がある場合は著作物とみなされることもあるので注意が必要です。

　いずれにしても以下のような手順をお薦めします。

①同業他社のものを事前調査する

　まず開発作業に入る前に、同業他社（類似業界も含む）のホームページ等から、実際に使用されているノベルティのネーミング、キャンペーン名やスローガン等について可能な限り多くの情報を収集してみましょう。これは予め類似したものを排除するためだけでなく、当然、競合他社の動向確認にも繋がる作業ですので必ず行いましょう。

②ある程度候補が出揃ったらそのワードでネット検索してみる

　実際に使用されているフレーズやワードならほぼ間違いなくネット検索でヒットしますからこの作業は有効です。どの程度類似したものがどのような業界で使われているのか、総合的に判断し捨てる案、残す案をふるいにかけます。

③併せて「J-Plat Pat 」で検索する

　ノベルティのネーミング、キャンペーン名やスローガン等の中には商標登録されているものもあります。念のため『特許情報プラットフォーム「J-Plat Pat」』で小まめに確認する習慣をつけましょう。これは、特許庁が保有する 5,500 万件以上の特許情報（意匠・商標を含む）を提供するサービスで、誰でも簡単に同一商標の有無が確認できます。

マークやロゴの類似回避の方法は?

Q57 アルファベットをベースにしたシンボルマークやロゴタイプを開発する際、どうしても似通ったデザインの存在が気になってしまいます。類似したものを回避するための有効な方法ってありますか?

A 著作権侵害にはなりづらいとは思いますが商標権侵害は十分にあり得るでしょう。そこで事前にできることをまとめてみました。

マークやロゴは、視る者の印象にいかに強く残すことができるかが問われ、形は簡潔かつ単純なものが、カラーリングも青や赤とか明快で再現性の高いものが求められます。要するにシンプルなものが要求されるのですが、実はシンプルであればあるほど類似したものが存在する可能性が高まることになります。アルファベットをベースにしたものはなおさらです。

その結果、決して意図的に模倣したわけでもないのに、クレームがついたり、盗作とかパクリとか言われたりすることもあります。商標登録に的を絞れば一定の類似デザイン排除は可能ですが、登録されていないものまで含めるとここまでやれば安心という方法はありません。そこで、できる範囲のことはやっておこうという話になりますが、一般的には以下のような方法が考えられます。

①同業他社のものを事前調査する

まず、同業他社(類似業界も含む)を特定し、各社の Web サイトから、実際に展開されているマークやロゴなど、可能な限り多くの情報を収集してみましょう。ただしこの方法だと全然異なる業界のものはアクセスできません。

②「J-Plat Pat 」で検索する

特許庁が保有する 5,500 万件以上の特許情報(意匠・商標を含む)を提供する『特許情報プラットフォーム「J-Plat Pat」』で例えば同業他社が登録している図形商標を検索できます。ただしこれは多少慣れが必要です。

③類似画像検索可能なWebサービスを利用する

誰でも簡単に類似デザインの確認が可能な Google の画像検索機能の他、様々な Web サービスがあるので、ぜひ活用しましょう。ただし機械的に類似を判断するので、やや的外れな画像も拾われてしまいます。

265

それと重要なことは、デスク上の類似だけでなく、そのマークやロゴが主にどのようなシーンで使用されるのかをイメージしながらその類似性を考えるべきです。例えば看板などが主たる使い方なら街頭の雑多な風景の中で目に入った際の印象、あるいはパッケージデザインが主たる使い方なら店頭で競合する商品パッケージのすぐ近くに置いてある場合の印象を基に、その類似性を検証する必要があろうかと思います。

既存の書体を使ってロゴタイプを作っていいか?

Q58 既存のフォントをアレンジして新たなロゴタイプを作ることは著作権法的に何らかの問題がありますか?

　A　基本的には既存のフォントをアレンジしてロゴタイプを作っても著作権侵害の問題は起こりません。しかし市販のフォントの利用規約の中に、改変や商用目的による利用の禁止が記載されている場合があるので確認したほうがよいでしょう。

　文字が万人共有の文化的財産であること、また情報の伝達機能という役割を持っていることを重視して、文字のデザインについては、強い法的保護を与えすぎると情報伝達手段である文字の機能を制限してしまうことともなりかねません。したがって一般的にはフォントに対する著作物性は認められないとされており、基本的に既存のフォントをアレンジしてロゴタイプを作っても著作権侵害の問題は起こりません。しかし市販のフォントの利用規約の中に、改変の禁止や商用目的での利用禁止等が記載されている場合があるので確認したほうがよいでしょう。

　なお、フォントプログラムについて「プログラムの著作物」として著作権が成立する点に注意が必要です。かつてフォントプログラムの海賊版を違法に複製して使用していた会社に損害賠償と使用差し止めが請求された裁判がありました。

シーン **10** インターネット関連

動画共有サイトは無法地帯か?

Q59 YouTube などの動画共有サイトには明らかに著作権侵害と思われるようなものが日々アップされていますが、これはどういう権利処理によるものでしょうか?

A YouTube は、「コンテンツ ID」という仕組みを運用することにより著作権侵害に対応すべく手を打っています。

　世界的に人気の動画投稿共有サイト「YouTube」は、会員登録をしなくても無料で気軽に視聴ができ、PV、音楽、趣味、ハウツーものまで多様なコンテンツが楽しめることもあって個人ニーズからビジネスシーンまで大変幅広く利用されています。

　しかし一方では、テレビ放送されたドラマやアニメなど、著作権を侵害する動画や音楽が投稿されるケースも多く、社会問題となっていることも事実です。逆にいえば YouTube がこれだけの人気を集めることになったのは、こうした違法コンテンツを誰でも簡単に視聴できる、という特性によるものでもあるわけです。

　ところでこのような状況に対して、YouTube 側も手をこまねいているわけではありません。YouTube は著作権保有者のコンテンツをスキャンして識別する「コンテンツ ID」というシステムを設けています。これは著作権者が予め自分のコンテンツを YouTube に登録しておき、もしもこれに類似する動画や音楽がユーザーによってアップロードされると自動的に検出され、著作権者が希望する対応を選択できるという仕組みです。

　具体的には、まず事前にテレビ局、映画会社、レコード会社などの著作権者が映像や音楽のコンテンツのコピーを YouTube に登録します。これがデータベース化され、YouTube ユーザーが動画を投稿した際、このデータベースと自動的に照合されて、もしもその中に登録されたコンテンツ(一部でも全部でも OK)と同じものが含まれていた場合、権利者は自分が希望する対応策を選択できることになります。例えば、動画全体をブロックしたり、その

267

動画の音声をミュートにしたり、動画に広告を表示させて収益化する（そこで得られた広告収益はその動画をアップロードしたユーザーと分配することができる）等の対応が可能です。

　このように YouTube 側もそれなりの対策は講じているのですが、最近はコンテンツ ID に検知されないよう様々な手法を駆使し違法アップロードを繰り返す悪質なユーザーもいて、侵害行為の取り締まり策との間で「いたちごっこ」となっているのが実情です。また、著作権侵害は「親告罪」であり、著作権者があえて黙認している場合等も多く、表面的には侵害行為が放任状態になっているように見えてしまうという状況はあるでしょう。

　それともう一つ触れておくべきは、YouTube は JASRAC との間で、JASRAC の管理楽曲を自由に利用できる包括契約を締結しているということです。これは動画の投稿者が個別に許諾を得なくても、JASRAC 管理楽曲を含む動画であれば YouTube に合法的にアップロードすることができるという仕組みです。ただしこれは楽曲の包括的利用許諾契約なので、音源に市販の CD 等を使う場合は該当せず（歌手やレコード会社が持つ著作隣接権に抵触）、自ら歌ったり演奏したりする場合に限定されます。したがって YouTube でよく見かける、「歌ってみた」、「演奏してみた」といった動画ならば許諾なしで利用可能となっています。またあくまでも個人利用でかつ非営利目的の場合に限られるので、広告的利用は不可となります。

リンクと著作権の関係は?

Q60 リンクを張る行為は法律上どのような問題があるのでしょうか?

A リンクを張ることは、単に別の Web サイトに誘導するだけであり、他人のサイトを複製したり送信したりすることとは違うので著作権侵害とはなりません。

　ただし他人のサイト上の情報を自分のホームページのフレームの中に取り込む形式のもの（フレームリンク）は、自分のホームページの中に他人の著作物を複製することになるので、複製権の侵害、また場合によっては同一性保持権の問題が生じる可能性があります。このような場合はキチンとした許諾が必要となるでしょう。

またリンクされるサイトが明らかに著作権違反をしているとか、わいせつ画像が掲載されているもの等の場合、それを承知でリンクを張ったとすれば何らかの違法性を追求されることになる可能性もあります (FL マスクリンク事件 (大阪地裁／ 2000 年))。

法的には以上の通りですが、一方では道義上の問題もないわけではありません。例えば「リンクを張る際は当方の許諾が必要です」などの文言が付されている場合は、事前に了承を得ておいたほうがよいでしょう。

ネット上の文章作成、注意すべきポイントは?

Q61 クライアントの Web サイトやブログ用に文章をまとめる際、他人のサイトなどから情報収集することが多いのですが、その際、特に著作権絡みで注意すべきポイントとしてはどのようなことがありますか?

A まず、「思想または感情を創作的に表現したもの」は著作物となりますので、他人の Web サイト、新聞・雑誌、書籍などから一定量の文章をコピペすることは著作権侵害となる可能性が高いでしょう。

では、他人のサイトなどから、新製品情報、特定企業の売上数字、何らかの人気ランキング情報、各国の面積や人口、気温などのデータなど、いわゆる事実情報の範囲に入るものを借用することはどうなのでしょうか。

原則として、これらは単なる事実ですので著作権などは働かず、通常は何ら問題なく利用できると考えられます。

しかしいくつかの注意すべきポイントがあります。

①著作物でないのはあくまでも"事実"部分であり、その事実を表現したグラフや文章などは著作物の可能性があります。従ってこれらをそのまま使用すると、図形の著作物や 言語の著作物の権利侵害となることもありえるので表現の仕方を変えるなり権利者に許諾をもらうなり、何らかの配慮をしましょう。

②扱い方によっては、「データベース (コンピュータ検索が可能なもの) の著作権」に抵触します。例えば借用しようとする事実データが、いろいろなサイトから集めたものなら問題ありませんが、他人の同一サイ

トから複数の事実データをそのまま（同じ項目や配列順序のまま）使用すると「データベースの著作物」を勝手に使用したことになります。つまり、他人のデータベースの中の個々のデータを利用するのは問題ないが、データベースのまま使用することは著作権侵害になる、ということです。そしてこのような場合は権利者の許諾が必要となります。

③さらに、その事実やデータ自体がそれなりの労力や財力を駆使して得られたものである場合は一定の財産価値を持つことも考えられます。特に保有者がサイト内などでその情報に関する無断転載を禁じているような場合にそれを勝手に使うことは、民法上の不法行為とみなされる可能性があるでしょう。このような場合、一言、許諾を申し出ることによって、出典さえ明示すれば使わせてもらえる可能性はあります。

以上のように、とかく有効な情報はそれなりの権利によって保護されていることが多いので、様々な視点からのチェックと配慮を心がけたいものです。

フリーウェアと著作権の関係は?

Q62 ネット上では様々なフリーウェアが流通していますが、これらの著作権はどのように考えたらいいでしょうか。フリーウェアは著作権を放棄したものと考えてよいのでしょうか。

A フリーウェアの著作権は決して放棄されたのではなく「権利は持っているが、その行使を控えているだけ」と解釈するのが妥当だと思われます。

ネット上で入手できるソフトウェアには有償のもの（シェアウェア）と無償のもの（フリーウェア）との2つがあります。前者、つまりシェアウェアについてはそのソフトを開発し提供した者が著作権を持っていることは明らかです。

では後者、無償のフリーウェアの著作権はどうなっているのでしょうか。

通常、フリーウェアは誰でも自由にダウンロードでき、また自由に利用可能です。そのため、一見、フリーウェアの開発者は著作権を放棄しているようにも見えます。

270

しかし開発者側の意図として、当初だけ無償とすることによってこのソフトを広く普及させ、むしろバージョンアップの際に有償にすることによって然るべき収益を確保しようという思惑があります。つまりある種の試供品ということになります。

　この場合、バージョンアップされたソフトは通常、もとのソフトの二次的著作物と考えられます。二次的著作物に対する権利を根拠に独占的に販売しようとするのであれば、当初の著作権は決して放棄されたのではなく「権利は依然として持っているが、ただその行使を控えているだけ」と解釈するのが妥当だと思われます。

送信可能化権って何?

Q63 ネット上の著作物について、送信可能化権というコトバをよく聞きますがこれは一体どのような権利でしょうか?

A 一言でいえば、サーバに著作物がアップロードされた段階(送信可能な段階)で働く権利、ということになります。

　我が国では1997年の著作権法改正の際、新たに「公衆送信権」という権利を設定しました。これは従来の放送、有線放送、有線送信といった権利を新しい概念によって統合させ、当時話題となっていたインターネット送信に対処しようとしたものです。

　公衆送信権(著作権法第23条)とは、公衆によってダイレクトに受信されることを想定した無線・有線通信の送信をいいます。この公衆送信には放送などのように同一のコンテンツが同時に送信されるものと、インターネット送信のようにユーザー側からの要求に応じて自動的に送信するものがあります。そして後者のようなタイプの送信を自動公衆送信といい、サーバにアップロードする行為、つまり送信の前段階にある行為の権利を「送信可能化権」といいます。

　つまり送信可能化権とは、ユーザーからのアクセスにより実際に情報が送信されて著作物がユーザーに届いた段階ではなく、その手前の段階、つまりサーバに著作物がアップロードされた段階(送信可能な段階)で働く権利、と

XI　こんな時、どう考えどう対応する? Q&A100

271

いうことになります。これは他人の著作物をサーバにアップしただけで、直ちに著作権侵害となることを意味しています。

番組内で他人のWebサイトを勝手に紹介してもいい？

Q64 あるテレビの新番組で、毎回、特定のテーマを設定して、それに関連するいろいろな Web サイトを紹介する企画があります。この場合、何らかの著作権侵害になってしまうのでしょうか？

A このような場合も、「引用」を適用することによって、各 Web サイトの著作権者には無許諾で、この企画を実施できる可能性があります。

まず、Web ページの著作物性については一般的に印刷物等と同様に考えて差し支えないと思われます。そこに使用されている個々の写真やイラストは基本的に著作物ですし、文章、チャート図、案内地図等も著作物である可能性が高いでしょう。また、作成者が何らかの意図をもって素材の取捨選択を行い、その配列や表現方法に創作性がある場合は、その Web サイト全体が「編集著作物」とみなされ、多くの Web サイトはこれに該当するものと思われます。

従って、設問にあるような、テレビ番組の中で他人の Web サイトを利用したい場合は、原則として事前に各著作権者から許諾を受ける必要があります。しかし、権利者の特定から許諾まで相当な手間と時間がかかること、許諾が得られない可能性があること等の問題もあります。

そこで考えられるのは、著作権の制限規定の中の「引用」という手法です。著作権法第 32 条 1 項で、公表された著作物は、公正な慣習に合致し、かつ、報道、批評、研究、その他、正当な範囲内で行われるものであれば、引用して利用することができる、とされています。引用が適用できれば、それぞれの著作権者の許諾は不要となります。しかし適切な引用と認められるためにはいくつかの条件があります。それは、

　　①引用したい著作物が公表されたものであること

　　②公正な慣行に合致していること

　　③正当な範囲内で行われていること

④引用部分と自分の著作物が明瞭に区別されていること

⑤自分の著作物が「主」、引用される著作物が「従」であること

⑥引用することに必然性があること

⑦出所を明示すること

この中で特に重要なのは⑤です。要するに番組が「主」で引用される側の他人のWebサイトが「従」の関係になければならず、また引用される側は必要最小限の範囲でなければなりません。

この番組企画では、番組側が伝えたい何らかのメッセージのもと、いろいろなWebサイトを紹介し、これらについて番組側の感想や批評を展開する、そんな流れになろうかと思います。具体的な紹介の仕方は、特定のページ（例えばトップ画面）を映し出し、そこにサイトタイトルやURLなどをオーバーラップさせる方法が考えられます。注意すべきは、単にいろいろなWebサイトを集めて紹介するだけの企画は「引用」にはなりえず、番組側が主張したいことありきでなければならないということです。

シーン 11　セールスプロモーション

「お買い得！」はどのような場合に使えるのか？

Q65　販促チラシなどで「お買い得品！」などのアテンションコピーを使っていますが問題はないのでしょうか？

A　このようなイメージ的な表示の場合は、その店、または他の店も含めて一般的な価格よりも、それなりに安いということであれば、問題にはならないでしょう。

逆に実際には一般的な価格よりも高い、あるいは同等である場合は「実際のものより著しく有利であると誤認される表示」として不当表示となるでしょう。

問題となるのは以上のようなイメージ的な表示ではなく、具体的に比較対照される価格を特定した上で「○○○○○よりもお得！」、「○○○○○よりも安い！」等の表示をする場合です。これについては **Q66** を参照してください。

「安い！」はどのような場合に使える？

Q66　販促チラシなどで、他の価格と比較して「安い！」という場合、どのようなことに配慮をしたらよいですか？

A　比較される他者の価格が実際のものより高く表示されていた場合は「不当表示」となります。

よくあるのはプライスカードやチラシなどで「○○○価格○○○○円」となっているところに×を重ね、その下に「特別価格○○○○円」などとなっているものです。これを二重価格と言います。

この二重価格自体は違法ではないのですが、×をされる側の価格、つまり比較対照される価格が問題となります。市場価格であろうと、メーカー希望小売価格であろうと、自店の通常価格であろうと、それが適正な価格であれ

ば問題ないのですが、実際のものよりも高い価格、あるいは虚偽の価格を表
示していた場合は違法となってしまいます。

さらに以下のような注意が必要となります。

①比較対照される価格が**市場価格の場合**、その価格はその取引エリアに
おいて、同一の商品につき、相当数の店が販売している価格でなけれ
ばならない。

②比較対照される価格が**メーカー希望小売価格の場合**、その価格は最新
の価格で、かつ公表されている価格でなければならない。

③比較対照される価格が**自店の通常価格の場合**、その価格は最近までの
相当な期間に渡って販売してきた実績価格でなければならない。

目玉商品を設定する際に注意すべきことは?

Q67 広告で目玉商品を打ち出す場合で、その数量が限定されている時、どの
ような注意が必要でしょうか?

A この場合、「おとり広告」とみなされる可能性があり、これは不当表示とし
て景品表示法で禁止されています。

おとり広告とは、「目玉商品」などのように広告で顧客吸引力のある商品
情報を提供し、ところが消費者が店舗に行ってみると、実際にはそのような
商品を置いてなかったとか、置いてあっても売ろうとせず、別の商品をセー
ルスする等の欺瞞的行為のことをいいます。

つまりおとり広告とは、広告の中でその商品やサービスを「おとり」とし
て機能させ、とにかく来店させようという企みです。公正取引委員会は具体
的に以下のような行為を禁じています。

①取引の用意ができていない場合

たとえば、店頭に展示されているべき商品が展示されていない、注文して
も取引に応じられない等。

②商品の供給量がわずかしかない場合

供給量に限りがあるのにそのことを広告で明記していない。逆に言えば、
例えば20個しか在庫がない商品について広告において「20個限定販売」と

XI こんな時、どう考えどう対応する? Q&A100

275

打ち出していれば問題ない。

③商品の販売の仕方に限定がある場合

　購入可能期間や購入対象者、また消費者1人あたりの購入量が限定されているにもかかわらずその限定内容が明記されていない。スーパーのチラシ等によくある「玉子○○個パック○○○円。ただしお1人様1パック限り」は問題ない。

④そもそも取引する意志がない場合

　広告で扱った商品を顧客に見せないとか、その商品のデメリットを強調し、他の商品へ誘導する等。

うかつに使ってはならない言葉にはどんなものがある?

Q68 「永久」、「完全」、「安心」、「世界一」、「世界初」などのフレーズを使用してはいけないと聞いたことがありますが、それはどうしてですか?

A 景品表示法では「商品または役務の内容や取引条件について、著しく優良、有利であると一般消費者に誤認させ、不当に顧客を誘引し、公正な競争を阻害するおそれのある表示」を不当表示として禁止しています。

　例えば「(社)全国家庭電気製品公正取引協議会」は、家電関連の特定用語について以下のような使用基準を定めています。

①「永久」、「永遠」、「パーマネント」、「いつまでも」等

　永久を意味する用語は断定的に使用することはできない。

②「完璧」、「パーフェクト」、「100%」、「万能」、「オールマイティ」等

　完全を意味する用語は断定的に使用することはできない。

③「安心」、「安全」、「セーフティ」等

　安全性を意味する用語は強調して使用することはできない。また「安全」、「安心」等を商品名及び愛称に冠して使用してはならない。

④「最高」、「最大」、「最小」、「最高級」、「世界一」、「日本一」、「第一位」、「ナンバーワン」、「トップをゆく」、「他の追随を許さない」、「世界初」、「日本で初めて」、「いち早く」等

最上級及び優位性を意味する用語は客観的事実に基づく具体的根拠を表示しなければならない。

⑤「新」、「ニュー」等

当該品目の発売後1年間、又は次の新型製品が発売されるまでの期間のいずれか短い期間を超えて使用することはできない。

以上の特定用語に関する基準は基本的には他業界にも共通していますが微妙に異なるケースもあるので個々のクライアントや個々の案件に応じて、業界団体ごとの公正競争規約を確認しましょう。

比較広告の中で他社の商標は使えるか?

Q69 比較広告は認められていると聞きますが、比較広告の中で他商品の商標を使用することは商標権の侵害にならないのでしょうか?

A 比較広告は現在、一定の条件を満たしさえすれば実施可能です。通常は「客観的なデータや事実を正確かつ適正に利用し、公正に比較している」ことがその条件とされています。そして適法な比較広告であれば他社の商標を利用することは商標権の侵害にはなりません。

比較広告の場合は、確かに比較する相手側の商標を名指しすることになります。しかしそのことが直ちに商標権の侵害となるわけではありません。相手方の商標を使用することと、その商標を侵害することはイコールではなく、商標権の侵害となるためには、商品の出所を混同させることが条件となります。ところが適法な比較広告においては、比較する側の商品と比較される側の商品は明らかに線引きされているわけであり、出所に関する誤認混同はありえないでしょう。

ちなみに公正取引委員会の比較広告ガイドラインによれば適法な比較広告であるための条件として、

①広告で主張する内容が客観的に実証されていること。

②実証されている数値や事実を正確に、また適正に引用すること。

③比較の方法が公正であること。

④広告の内容が中傷誹謗にあたらないこと。

などを規定しています。

逆に、比較が事実に基づいていない場合、また広告の表現がきつすぎて誹謗・中傷になってしまう場合等は違法となってしまう可能性があります。

有名ブランドはプレミアムキャンペーンに勝手に使用できるか?

Q70 あるクライアントのプレミアムキャンペーンを企画していますが、その告知の中で、「1等賞：東京ディズニーランドご招待！」と打ち出したいのですが、何か問題はありますか？　東京ディズニーランドという言葉は著作物ではないと聞きました。

A 「東京ディズニーランド」のPRをしてあげるのだから問題はないのでは、と思う方も多いと思いますが、結構、グレーゾーンが広い問題です。

確かに「東京ディズニーランド」という表示は著作物ではありません。しかし誰でも知っている有名な表示であり、そのキャンペーンの打ち出し方によっては（例えば一見「東京ディズニーランド」の広告のように見えるなら）、この著名表示のイメージに「フリーライド（ただ乗り）」したとみなされ、著作権法上は問題なくても不正競争防止法に抵触する可能性が生じるかもしれません。

不正競争防止法では、このような行為を「著名表示冒用行為」といい、著名な表示が有する顧客吸引力などの価値にフリーライドするアンフェアな行為とされています。

ただし実際の基準は、そのキャンペーンを実施する業種や企業、またその告知方法によっても違ってくるかもしれません。例えばソニーがテレビCMで告知する場合と、風俗店が街頭配布用ティッシュの裏面などで告知するのでは当然異なるでしょう。いずれにしても法的解釈はグレー。「東京ディズニーランド」への許諾は取ったほうがよいでしょう。

なお、このような場合に限らず、有名ブランド品をプレミアムとして提供するようなケースもまったく同様のことがいえるでしょう。

シーン12　イベントを企画・運営する

イベント映像は自由に使えるか?

Q71 モーターショーなどのイベントを撮影して広告の中に使用したいのですが、何らかの許諾は必要でしょうか?

A イベントを撮影すること自体の法律上の問題はありません。しかし会場への入場に伴う契約において撮影が制限されている場合はイベント事務局等への許諾を取る必要があるでしょう。

　さらに撮影したイベント映像を広告などで利用する際は、会場内のブース、パネルやポスターに関わる著作権、動画の場合なら音楽の著作権や著作隣接権、コンパニオン等のパブリシティ権、来場者で個人が特定できる場合の肖像権なども処理しなければならないでしょう。

ブースデザインに著作権はあるか?

Q72 あるクライアントの展示会のブースデザインについて、他社が担当した前年度デザインの修正版でやってほしいといわれました。クライアントはこのようなデザインには著作権がないので問題ないはずだといっています。本当に大丈夫でしょうか?

A 機能を優先させたブースデザインなら確かに著作物ではなく、従って著作権は働かないと考えられますが、一概にはいえないので個別具体的に判断すべきでしょう。

　展示会の際のブースデザインに著作物性があるかないかは一概にはいえず、デザインによって異なってくると思います。客の導線等を最優先させた機能的なものであれば通常の住宅やオフィスビルなどの建築物、または工業デザインなどに近くなり著作物とはいえないと思われます。

　しかしキャラクターがブースデザインと一体化していたり、そのブースデザインが彫刻やモニュメント、オブジェ等に通ずる鑑賞性が備わっていたり

XI　こんな時、どう考えどう対応する? Q&A100

279

すると美術の著作物、あるいは建築の著作物と考えられる可能性もあります。判断に迷うようなら、クライアントと相談して著作物として対処しておいたほうが無難かもしれません。その場合は、元のデザインに対する改変となりますので、元のデザインの著作権がどうなっているのか（原著作者に留保されているか、クライアントに譲渡されているか、その場合、著作者人格権はどうなっているか等）を確認し、複製権、翻案権、同一性保持権などをクリアする必要があります。

セミナー時、ビジネス情報の公開はどこまで可能か？

Q73 あるイベントのセミナーで、キャラクタービジネスの実例を、実際に関わった方に話してもらうこととなりました。何らかの権利侵害となる可能性はありますか？

A 一般に公開しても構わない範囲での内容であれば問題ないでしょう。

しかし、営業上の機密情報が含まれていたり、事前告知の段階でそのキャラクター名を強調して出すことによって一定以上の集客効果を狙っていたりした場合は、不正競争防止法の問題が生じてクレームが付く可能性も否定できません。

一方、説明の中で仮にキャラクターの絵柄などの著作物が使用されたとしても著作権法上の「引用」に相当する可能性もあるでしょう。

イベントブースで流すBGMの権利処理は？

Q74 展示会の際のイベントブースでBGMを流す予定です。以前より日本の場合は、音楽のBGM利用は無許諾でできると聞いています。本当に大丈夫でしょうか？

A イベントや店頭などで、CD等の録音物または有線放送を利用してBGMを流す場合は有償となりますので注意してください。

かつて我が国の著作権法では、レコードなどの録音物をBGMに利用する

場合は著作権者への許諾は不要という規定がありました（著作権法附則第14条）。また有線放送でBGMを利用する場合、本来は「公衆送信権」が認められるのですが「附則第14条」との兼ね合いがあり権利を留保してきました。

　ところが1999年の著作権法改正でこの規定は廃止されました。以降、JASRACは「録音物の再生演奏」と「公衆送信の伝達」を合わせてBGMでの利用の許諾契約と使用料請求を行っています。

| シーン **13** | **パロディ広告・替え歌・そっくりさんの企画** |

著作権切れ絵画のパロディは可能か?

Q75 ポスターのメインビジュアルで、世界的に有名な絵画に手を加えバロディ化して使いたいのですが問題は?著作権は既になくなっています。

A パロディの度合いにもよりますが問題があるかもしれません。著作権法上は、著作権が切れていても仮に著作者が生存していたとした場合にその意を害するような改変は行えないことになっています。パロディ化する場合は一般的に原著作者の意を害するアレンジとなる可能性が高いことを鑑みると、リスキーであると考えます。

　一方、誰が見ても明らかにパロディであっていわゆるユーモアの範囲内に属すレベルであれば問題ないとする意見や、仮に著作者が生存していたとしたらその意を害するかどうかについても時代とともに価値観は変わっていくものである、という肯定的視点もあり、非常に難しい問題です。

　クライアントの存在しないファインアートやコンテンツ制作であればともかく、広告等、営利目的の商業利用の場合は様々な世論を考慮し、クライアントに迷惑のかからない配慮が必要でしょう。

パロディ広告はどこまでならOK?

Q76 新聞広告のシリーズ展開で、誰でも知っている著名な広告表現や著名なマーク等を毎回パロディ化していくプランがあります。どのようなことに注意するべきですか?

A パロディとは、特定の著作物をもじり、滑稽化し風刺化する表現形式です。つまりパロディは、それを見た人の脳裏にもとの著作物がイメージされなければ成立できないことになります。従ってそもそも複製権、翻案権、著作者人格権における同一性保持権に抵触する手法といえるでしょう。以上のことを十分に理解・認識した上で対応することが必要です。従って著作者・著作権者への許諾は

282

必要でしょう。

　個人的なブログやコンテンツ、ファインアートであればともかく、広告の場合は「表現の自由」よりもクライアントの立場が重視されます。万が一クライアントにクレームがついたり訴訟問題に発展したりすると、そのマイナスは計り知れないものがあります。

　従ってパロディ企画の対象として予定されている著名な広告表現やマーク等の権利者に対しては一つひとつ許諾を得るようにしましょう。なお、このような場合は「引用」の適用は難しいと考えておいたほうがよいと思います。

「そっくりさん」と元のタレントの権利関係は?

Q77 テレビCMで、あるタレントの「そっくりさん」を起用します。当然「そっくりさん」の権利処理は行っていますが、元のタレントに対する処理はどのように考えたらよいでしょうか?

A まず「そっくりさん」という手法は、元のタレントが持つパブリシティ価値の上に成立していることは間違いないことです。したがって、そのタレントへの許諾は取っておくべきでしょう。

　かつて矢沢永吉事件という判例がありました。札幌のパチンコ屋が矢沢永吉の「そっくりさん」を矢沢永吉本人の許諾を得ずにCMに起用したところ、本人からパブリシティ権の侵害として提訴されたという事案です。最終的に和解となりましたが、この事件以降、広告に「そっくりさん」を起用する場合は次のような配慮が必要となりました。

　　①あくまでも「そっくりさん」であって、元のタレント本人でないことが誰にでもわかること。

　　②直接的にその商品の推奨をしていないこと。

　　③本人を誹謗・中傷していないこと。

　　④明るく健康的で、笑えるというユーモアに満ちていること。

　声の「そっくりさん」にしても全く同様です。

　いずれにしても予算的に本物が使えないから「そっくりさん」を使うという考え方には問題があるでしょう。「そっくりさん」を使用するなら「そっく

りさん」ならではのギミックを追求した方がむしろ CM の完成度も高まるのではないでしょうか。

ドラマのパロディ化に関連する権利とは?

Q78 特定のドラマを想起させるキャスティングでテレビ CM をつくりたいのですが、どのような問題があるでしょうか?

A 結論的にいうと、元になるドラマが想起できるのであれば(もっともそのドラマが想起できなければギミック自体が成り立ちませんが)、その番組の放送局に一言筋を通しておいたほうが無難でしょう。

このケースは、例えば男性タレント A と女性タレント B が医者と看護師の役で出演する連ドラが話題となっているとき、この 2 人が医者と看護師のコスチュームを着て登場する CM を制作したら何らかの違法性が発生するのかどうかという問題です。

法的にどうかといえば、直ちにドラマに対する翻案権・著作者人格権の侵害とは言えないと思われます。しかしいずれにせよ何らかの形でその連ドラに依拠していることは確かです。挨拶という意味からも一言、確認を取っておいたほうがよいかもしれません。

またこのようなアイデアはある種のタイアップ企画という解釈もできるので、オンエアする局を限定させることが可能であれば、その番組の制作者に CM 制作を依頼することも考えられるでしょう。

替え歌をつくる場合の権利処理は?

Q79 テレビ CM で替え歌を使いたいのですが、どのような権利処理が必要でしょうか?

A 作詞家の翻案権や著作者人格権が関わってくるので、まずは作詞家への許諾が必要です。そして同時に利用されることになる楽曲の著作者、つまり作曲家に対する著作者人格権の処理も併せて行わなければなりません。

替え歌の場合、元歌の一部を改変する程度のものもあれば、元歌のパロディや、あるいは元歌の作詞家にとって不本意となるものまで様々なケースがありますが、著作者の翻案権や著作者人格権等が関わってくるのでその許諾が必要でしょう。ただし、まったく別の新しい歌詞になってしまっている場合、許諾は必要ではありません。

そして同時に利用されることになる楽曲の著作者、つまり作曲家に対する著作者人格権の処理も併せて行わなければなりません。その上で、著作物利用に関するJASRACへの所定の手続きが必要となります。

「オマージュ」「パロディ」「パクリ」はどう違う?

Q80 よく「オマージュ」、「リスペクト」、「パロディ」、「パクリ」等の言葉が使われますが、一般的にこれらはどこが同じでどこが違うのでしょうか?著作権との関係はどうなのでしょうか?

A これらの言葉の持つ意味は全然異なっていますが、著作権法との関連で考えると比較的類似したものであり、いずれも侵害行為となる可能性がありますので注意が必要です。

「オマージュ (hommage)」とはフランス語で「敬意・賞賛」を意味し、英語の「リスペクト (respect)」と同じです。「オマージュ」、「リスペクト」とは、いずれも元の作品に対する尊敬、敬意、賞賛の念であり、元の作品に敬意を払いながら独自の世界を加えて創作することを言います。

また「パロディ (parody)」とは、元の作品を、茶化したり、もじったりして創作された独自の作品で、風刺や滑稽を感じさせ、思わず"にんまり"してしまうものを言います。

一方、「パクリ」とは「盗む」という意味であり、いわゆる「盗作」「盗用」と同じ使い方となります。他人の作品について、あたかも自分の作品のように発表することを言います。

いわば、元ネタが分かると困るのが「パクリ」、元ネタを分かってもらわないと困るのが「パロディ」、元ネタを分かる人にだけ分かってもらえればいいのが「オマージュ」「リスペクト」である、などと言われています。

しかしこれらも、著作権法との関係でいうと、結構、微妙です。

　いずれも元の作品からインスパイアされたアイデアに基づいて、その作品の表現をベースに創作された作品、という意味では同じ類のものです。そして元の作品に著作権があった場合、その創作的表現がそのまま使われていれば複製権の侵害、さらに、そのままでなく一定のオリジナリティが加えられていたとしても、そこに元の作品の本質的特徴の類似が感得されれば、翻案権や同一性保持権の侵害とみなされる可能性があります。

　残念ながら、日本の著作権法では「オマージュ」や「パロディ」などを認める規定がないため、結局、現状の法的判断としては「パクリ」と同じ扱いにされてしまう可能性があります。

シーン **14**   契約書を作成する

クライアントからの一方的な著作権譲渡は?

Q81 クライアントから業務委託基本取引契約書の「雛形」が届きました。この中に「成果物の著作権は納入と共に甲(クライアント)に移転する…」と勝手に書かれていました。どうしたらよいでしょうか?

A 納得できない場合は、乙(当方)に帰属する、または著作者に帰属する、としたい旨、申し出ることも可能です。またそれが事情によりできない場合でも個別契約で覆すこともできます。いずれにしても慎重に考えたい部分です。

広告業界においては1998年、当時の日本広告主協会(現 日本アドバタイザーズ協会)が基本契約書のモデル案を作成し公表しました。その中に、「発生した著作権等の帰属(第15条)」という条項があり、ここでは、広告会社(または第三者)に発生した著作権は著作物の納入とともに広告主に譲渡される、となっていました。これは当時、広告会社側からみれば、あまりにも一方的であるということで議論の余地のある部分でした。

いずれにしても、契約書は双方の合意によって成立するのですから、可能な限り交渉を重ね、納得できる内容としていくべきです。

なお、この契約書が、クライアントが広告会社に提示したものでなく、広告会社が制作会社に提示したものだった場合で、著作権の問題について「優越的地位の濫用」に相当する圧力のようなものが示された場合は下請法の問題も生じてきます。

契約書のタイトルは自由に決めてよいか?

Q82 契約書以外に、覚書、念書、協定書などのタイトルの付け方がありますが、それぞれどのような違いがあるのでしょうか?特に契約書というよりも「覚書」、「念書」とした方が気軽な感じがあって運用しやすい印象がありますが。

A 約束された内容を書面化する際、「契約書」、「覚え書き」、「念書」、「協定書」、

「確認書」など、重要度等によって使い分けられているのが現状ですが、実際の効力は何の相違もありません。

　つまり、すべてが契約書となります。さらに何のタイトルもつけなくても問題はなく、要は書面となって残っているかどうかということです。しかし社会通念上、確かに「覚書」や「念書」というタイトルは「契約書」というタイトルに比較して軽視される傾向があるので、必要に応じて使い分けるということもある種の知恵でしょう。例えば書面化をなかなかしてくれない相手に対しては「契約書」というタイトルだと構えられてしまうが「覚書」だったら締結してくれそう、ということなら「覚書」でよいと思います。

　しかし可能な限り「契約書」とし、また「○○○に関する契約書」等、具体的な内容が一目瞭然にわかるようなタイトルにしておいたほうが具体的ですし、また後から検索をかけるときも合理的でしょう。

契約書の署名、押印のルールは?

Q83　契約書の署名、押印には、どのようなルールがあるのでしょうか？また通常の契約書では署名ではなく記名（パソコンで印字されたもの）で処理されることも多いと思いますが問題はないのでしょうか？

A　契約書を取り交わす以上、その当事者の意思表示、意志確認の証として、署名・押印が理想です。ただし一般的には記名であっても押印があれば問題ありません。

　まず署名するということは法律上、どのような意味を持っているかということから説明します。署名とは自ら手書きで自分の氏名を書くことです。つまりサインと同義です。これに対し記名というコトバがあり、記名とは氏名を彫ったゴム印を押したりタイプ打ちしたりする場合をいい、さらに他人に代理で氏名を書いてもらうような場合も含みます。

　署名と記名の大きな違いは、署名の場合は押印をする必要がないが、記名の場合は必ず押印しなければならないということです。よく聞く言い方として「署名または記名捺印」というものがありますが、これはそのような意味あいによるものであり、文字どおり署名が優先され、署名ができない場合に

限って記名押印でも構わないということになっているわけです。

　このことを逆に言えば、法律上は署名さえあれば押印はいらないということになりそうです。しかし我が国では慣習上の問題があり「署名＋押印」あるいは「記名＋押印」で初めて安心できる契約となる、つまり押印の重要性という認識が強くあるようです。

　さらに押印には、印紙に対する「消印」、契約書が複数ページに及ぶ場合にそれらが一体のものであることを証明するために折り込み部分に行う「契印」、また原本が2枚存在する際にその2枚をまたいで押印する「割印」などがあります。

契約書の当事者名は誰がよいのか?

Q84　契約書において当方側の当事者は通常、どのような立場の人間の名前で結ぶのが適切なのでしょうか?

A　最も間違いないのは代表取締役名義です。この場合、必ず社名（登記されている商号）、代表資格（代表取締役または取締役社長）、代表者氏名の3種を記載します。

　しかし、支社、支店、あるいは事業本部などで、包括的な代理権を保有する支社長、本部長、支店長、場合によっては各部門長等の名義であっても可能となります。いずれにしても甲乙双方の当事者のレベル合わせも必要ですので直接の担当者間で確認を取り合うことが大切だと思います。

印紙とは何か?

Q85　契約書といえば印紙が付き物ですが、この印紙というものがどうもよくわかりません。どんな場合に必要なのでしょうか?また印紙が貼られてない場合、契約は無効となってしまうのでしょうか?

A　印紙を貼るということは印紙税を払うということであり、印紙税が必要かどうかは、その契約内容によって変わってきます。また印紙税の額（つまりいくら

XI　こんな時、どう考えどう対応する?　Q&A100

289

の印紙を貼るか）は取引金額によっても変動します。仮に所定の印紙が貼られていない場合には印紙税法違反とされるだけであり、契約の有効性とはまったく関係ありません。

広告関連で特に注意が必要な文書としては以下のようなものがあります。

①取引基本契約書は「継続的取引の基本」となる契約書（7号文書）として一律 4,000 円の印紙が必要となります。
②制作委託契約書は「請負契約」の契約書（2号文書）として印紙税の対象となります。印紙の額は委託金額によって変動し 200 円から 60 万円までの設定があります。
③著作物利用許諾契約書は非課税文書となり印紙は不要です。その他、委任契約となる「コンサル契約書」なども非課税文書となります。
④同じ著作物関連であっても著作権譲渡契約書は「無体財産権の譲渡」に関する契約書（1号文書）となり、額は譲渡金額によって変動し請負契約の場合と同様に 200 円から 60 万円までの設定があります。

注意すべきは②と③、あるいは②と④が組み合わされる場合です。このような場合はそれぞれの費用を区分して記載すると節税になる可能性があります。

例えば 800 万円で著作物の制作委託をし（2号文書）、完成した著作物の利用許諾を 300 万円で得る（非課税文書）、という形で区分して記載した場合は課税文書とされる制作委託料 800 万円のみが印紙税の対象となり最終的に課税される印紙税額は 1 万円となります。ところが**「制作費と著作物利用許諾料の合計対価 1,100 万円」**のように記載金額が区分されていない場合は**制作費 1,100 万円に対する印紙税とみなされ 2 万円の印紙が必要となってしまいます。**

また②と④が組み合わされた場合、つまり 800 万円で著作物の制作委託をし（2号文書）、完成した著作物についてその著作権を 500 万円で譲渡してもらう（1号文書）場合は、制作委託料 800 万円および著作権譲渡料 500 万円の両方が印紙税の対象となりますが、このような場合は税額の高いほうの制作委託料 800 万円のみが印紙税の対象となり最終印紙税額は 1 万円となり

ます。一方、「制作費と著作権譲渡料の合計対価 1,300 万円」のように記載金額が区分されていない場合は規定により 1 号文書としてみなされ著作権譲渡料 1,300 万円に対する印紙税としてやはリ 2 万円の印紙が必要となってしまいます。

　説明が難しくなってしまいましたが、要するに別々に記載した方が節税になる、ということだけご理解ください。

　なお印紙税を納付する手段として「収入印紙を貼って消印を押す」という方法が採用されており、通常は各契約当事者がそれぞれ負担することになります。

　また、広告申込書、見積書、報告書などのように片方からの一方的な文書、あるいは当事者双方の合意が確認できない文書は契約書とはいえないので、通常、印紙税は不要ですが、受け取った申込書等に押印して相手側に渡す等の場合は、申込に対しそれを認めたという形の合意が確認されることになり契約書と考えられ印紙税が必要となります。

　また本来、印紙が必要な契約書であるにもかかわらず、印紙が貼られてなかった場合にどうなるかというと、このこと自体はその契約の有効無効にはまったく関係ありません。印紙が貼られてなくても、また印紙は貼られているが消印されていないという場合も、契約自体は法的に有効です。

　ただ印紙を貼り忘れた場合は税法上、過怠税等の問題が生じ、**本来の印紙税額の 2 倍が加算され、そもそもの印紙税と合わせると結局 3 倍の印紙税を支払うことになり**、また過怠税は経理処理上も損金扱いにできないので、さらに大きな負担となってしまいます。

契約書における甲と乙の関係は?

Q86　契約書では委託側を「甲」、受託側を「乙」とすることが多いのですが、これは法律で義務付けられているのでしょうか。

A　これはどちらでも構いません。委託側が作る原案でも、あえて受託側に敬意を表す意味で受託側を甲とする契約書もあります。

　ただし契約書ごとに甲乙が切り替わったりすると混乱してしまう可能性も

あるので、基本的には委託側を甲、受託側を乙とすると考えておいたほうが安全かもしれません。

契約書には著作権がないのか?

Q87 ネット上にあった契約書の雛形をそのまま転用したいと思いますが、契約書は著作物でしょうか?

A なかなか微妙な問題ですが、一般的に「契約書の雛形」と言われているものは著作物ではないと思われます。しかし契約書にもよるので一概には言えません。その雛形の使用規定などを確認してみましょう。

民法に定める典型的な条項を反映させた契約書で、誰が書いてもほぼ同じ表現になるようなものであれば著作物性はないといえますが、特殊な法律関係を形成する内容の契約書で、その表現の仕方に創意工夫がある場合は著作物となる余地もあります。個別具体的に判断するしかないでしょう。従って、すべての契約書に著作権がないというのは誤りだと思われます。

「契約自由の原則」と法律規制の関係は?

Q88 契約自由の原則があると聞きます。つまり誰とどのような契約をしても自由であるということだと思いますが、仮に契約書内で法律上の規定と相反するような条項があった場合、どちらが優先されるのでしょうか?

A 契約は自由であるといっても、場合によっては契約内容が無効となってしまうケースもあります。それは「強行規定」や「公序良俗に関する規定」と相反する契約です。

法律の規定には、専門用語で「強行規定」と「任意規定」があります。強行規定とはこれに反する契約はすべて無効となってしまうという非常に力の強い規定です。つまり契約内容よりも法律上の規定が優先されるというもので、例えば著作権法の「著作者人格権は譲渡できない」などがそうです。例えば「すべての著作権とともに著作者人格権を譲渡する」と記載することは無効

となるわけです。

　一方、任意規定とはその名の通り、任意の規定ですので、仮にこれと反する契約であってもその契約は有効となる、つまり法律よりも契約が優先されるというものです。ただし、法律が任意規定としているものであっても、その内容が公の秩序や善良な風俗に反する内容の契約は無効です。従って背景となる各種法規との整合性をキチンと確認し、合法的で有効な取り決めを意識するべきでしょう。

　相手側から渡された契約書のドラフト（素案）の中に強行規定に反する条項でかつ当方側に不利となるようなものがあった場合は、強行規定故にいざという時は認められないということを承知の上であえて了承しておき、それと交換で別の任意規定の箇所を当方に都合のよい内容にする、などという"裏技"もあるでしょう。

著作者人格権の不行使条項とは?

Q89　著作権の譲渡契約書に著作者人格権の不行使条項を付加する場合、どのようなことに注意すべきでしょうか?

　A　著作者にとってある程度予測可能な範囲の改変が前提となっており、著しい改変、著作者の名誉などを傷つけるような利用の仕方については、この特約には含めないという配慮が必要です。

　通常、著作権の譲渡契約は著作権（財産権）のみの権利譲渡契約故、著作者人格権は著作者に残ってしまい（著作権法第18条〜20条）、改変等の際には著作者に必ず許諾を得なければならないことになります。しかし「著作者人格権の不行使特約」を入れておくことにより、事実上、著作者人格権まで含めて譲渡されたと解釈することができるわけです。

　これは、著作者人格権はもとの著作者に残るとしても、それを保留状態に置くことにより何ら権利を行使しないという約束です。そしてこの約束を交わすことにより、権利譲渡を受けた側がもとの著作者に許諾なしで自由に改変できる、ということを意味します。

　しかしここで注意すべきは、不行使特約をしたからといって、ありとあら

ゆる改変について著作者が口出しをすることができないということではなく、著作者にとってある程度予想可能な範囲の改変が前提となっているということです。逆にいえば、著作者の名誉などを傷つけるような改変や利用の仕方については、この特約の対象外と解釈し著作者へ申し出て許諾を取るというマナーが問われてくるでしょう。

翻案権と同一性保持権はどう違う?

Q90 著作物の改変に関係する2つの権利、「翻案権」と著作者人格権の中の「同一性保持権」とはどこが違うのでしょうか?

A 翻案権は、小説をドラマ化する等、原著作物の本質的特徴を残しながらその外観を改変できる権利、同一性保持権は、悲劇を喜劇にするとか、主人公を勝手に生かしたり殺したりするとか、著作者の意に反した、本質的特徴に触れるような改変をされない権利と言えるでしょう。

著作物の改変を許諾するという点で、翻案権と同一性保持権とは確かに類似していますが、翻案権は「著作物を改変できる権利」であり財産的利益に基づくもの、一方、同一性保持権は「著作物を改変されない権利」であり人格的利益に基づくもの、このように基本的な性格が全く違います。

翻案権と同一性保持権の絡みでいうと、例えば翻案権の許諾を得て小説を映画化したところ、小説の主人公の性格を180度変えてしまった等で原著作者の意に反する改変がされた場合には同一性保持権の侵害になる可能性があります。

概念的には以上のとおりですが、実務上はこの2つを明確に区分けすることは難しいので、通常、著作物が勝手に改変されてしまった場合は「翻案権及び著作者人格権(同一性保持権)の侵害」という形でこの2つの権利をセットで表現する場合が多いでしょう。

契約書の締結日の意味は?

Q91 取り交わした契約書をよくみてみると締結日が記されていませんでした。この場合、その契約書は無効となってしまうでしょうか?

A 締結日は非常に重要な記載事項ではありますが、記載されてないからといって無効となることは通常ありません。

締結日とは契約の成立の日を証明するものなので非常に重要です。契約の有効期限が別途記載されていない場合は締結日が契約効力の発生日となります。日付は実際にその契約書を作成した日を記載します。しかし仮に記載されていなくとも双方に締結日に対する食い違いさえなければ契約自体は無効にはなりません。また仮に食い違いがあったとしてもそのことによって直ちに無効になるとは考えられません。

逆に契約が無効になるケースとしては、その契約の内容が①強行規定に違反する契約、②公序良俗に違反している契約、③どう考えても実現不可能なことを約束する契約、等であり相当に限定されています。

相手方から提示されたドラフトのチェックは?

Q92 新規の取引先との初取引で、相手方から基本取引契約書のドラフト(素案)が提示されました。次のステップとしては当方がチェックし先方に戻す段取りですが、どのような観点からチェックを行ったらよいでしょうか?

A 著作権の帰属先の問題は **Q81** で触れたので、ここでは除外して考えます。通常、ドラフトはそれを作成した側にとって都合のよいものになっていることが多いと思われます。従って合意できない箇所があったら修正希望を出すなど、毅然とした対応も必要です。

通常、契約書のドラフトは甲が乙に提示する形が一般的です。そしてクライアントと広告会社との取引ならクライアントが甲、広告会社が乙であり、広告会社と制作会社との取引の場合なら広告会社が甲で制作会社が乙となるのが一般的です。さらに制作会社と制作会社、または制作会社とフリーラン

スの場合も仕事を発注する側が甲となり受注する側が乙となるでしょう。

　そして当然のことですがドラフトは提示した側、つまり発注する側にとって都合のよいものになっていることが多いと思われます。例えば、当方が相手方から対価を回収するファクターよりも、相手方が当方から成果物の納入や役務の提供を受ける際の品質保証等に関するファクターを優先した作り方になっているのが通常です。

　そこでこのようなドラフトに対し、受注する側、つまり乙はどのようなスタンスで対処すべきか、ということですが、方向性としては２つです。１つは品質保証等に関する乙側の負担（乙の債務）を軽くすること、例えば損害賠償義務を負わない、もしくは契約金額を上限とした範囲でのみ損害賠償責任義務を負う、という形で修正することです。もう１つは、対価の回収に関する甲側の負担（乙の債権）を重くすること、つまり乙にとっての債権回収のリスクを軽くすることです。例えば一定期間中は代金を先払いにする、支払いサイトを短くする、支払いは現金のみとする等です。

　いずれにしても最初が肝心ですので、妙に相手方に迎合するのではなく、譲るべきところ、主張すべきところはキチンと整理し、毅然とした態度で締結に臨みたいものです。

社名変更した場合は契約書を作り変える?

Q93　契約書締結後、社名変更があった場合は、もう一度、新たな契約書を作成しなおさなければならないのでしょうか。

　A　社名変更は契約書の効力に関係ありませんので契約書を作り直す必要はありません。もっとも社名変更の場合は、通常は別途、契約の相手方に社名変更通知をするのが一般的です。

　ただし、契約書の中に「社名や代表取締役の変更があった場合は契約書を作成しなおす」等の記載がある場合はそのとおりにしなければなりません。

シーン**15** 広告取引全般

職務著作の条件とは?

Q94　あるクライアントの Web サイト制作をフリーランスのデザイナーに発注し、半年間、当社に常駐して制作してもらいました。完成後、デザイナーから「著作権は自分にあるので改訂する場合は自分を通してほしい。」と言われました。発注したのは当社なので当社に著作権があるのでは?

A　業務実態によって判断されますので一概にはいえませんが、この場合、常駐して仕事をしてもらったということなので「職務著作」に該当し、著作権は御社に帰属するという可能性があります。

　質問のケースでは、そのデザイナーとの契約(請負または委任)がどうであったかは別として、半年間に亘って会社に席があったということであれば社内ディレクター等からの指揮命令が一定量働いていたと考えられ、その場合は「職務著作」として、会社側が著作者となりうる可能性があります。

　通常、会社と雇用契約のある従業員が職務として制作した著作物は、職務著作物(または法人著作)とみなされ、著作者は従業員個人ではなく「会社」となります。そして職務著作は著作権法第15条1項では以下のように規定されています。

　①法人その他の使用者(以下「法人等」という)の発意に基づき、②法人等の業務に従事する者が、③職務上作成した著作物で、④その法人等が自己の名義の下に公表し、⑤作成に際して契約や就業規則等で「従業員が制作した著作物の権利はその従業員本人に帰属する」などの特段の定めがない場合、その著作者は法人等とする。この中で特に問題となるのは②の「法人等の業務に従事する者」の解釈です。

　ひとつの判例があります。「RGB 体感ムービーキャラクター事件(最高裁／2003年)」では、雇用契約のないデザイナーに著作物作成を発注した際、デザイナーは自らが著作者であると主張し、会社側は職務著作、つまり著作者は会社であると主張しました。

　争点となったのは、このデザイナーが「法人等の業務に従事する者」に相

当するかどうかでした。つまりこの定義は雇用契約のある者に限定されるのか、それとも請負や委任も含め雇用契約のない者も対象となるのかということです。

最高裁の判決では、**仮に雇用契約がなくても、実質的に法人等の指揮命令下において労務を提供し、その労務の対価として金銭が支払われている場合は「法人等の業務に従事する者」と考えられ、その著作物は職務著作物であり著作者は会社側である**とされました。

この判例以降、職務著作は、形式的要因に囚われることなく、あくまでも実態を勘案して判断すべきという説が有力となりました。

質問のようなケースも含め、コンピュータプログラムの作成やWebサイトの制作等では制作過程が多種多様で、社内スタッフ・派遣・フリーランス・出向スタッフなどが入り乱れて進行するケースが多いようです。

その結果、職務著作や共同著作、さらに請負・委託契約の問題が曖昧なまま完成し、後々トラブルが起こってから慌てふためくこともあります。当然会社としては、自らに著作権を帰属させるようにしておくことが望ましいと思われます。

念のために指揮命令下にある者との間では「発生した著作権および著作者人格権はすべて職務著作として会社に帰属するものとする。」、一方、指揮命令下にない者との間では「著作権法第27・28条を含むすべての著作権は著作物の納入と同時に会社に譲渡される。また著作者は著作者人格権を行使しない。」等の覚書を結んでおくことも一つの方法です。

派遣スタッフは著作者となりえるか?

> **Q95** 社内のデザイナーが病気療養のため1ヶ月入院となり、その間の業務を派遣会社のデザイナーが引き継ぐことになりました。この場合、そのデザイナーの手がけた成果物の著作権はどうなりますか?

A 派遣スタッフは派遣元の会社と雇用契約を保ちながら、派遣先ではその会社の指揮命令下で業務に従事しています。従って派遣会社のスタッフが制作した著作物の著作権は、従業員の場合と同様にその作業を指揮命令した派遣先の会社に

帰属することとなるでしょう。

　派遣スタッフの場合は **Q94** のケースに比べると非常に明解です。なぜなら、そもそも派遣会社と御社との間で「派遣契約」が成立しているからです。派遣契約というのは派遣先の会社の指揮命令のもとに労働することを約束した契約ですので、著作権の帰属先ということでいえば通常の社員の場合同様に「会社」となります。従って社内のデザイナーの休職前も休職後も、会社の著作物であることは何ら変わりません。

製版フィルムの所有権は誰に?

Q96 　取引印刷会社を数社に絞りコストダウンを図りたいと思います。その際、増刷が見込まれる案件の製版フィルム（または製版データ）を印刷会社Ａから回収し印刷会社Ｂに渡したいのですが、印刷会社Ａからは製版フィルムは渡すことはできないと言われ困っています。果たして製版フィルムは、発注側、印刷会社、どちらの所有物なのでしょうか?

A 　製版フィルムに含まれている著作物の権利は当然、発注側もしくは著作者にあるわけですが、製版フィルムという「モノ」に対する所有権については印刷会社に帰属することになります。

　発注する側の出版社や広告会社などが当たり前のように振りかざす論理、つまり製版フィルムの所有権は本来自分たちのほうにあるがそれを保管する場所がないために一時的に印刷会社側に預かってもらっているにすぎない、という考えはあまり根拠がありません。

　製版フィルムは、印刷物の完成と納入を約束した請負契約における「中間生成物」であり、中間生成物の所有権は委託側ではなく受託側にあります。このことは多くの判例によって示されています。最近は製版データとなっていますが意味合いとしては製版フィルムと同じです。

　従って御社が印刷会社を変更するなどの際、既存の印刷会社から製版フィルム等を提供してもらう法的権利は特にありません。仮に今までそうだったにせよ、それは印刷会社側の善意や力関係によるものでしかなかったわけです。

XI　こんな時、どう考えどう対応する? Q&A100

従って印刷会社Aに事情を説明して有償で引き渡してもらうか、同じものを印刷会社Bで作成してもらうか、いずれかの方法となるでしょう。

下請法の「3条書面（発注書）」をどう運用する?

Q97 当社は広告会社ですが、下請法上、制作会社との間で「3条書面」を運用しなければならないことになっていますが、これを電子メールで置き換えることは可能でしょうか?

A 結論としては可能です。ただし事前に下請事業者が承諾していること、また送信された電子メールを下請事業者が受信していること、などが条件となります。

下請法では親事業者が果たさなければならない4つの義務があり、その中に「書面の交付（義務）」というものがあります。ここでいう書面の一つが「3条書面」と言われるもので、これは簡単にいえば「発注書」であり発注に伴う必要事項をまとめた書面です。

そしてこの「3条書面」の交付を電子メールで置き換えることは可能です。親事業者は「3条書面」の交付に代えて、**下請事業者の承諾を得て電磁的方法により提供することが許されています（下請法3条2項）**。ただし書面又は電磁的方法で事前に下請事業者から承認を得ている必要があります。

なお、電子メールによる場合は、下請事業者の使用するメールボックスに送信しただけでなく、相手のコンピュータにメールが記録されていなければなりません。つまり下請事業者がメールを受信していることが条件となります。

持ち込み原稿に著作権侵害があった場合の対応は?

Q98 クライアントの持ち込み原稿を当社から媒体社や印刷会社へ入稿する時、その原稿内に明らかに権利処理されているとは思えない素材（例えば有名キャラのパクリイラスト等）がありました。当社としてはどうすべきでしょうか?

A クライアントの持込み原稿が、著作権者の承諾を得ていないことを知ってい

ながら、流通させた場合は、御社も権利侵害者となる可能性があります（著作権法第113条1項2号）。

　仮に他の広告会社が制作したクライアントからの持ち込み原稿であっても、そこに使用されている著作物について、どう考えても利用許諾が得られているとは思えないような素材が使われていた場合、それを承知の上で流通させることは違法行為とみなされる可能性があります。

　そして広告業にかかわる者として当然に留意すべき事項を怠ったという理由で、著作権者から権利侵害・損害賠償の当事者として提訴されることも考えられます。

　第113条1項2号では「著作者人格権、著作権、出版権、実演家人格権又は著作隣接権を侵害する行為によって作成された物を、情を知って、頒布し、若しくは頒布の目的をもって所持し、又は業として輸出し、若しくは業としての輸出の目的をもって所持する行為」について著作権等を侵害する行為の一つとしてみなしています。

　またこの問題は、御社から原稿を受け取った媒体社、また印刷会社等においても同様であり、違法性のある著作物をそれと知りながら流通させた者は御社同様に違法性が生じることになります。

　逆にこれが明らかに違法性のあるイラストなどではなく、一般的なイラストレーションが使用されている原稿で、クライアントが著作権者の承諾を当然に得ているものと思って入稿したが実は権利侵害していた、という場合なら御社の権利侵害は追及されないことになるでしょう。

広告作品が無断で雑誌掲載された場合の対応は？

Q99　ある雑誌で「最近、話題となった広告」として、当社が制作した某クライアントの広告作品が紹介されました。クライアントにも当社にも事前に確認があったわけではないので、これは著作物の無断利用となるのではと思いますがどうなのでしょうか？

A　通常このような場合は、事前に掲載確認がくることの方が多いのですが、万が一、勝手に掲載されたとしても、その利用の仕方は「報道のため」もしくは「引

用」に該当すると考えられるので無断利用したとしても違法性はないでしょう。

　この広告に著作物性があることを前提として説明します。著作権法では一定の著作物利用については著作権が制限されています。今回のような利用については、まず著作権法第41条の「時事の事件の報道のための利用」が考えられます。つまり新聞や雑誌の報道に関連した利用なら著作権は働かないということです。

　そして2つ目には著作権法第32条の「引用」があります。引用とは「公表された著作物は、引用して利用することができる。この場合において、その引用は、公正な慣行に合致するものであり、かつ、報道、批評、研究その他の引用の目的上正当な範囲内で行なわれるものでなければならない。」とされています。そして引用といえるためには引用する側とされる側が明確に区別されていること、さらに引用する側が主でされる側が従であること、出所が明確となっていること、以上が条件となります。その雑誌の特集テーマや編集方針に基づき広告作品が紹介されたという解釈ができるので、いずれの条件も問題ないと思われます。

広告作品を自社の会社案内で自由に紹介できる？

Q100 　広告会社ですが、自社で手掛けた広告作品を自社の会社案内やWebサイト等で実績として紹介したり、各種広告賞への応募に使ったりすることは、通常の著作物利用とは異なるので無許諾でできると思っていますがどうでしょう？

A　これらも著作物利用の一つとなるので無許諾ではできないと考えておいたほうがよいと思います。ちょっと大変ですがすべての権利者に許諾を得る必要があるでしょう。

　本書で触れてきたように、広告制作物にはそれぞれの著作物の著作権者のみならずタレントやモデルなどの肖像権なども含め多種多様な権利者が関わっています。当初、想定していた範囲を超える権利素材の利用を行う場合は、本来、各権利者に確認しなければなりません。

　これを合理的に解決するためには、著作物の利用許諾契約やタレントの広

告出演契約等の契約書内に、本来の広告利用とは別に会社案内等への利用許諾を予め盛り込んでおくことが賢明です。例えば通常の利用範囲に加え下記のような文言を追加しておくことが望ましいでしょう。

- 甲の会社案内、Web サイト、事業報告書、会社年史等の記録物
- 甲の各種広告コンペティションへの出展・応募
- CM 特集番組への提供、広告作品としての評価活動、等

※この場合、甲が制作会社です。

著者 志村 潔 (しむら きよし)

1955年 山梨県甲府市生まれ。1978年 武蔵野美術大学造形学部卒。広告制作会社、広告会社、SP企画会社などを経て、1986年、アートディレクターとして廣告社株式会社入社。クリエイティブ、マーケティング、メディア、管理部門の各責任者を経験後、代表取締役社長就任。2016年退任。クリエイティブ部門で広告制作に関わった実績を活かし「広告クリエイティブと知的財産権」というテーマで数多くのセミナー講師を手掛ける。日本広告学会会員。著書に「こんな時どうする?"広告の著作権"ハンドブック(第1版)」(太田出版)、共著として「写真著作権」(太田出版)がある。

監修 北村行夫 (きたむら・ゆきお)

弁護士、虎ノ門総合法律事務所所長。
日本知的財産仲裁センター仲裁委員、調停委員。著作権法学会会員。
著書『原点から考えるオンライン出版』『アマゾン契約と電子書籍の課題』『新版 判例から学ぶ著作権』(以上、太田出版)、編著『Q&A 引用・転載の実務と著作権法』(中央経済社/第4版)。執筆・監修『わかって使える商標法』(太田出版)。日本ユニ著作権センター著作権相談室長。

企画	日本ユニ著作権センター
本文デザイン	Malp Design(佐野佳子)
装丁	Malp Design(清水良洋、佐野佳子)
校正	鴎来堂

ユニ知的所有権ブックス　NO.23
UNI INTELLECTUAL PROPERTYBOOKS NO.23

こんな時、どうする?
「広告の著作権」実用ハンドブック　第2版

2018年10月29日　初版発行

著作者	志村潔
発行人	岡 聡
発行所	株式会社太田出版
	160-8571東京都新宿区愛住町22第3山田ビル4F
	TEL03-3359-6262　FAX03-3359-0040
	http://www.ohtabooks.com/
印刷所	株式会社光邦

ISBN978-4-7783-1648-8　C3032

乱丁・落丁はお取替えします。本書の一部あるいは全部を無断で利用(コピー)するには、著作権法上の例外を除き、著作権者の許諾が必要です。